PROGETTO ITALIANO 3

T. Marin
S. Magnelli

CW01468512

3

Corso di lingua
e civiltà italiana

Livello medio - avanzato

Testi ed esercizi

IV edizio
errata corrige a p.

Edi*Z*inc

www.edilingua.it

T. Marin dopo una laurea in Italianistica ha conseguito il Master Itals (Didattica dell'italiano) presso l'Università Ca' Foscari di Venezia e ha maturato la sua esperienza didattica insegnando presso varie scuole d'italiano. È autore di diversi testi per l'insegnamento della lingua italiana: *Progetto italiano 1, 2 e 3* (Libro dello studente), *La Prova orale 1 e 2*, *Primo Ascolto, Ascolto Medio, Ascolto Avanzato, l'Intermedio in tasca, Ascolto Autentico, Vocabolario Visuale e Vocabolario Visuale - Quaderno degli esercizi* e ha curato la collana *Video italiano*. Ha tenuto numerosi seminari sulla didattica dell'italiano come lingua straniera e sono stati pubblicati diversi suoi articoli.

S. Magnelli insegna Lingua e Letteratura italiana presso il Dipartimento di Italianistica dell'Università Aristotele di Salonicco. Dal 1979 si occupa dell'insegnamento dell'italiano come LS; ha collaborato con l'Istituto Italiano di Cultura di Salonicco, nei cui corsi ha insegnato fino al 1986. Da allora è responsabile della progettazione didattica di Istituti linguistici operanti nel campo dell'italiano LS. È autore del Quaderno degli esercizi di *Progetto italiano 1 e 2* e degli Esercizi di *Progetto italiano 3*.

© Copyright edizioni EdiLingua
Via Paolo Emilio, 28 00192 Roma

Via Moroianni, 65 12133 Atene

Tel. +30-210-57.33.900
Fax: +30-210-57.58.903

www.edilingua.it
info@edilingua.it

IV edizione: settembre 2004
Impaginazione e progetto grafico: S. Scurlis (EDILINGUA)
ISBN: 978-960-7706-47-8
sezione *Testi* a cura di M. A. Rapacciuolo

Sento il bisogno di ringraziare i tanti colleghi che, provando questo materiale in classe e condividendo con me le loro preziose osservazioni, hanno contribuito in modo decisivo alla creazione di questo libro.

T.M.

ai nostri cari

Le sezioni dei *Testi* e dei *Test di verifica* sono stati progettati e realizzati da T. Marin, mentre gli *Esercizi* sono opera di S. Magnelli.

Gli autori apprezzerebbero, da parte dei colleghi, qualsiasi suggerimento, commento, o consiglio che potrebbe contribuire al completamento o miglioramento del libro in edizioni future. Altrettanto benvenuti sono per noi dubbi e domande sul suo uso (inviare a info@edilingua.it).

INDICE GENERALE

TESTI

TEST DI VERIFICA

ESERCIZI

Caro insegnante,

Progetto italiano 3 è il terzo livello di un corso d'italiano. La sua struttura è abbastanza diversa da quella dei primi due livelli, in cui sono state presentate le strutture morfosintattiche e le funzioni comunicative di base, oltre a una serie di elementi lessicali e culturali.

Questo volume ha, quindi, obiettivi didattici diversi:
- portare gli studenti a contatto con la lingua vera, attraverso testi autentici, tratti da varie fonti;
- far riflettere sulla lingua, sfruttando molti degli stimoli che ogni testo offre;
- arricchire, attraverso attività guidate, il lessico degli studenti, presentando parole nuove e ricordandone altre di alta frequenza;
- presentare, attraverso la riflessione sul testo e apposite attività, espressioni idiomatiche, modi di dire, locuzioni, proverbi e così via;
- consolidare le più importanti strutture morfosintattiche, attraverso brevi brani da completare ed esercizi grammaticali alla fine del libro;
- presentare vari aspetti della cultura italiana, ma anche argomenti di interesse generale;
- preparare alla prova scritta (comprensione, produzione, competenza linguistica) di vari esami di lingua, quali Plida C1, Celi 4, Cils Tre-C1, Diploma dell'Istituto italiano e altri simili.

I 40 testi - mini unità seguono una difficoltà progressiva e sono corredati da brevi attività di:
- **Prelettura**: varie attività, di solito di coppia, che hanno lo scopo di creare un'anticipazione nello studente, di suscitare il suo interesse prima ancora di affrontare il testo, ma anche di 'riscaldarlo'.
- **Comprensione del testo**: varie tipologie che hanno lo scopo di verificare la comprensione globale del contenuto del testo.
- **Riflessione sul testo**: ricerca nel testo di frasi o parole che corrispondono ad altre date. Mira ad una comprensione più dettagliata e all'abitudine di una lettura più attiva, alla riflessione sulla lingua. Per accelerare l'attività, la ricerca è limitata a un dato numero di poche righe *(6-12)* o a brevi paragrafi *(¶ 3)*. Inoltre, le attività di riformulazione, libera o guidata, di frasi ed espressioni del testo e di invenzione di titoli e sottotitoli hanno lo scopo di far 'pensare in italiano'.
- **Lavoro sul lessico**: una vasta varietà di attività lessicali che si riferiscono a parole del testo e, molto spesso, dell'argomento generale. Sono di solito attività guidate: abbinamento o scoperta di sinonimi e contrari, formazione di parole, abbinamento di parole a foto ecc. Queste attività non hanno, quindi, la filosofia di un test, ma cercano di insegnare attraverso la riflessione, spesso in coppia, e non danno per scontato che gli studenti sappiano il significato di determinate parole.
- **Lavoro sulla lingua**: consiste in varie tipologie cloze (libero, mirato, grammaticale, lessicale ecc.). Inoltre, spesso vengono presentati modi di dire e locuzioni attraverso delle frasi.
- **Produzione scritta**: un'attività di produzione scritta (tema, lettera, riassunto, costruzione di un testo ecc.) in cui lo studente può utilizzare il lessico e le idee viste nel corso di ogni mini unità.
- **Riflessione linguistica**: è l'epilogo di ogni testo, un breve brano che presenta modi di dire relativi all'argomento centrale, oppure l'etimologia di alcune parole chiave.

I TEST DI VERIFICA hanno lo scopo non solo di testare quanto appreso, ma anche di fungere da esercizi di rinforzo/ricapitolazione degli elementi (lessico, espressioni ecc.) più importanti di ogni testo. Ogni test è composto da 5 microprove (tutte da 10 punti) in modo da poter essere svolto anche da classi/studenti che non hanno fatto tutti e 5 i testi in esso compresi.

Progetto italiano 3 è un libro completo e può essere utilizzato anche indipendentemente dai primi due livelli, mentre può essere corredato in modo ideale da *La Prova orale 2* e da *Ascolto Avanzato*. Si rivolge a studenti di livello intermedio-avanzato ed è stato disegnato in modo da poter essere inserito in curricoli didattici diversi.

Buon lavoro!

Caro studente,

se hai in mano *Progetto italiano 3* significa che sei ormai ad un livello 'medio - avanzato'. Molto probabilmente hai già visto tutta o buona parte della grammatica e forse hai incontrato anche qualche testo autentico. Con questo libro potrai approfondire molte delle cose che hai imparato finora e impararne altre nuove. In particolare, scopo di *Progetto italiano 3* è:

- portarti **a contatto con la lingua vera**, attraverso testi autentici;
- aiutarti ad **arricchire il tuo lessico**, imparando parole nuove e ricordandone altre che forse hai già incontrato;
- farti **riflettere sulla lingua**, cioè leggere i testi in modo più attivo, cercando di imparare anche espressioni idiomatiche e modi di dire che potrai utilizzare quando parli e scrivi;
- **ricordarti molti dei fenomeni grammaticali** che hai incontrato in precedenza, chiarendo, con l'aiuto del tuo insegnante, eventuali tuoi dubbi;
- farti **'pensare in italiano'**, utilizzando liberamente frasi ed espressioni date;
- presentarti **aspetti della cultura italiana**, ma anche argomenti di interesse generale;
- **aiutarti nella preparazione** ad eventuali esami di lingua che vorrai sostenere, ma non in modo rigido, 'scolastico', ma piacevole e vario.

Fin dall'inizio vedrai che molte delle attività le dovrai svolgere **in coppia**, insieme ad un tuo compagno. Lo scopo è che impariate non ognuno da solo, ma insieme e grazie all'aiuto reciproco. Per esempio insieme dovrete cercare parole ed espressioni del testo che corrispondono ad altre equivalenti che ti diamo. Per aiutarti ti diamo il numero delle righe (p. es. *6-12*) o del paragrafo (p. es. ¶ *3*) in cui cercare. Oppure insieme dovrete dare un titolo ad un paragrafo o ad un testo. Ricordati sempre che mentre cerchi di portare a termine questi mini compiti, dovresti **parlare in italiano**, altrimenti perdi ottime opportunità di comunicare liberamente e di praticare la lingua.

Non dovresti vedere *Progetto italiano 3* come una serie di test: la maggior parte delle attività cercano di farti riflettere, pensare, abbinare informazioni. Quindi non ti devi preoccupare (troppo) del numero di risposte giuste che riuscirai ad ottenere, perché si sa che anche *sbagliando s'impara*.

Tutto il libro, ogni singola attività (perfino la scelta dei testi), è stato **provato** con molti studenti del tuo livello prima ancora di essere pubblicato. Così non troverai testi troppo facili o troppo difficili, né attività troppo complicate.

Tutti i testi che leggerai sono autentici. È sicuro che in essi troverai parole ed espressioni sconosciute e forse, a prima vista, difficili. Ciò **non ti deve creare ansia o scoraggiare**, anzi. Ogni testo è una piccola sfida: da solo dovrai arrivare ad una comprensione prima globale, generale, e poi forse più dettagliata. Allo stesso modo non **devi lasciarti spaventare dalle parole nuove: non tutte sono necessarie e non è indispensabile impararle tutte a memoria**. Le più importanti di queste le incontrerai anche nelle attività e forse nei test di verifica. Questi ultimi hanno soprattutto lo scopo di farti ricordare alcuni elementi importanti e, detto tra noi, fare un ripasso.

Però, basta con la teoria, speriamo che il libro sia quello che aspettavi.
Buon lavoro e ...buon divertimento!

Leggete solo la prima frase della favola e discutete in coppia, prendendo delle note se volete, di quello che pensate che succederà. Dopo aver letto l'intero testo vedremo chi si è avvicinato di più alla verità.

IL FILOBUS NUMERO 75

Una mattina il filobus numero 75, invece di scendere verso Trastevere, svoltò giù per l'Aurelia Antica e dopo pochi minuti correva tra i prati fuori Roma come una lepre in vacanza.

I viaggiatori, a quell'ora, erano quasi tutti impiegati, e leggevano il giornale, anche quelli che non lo avevano comperato, perché lo leggevano sulla spalla del vicino. Un signore, nel voltar pagina, alzò gli occhi un mo-

5   mento, guardò fuori e si mise a gridare:

- Fattorino, che succede? Tradimento, tradimento! Anche gli altri viaggiatori alzarono gli occhi dal giornale, e le proteste diventarono un coro tempestoso:

- Che fa il conducente?

- Che razza di servizio!

10   - Sono le nove meno dieci e alle nove in punto debbo essere in Tribunale,

- gridò un avvocato -, se perdo il processo faccio causa all'azienda.

Il fattorino e il conducente tentavano di respingere l'assalto, dichiarando che non ne sapevano nulla, che il filobus non ubbidiva più ai comandi e faceva di testa sua. Difatti in quel momento il filobus uscì addirittura di

15   strada e andò a fermarsi sulle soglie di un boschetto fresco e profumato.

- Uh, i ciclamini, - esclamò una signora.

- È proprio il momento di pensare ai ciclamini, - ribatté l'avvocato.

- Non importa, - dichiarò la signora, - arriverò tardi al ministero, ma tanto è lo stesso, e giacché ci sono mi voglio cavare la voglia dei ciclamini. Saranno

20   dieci anni che non ne colgo.

Scese dal filobus, respirando a bocca spalancata l'aria di quello strano mattino, e si mise a fare un mazzetto di ciclamini.

Visto che il filobus non voleva saperne di ripartire, uno dopo l'altro i viaggiatori scesero a sgranchirsi le gambe o a fumare una sigaretta e intanto il loro malumore scompariva come la nebbia al sole. Uno coglieva

25   una margherita e se la infilava all'occhiello, l'altro scopriva una fragola acerba e gridava:

- L'ho trovata io. Ora ci metto il mio biglietto, e quando è matura la vengo a cogliere, e guai se non la trovo. Difatti levò dal portafogli un biglietto da visita, lo infilò in uno stecchino e piantò lo stecchino accanto alla fragola.

Due impiegati del ministero dell'Istruzione appallottolarono i loro giornali e cominciarono una partita di cal-

30   cio; non parevano più gli stessi impiegati che un momento prima volevano linciare i tranvieri. Questi, poi, si erano divisi una pagnottella col ripieno di frittata e facevano un picnic sull'erba.

- Attenzione! – gridò ad un tratto l'avvocato.

Il filobus, con uno scossone, stava ripartendo tutto solo. Fecero appena in tempo a saltar su, e l'ultima fu la signora dei ciclamini che protestava: - Eh, ma allora non vale. Avevo appena cominciato a divertirmi.

35   - Che ora abbiamo fatto? – domandò qualcuno. Chissà che tardi.

E tutti si guardarono il polso. Sorpresa: gli orologi segnavano ancora le nove meno dieci. Si vede che per tutto il tempo della piccola scampagnata le lancette non avevano camminato. Era tempo regalato, un piccolo extra, come quando si compra una scatola di sapone in polvere e dentro c'è un giocattolo.

- Ma non può essere! – si meravigliava la signora dei ciclamini, mentre il filobus rientrava nel suo percorso.

40   Si meravigliavano tutti. E sì che avevano il giornale sotto gli occhi, e in cima al giornale la data era scritta ben chiara: 21 marzo. Il primo giorno di primavera tutto è possibile.

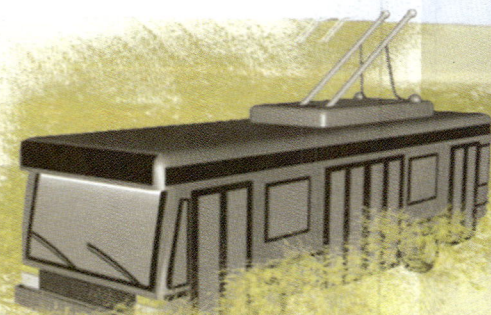

ridotto da *Favole al telefono*, di Gianni Rodari

Leggete il testo e indicate le informazioni veramente presenti.

1. A quell'ora il filobus aveva pochi passeggeri.
2. Uno dopo l'altro i passeggeri cominciarono a lamentarsi di ciò che succedeva.
3. I passeggeri si arrabbiarono perché erano già molto in ritardo.
4. Il fattorino e il conducente non si sono meravigliati dell'incidente.
5. Il conducente non poteva controllare il filobus.
6. Il gioco dei due impiegati non durò più di cinque minuti.
7. All'improvviso il filobus si mise di nuovo in moto.
8. I passeggeri cominciarono a corrergli dietro.
9. I passeggeri si sono accorti che tutti gli orologi facevano la stessa ora.
10. Il tempo si era fermato per tutti.

1 Trovate queste frasi nella favola (vi diamo il numero della riga) e dal testo cercate di dedurre il loro significato esatto.

nel voltar pagina (4): a. prima ancora di girare pagina, b. mentre girava pagina
che razza di servizio (9): a. è un cattivo servizio, b. che tipo di servizio è?
sulle soglie di un boschetto (15): a. ai confini di un boschetto, b. in mezzo ad un boschetto
giacché ci sono (19): a. dal momento che sono qui, b. ci sono già stata
guai se non la trovo (26): a. spero di trovarla, b. se non la troverò mi arrabbierò
allora non vale (34): a. non è valido, b. non è giusto

2 Come potreste dire diversamente queste espressioni? Lavorate in coppia.

in punto (10): ....
respingere l'assalto (12): ....
faceva di testa sua (14): ....
saranno dieci anni che (19): ....
si mise a (21): ....

1 Formate coppie di sinonimi con queste parole del testo date alla rinfusa.

protesta   svoltare   assalto   gridare   infilare   spalancato
reclamo   urlare   mettere   girare   aperto   attacco

....

2 Nel testo abbiamo visto parole come testa, spalla, bocca, polso **e** occhi; **lavorando a coppie indicate con una freccia le parti del corpo che seguono in questa foto.**

gomito
ginocchio
ascella
mento

caviglia
ombelico
piede
coscia

3 Date i sostantivi che derivano da questi verbi. Lavorate a coppie.

ubbidire: ....a   scomparire: ....a   meravigliarsi: ....a

camminare: ....o   protestare: ....a   comandare: ....o

5. LAVORIAMO SULLA LINGUA

Completate il testo che segue con gli elementi grammaticali mancanti (preposizioni, pronomi ecc.).

Al mercato di Gavirate capitano certi ometti ....
(1) vendono di tutto e più bravi .... (2) loro a
vendere non si sa dove andarli a trovare.
Un venerdì capitò un ometto .... (3) vendeva
strane cose: il Monte Bianco, l'Oceano indiano, i mari
della Luna; dopo un'ora .... (4) era rimasta solo la
città di Stoccolma.
.... (5) comprò un barbiere, in cambio di un taglio
di capelli con frizione. Il barbiere inchiodò .... (6)
due specchi il certificato che diceva: *Proprietario della
città di Stoccolma*, e .... (7) mostrava orgoglioso
ai clienti, rispondendo a tutte le .... (8) domande.
- È una città .... (9) Svezia, anzi è la capitale. Ha
quasi un milione di abitanti e, naturalmente, sono tutti miei.
- C'è anche il mare, si capisce, ma non so .... (10) sia il proprietario.
Il proprietario, un poco alla volta, mise .... (11) parte i soldi, e l'anno scorso andò in Svezia a visitare la
.... (12) proprietà. La città di Stoccolma .... (13) parve meravigliosa, e gli svedesi gentilissimi. Loro
non capivano una parola di .... (14) che diceva lui, e lui non capiva mezza parola di quello che gli rispon-
devano.

tratto da *Favole al telefono*, di Gianni Rodari

6. SCRIVIAMO

Scrivete una favola che finisca o che cominci così: "...rimasero a bocca aperta. Ce l'aveva fatta!"
(140 - 160 p.)

7. PARLIAMO

1. Riflettete un attimo di nuovo sulla storia del filobus n. 75. Qual è secondo voi il messaggio di questa
   favola? Scambiatevi idee e interpretazioni.
2. Commentate il comportamento delle persone all'inizio e alla fine.
3. Qual era la vostra favola preferita da bambini e perché?
4. Secondo voi, ai bambini bisogna raccontare favole o meglio parlare solo di cose reali?

8. RIFLESSIONI LINGUISTICHE

Ecco alcune parole che possono confondere: *conducente* è colui che "conduce", che guida un veicolo, di solito pubblico, un *guidatore*. Un *automobilista* è genericamente chi guida un'automobile a scopo privato.
Autista, infine, è colui che guida per mestiere un'automobile per conto di un privato o in un servizio pubblico. Altre parole relative sono *tranviere* (tram e filobus), *tassista* (taxi), *pilota* (auto e moto da gara) ecc..

1. PRIMA DI LEGGERE

Leggete l'introduzione del testo (1-6) e discutetene: secondo voi, quali consigli darà la psicologa? Scambiatevi idee. Dopo aver letto l'intero testo verificate le vostre ipotesi.

ESAMI: LA PAROLA ALLO PSICOLOGO

Arrivano gli esami, ed insieme agli esami, la paura, che a volte rischia di mandare all'aria tutto. Come combatterla? Questi i consigli agli studenti di Anna Oliverio Ferraris, docente di psicologia dello sviluppo all'Università La Sapienza di Roma.

5

"Lo strumento migliore per combattere la paura è sentirsi preparati. Naturalmente, aver studiato in precedenza è importante, ma è molto importante anche aver fatto un buon ripasso, il che sembra una cosa banale ma non lo è. Perché bisogna fare dei sommari, mettere in evidenza i temi più rilevanti, magari suddividendo un argomento in sottounità, perché questo aiuta molto la memorizzazione. Leggere e rileggere in modo lento, passivo è una gran perdita di tempo, mentre il ripasso è una cosa attiva. I ragazzi dovrebbero chiedere agli insegnanti di essere aiutati in questo senso, aiutati ad organizzare il pensiero. E potrebbero aiutarsi tra di loro, ripetendo in coppia le materie e interrogandosi a vicenda. Questo insieme di conoscenze e di capacità di controllarle dovrebbe ridurre la paura. E poiché la paura nasce dall'ignoto è molto utile avere un'idea precisa di come si svolgerà l'esame, aver fatto delle 'prove generali'. Inoltre, è importante non fare una vita troppo sedentaria, che comprenda qualche pausa e qualche distrazione. Il giorno prima dell'esame, poi, bisogna assolutamente staccare, non pensarci più per una mezza giornata almeno. E quando si arriva a scuola, se c'è qualche compagno particolarmente ansioso e agitato, meglio allontanarsi, perché si tratta di emozioni contagiose".

10

15

20

25

30

E se malgrado tutto questo, al momento dell'esame arriva l'attacco di panico?

"Bisognerebbe aver imparato qualche semplice esercizio di rilassamento. Ad esempio, già fare dei lunghi respiri è una cosa che tranquillizza, si riacquista un ritmo diverso, più calmo, e si può fare anche un momento prima di entrare all'esame. Inoltre, imparare qualche 'mossa', diciamo così, di rilassamento muscolare indubbiamente serve. Ci si ferma un momento e si fa un esercizio, in modo da controllare l'ansia".

35

40

In linea di massima, meglio rilassati o meglio adrenalinici?

45

"Dipende dal temperamento individuale e dalla quantità di stress. Un po' di stress serve, perché ad esempio si è in grado di fare collegamenti più rapidi, ma se è eccessivo può bloccare. Ecco perché servirebbe aver già fatto un po' di prove".

50

Cosa devono fare le famiglie per aiutare i ragazzi, e cosa devono assolutamente evitare?

"Devono cercare di tranquillizzarli e non devono creare un clima competitivo, sostenendo nello studio, ma evitando di drammatizzare l'evento. In genere la paura aumenta se si associa il fallimento all'esame ad una bocciatura su tutta la linea, una bocciatura della persona. Ma l'esame non è un giudizio sulla persona, è un giudizio sulla sua preparazione, quindi non va né sopravvalutato né sottovalutato, va interpretato con realismo".

55

60

tratto da La Repubblica

2. COMPRENSIONE DEL TESTO

1 Leggete il testo e indicate l'affermazione giusta tra quelle proposte.

1. Secondo la psicologa, il rimedio migliore allo stress è
a) aver studiato molto durante tutto l'anno
b) studiare molto negli ultimi giorni
c) fare un ripasso sistematico e attivo
d) memorizzare le informazioni più importanti

2. È molto importante
a) non avere paura
b) non pensare affatto agli esami
c) pensare solo agli esami
d) non essere distratti

3. Se durante l'esame ci si sente molto stressati
a) allora meglio ripetere l'esame un altro giorno
b) bisogna chiedere aiuto all'esaminatore
c) aiuta conoscere qualche tecnica anti-stress
d) bisogna pensare a cose positive

4. In genere lo stress
a) è positivo solo se moderato
b) aiuta a pensare in modo veloce
c) aiuta anche quando è eccessivo
d) serve sempre

5. I genitori
a) devono spiegare quanto sono importanti gli esami
b) devono ignorare l'importanza degli esami
c) non devono occuparsi affatto dello studio
d) non devono trasmettere l'eventuale loro ansia

2 Date al testo un titolo alternativo. Quale dei titoli proposti dai compagni vi piace di più?

esami: consigli per riuscire

3. RIFLETTIAMO SUL TESTO

1 Aiutandovi dal testo sottolineate il significato esatto di queste espressioni.

mandare all'aria (2): a. rovinare, b. elevare, c. avere successo
a vicenda (20): a. l'un l'altro, b. ogni tanto, c. se possibile
bisogna staccare (28): a. dividere, b. fare una pausa, c. concentrarsi
in linea di massima (44): a. al massimo, b. in genere, c. soprattutto
su tutta la linea (57): a. parziale, b. permanente, c. totale

2 Cercate di costruire frasi vostre usando queste espressioni.

in precedenza (8): ...... Avere mangiato in precedenza ti fa sentire meglio
il che (10): ...... Avere viaggiato il che è molto importante ?
in coppia (20): ...... Andare in coppia al cinema
si tratta di (32): ...... Quando studi si tratta di concentrarsi
in modo da (42): ...... Se si cucina bene in modo da potere mangiare con tranquilità

4. LAVORIAMO SUL LESSICO

1 Alcune delle parole date sotto sono relative solo alla scuola, altre solo all'università, mentre alcune si possono usare in entrambi i contesti; a coppie completate opportunamente le pagine del libro.

facoltà	laurea	studente	ateneo
classe	docente	maturità	alunno
maestro	diploma	insegnante	
promosso	materia	dipartimento	

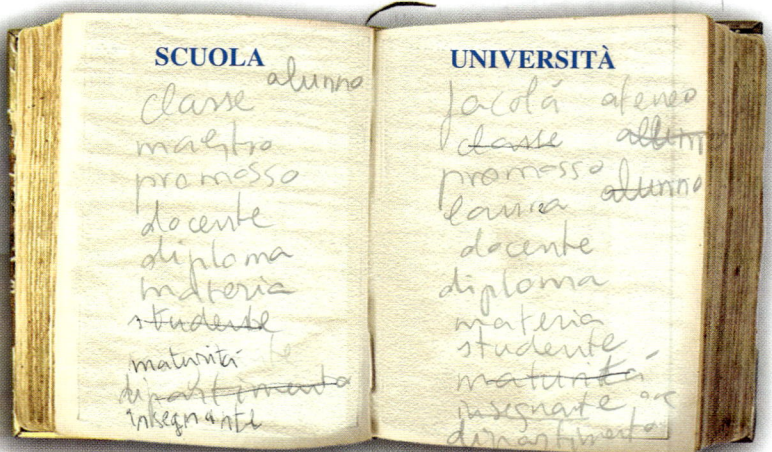

SCUOLA
classe alunno
maestro
promosso
docente
diploma
materia
studente
maturità
dipartimento
insegnanti

UNIVERSITÀ
facoltà ateneo
classe alunno
promosso alunno
laurea
docente
diploma
materia
studente
maturità
insegnate
dipartimento

2 Completate opportunamente le frasi con i derivati delle parole del testo date a fianco.

1. Il governo ha finalmente annunciato una ....riduzione.....e delle tasse!
2. Ogni volta che stavo per parlarle provavo un ....blocca....o psicologico.
3. A questo punto vorrei fare una ....precisazion....e. (o un chiarimento)
4. È solo grazie al ....sostegn....o dei suoi che ce l'ha fatta.
5. Il sindaco attuale ha annullato tutte le decisioni di quello ....precedent....e.

ridurre ✓
bloccare ✓
precisare ✓
sostenere ✓
precedere

1 Completate il testo scegliendo la parola giusta tra le quattro proposte.

Le studentesse sono più brave dei maschi in italiano, meno in matematica, ma complessivamente il loro rendimento è nettamente più .... (1). Al di là dello storico sorpasso, il sistema scolastico è spaccato in due: nel centro-nord i risultati dell'educazione .... (2) i migliori standard internazionali. Nelle regioni del sud e nelle isole .... (3) l'esatto contrario. Anche se la mappa della scuola italiana presenta punte di eccellenza anche nelle aree più a rischio.
Una cosa, però, è .... (4). Il condizionamento sociale è feroce: la situazione socio-culturale della famiglia .... (5) il successo o meno dei figli. E la scuola ha grosse difficoltà a .... (6) la realtà. Le carenze più evidenti si notano nell'apprendimento della lingua italiana, meno per la matematica e le scienze. Altro fattore .... (7) la lettura dei giornali e la disponibilità a casa di una buona biblioteca. Di .... (8) i figli di chi ha fatto il liceo seguono lo stesso corso di studi ed hanno rendimenti scolastici più alti.

1. bravo / buono / alto / abile
2. sono / raggiungono / arrivano / ottengono
3. occorre / diventa / capita / avviene
4. strana / certa / incredibile / nota

5. determina / sceglie / decide / ostacola
6. anticipare / modificare / prevedere / toccare
7. determinante / secondario / deciso / critico
8. più / nuovo / norma / tutti

2 All'inizio del testo introduttivo abbiamo visto l'espressione 'mandare all'aria'. Lavorando in coppia sostituite le frasi in rosso con le espressioni date a destra.

1. Povero Gianni! Se sapessi quante offese di sua suocera ha dovuto tollerare!
2. Mario era calmo, ma quella parola l'ha fatto arrabbiare.
3. Quaranta sigarette al giorno per venti anni l'hanno ucciso.
4. Era contrario a questo progetto e ha fatto di tutto per farlo fallire.
5. Rai 3 ha deciso di non trasmettere più film violenti prima di mezzanotte.

mandare:
in bestia
a rotoli
giù
in onda
all'altro mondo

Rispondete in 160 – 180 p. alla seguente lettera che leggete su una rivista italiana:
"Caro editore, la mia vita non ha senso. È tutta casa-scuola, scuola-casa. Non è che non posso uscire. È che ne ho perso la voglia. Penso solo a questi maledetti esami che si avvicinano, proprio come un meteorite disastroso. Spesso non riesco nemmeno a dormire. Secondo Lei, ne vale la pena? È così che deve essere la vita di un giovane? La prego, Lei o i Suoi lettori, di darmi un consiglio."

Sapete cosa vuol dire *marinare la scuola*? Disertare, lasciare la scuola per alcune ore. Marinare letteralmente significa mettere un cibo nell'aceto per conservarlo. Quindi, nello stesso modo, si "conserva" la scuola, si mette da parte per il futuro. Si dice anche *salare la scuola*, *bigiare la scuola* o *fare forca a scuola*. Non esistono, invece, modi di dire con il verbo studiare...

PARLIAMO: se usate *La Prova orale 2*, vedete *Scuola* a p. 17 e il compito n. 21 a p. 103.
ASCOLTIAMO: se usate *Ascolto Avanzato*, vedete *L'Università di Pisa* a p. 35.

DOVE VIVONO I BARBONI D'INVERNO?

1. PRIMA DI LEGGERE

1 Osservate il titolo del testo e le foto di queste pagine e discutete in coppia: esistono molti barboni nella vostra città e dove si trovano di solito? Quali sono i problemi che devono affrontare, secondo voi?

2 Dopo aver letto il testo, verificate se le informazioni riportate coincidono con le vostre.

2. COMPRENSIONE DEL TESTO

1 Leggete il testo e indicate l'affermazione corretta tra le quattro proposte.

1. In Italia l'età media dei barboni
a) è sempre più bassa
b) è sempre più alta
c) è sotto i 30 anni
d) è sui 35 anni

2. Il Comune di Milano
a) ha costruito case per i barboni della città
b) non ha preso delle misure per la protezione dei barboni
c) offre vitto e alloggio ai barboni della città
d) offre un pasto caldo a costo molto basso

3. A Milano i posti sono
a) circa 2.500
b) più di 800
c) circa 200
d) insufficienti

4. Molti barboni trovano riparo
a) in alberghi al centro della città
b) nella sala di attesa della stazione
c) dentro i vagoni dei treni fermi
d) in strutture costruite appositamente dalle Ferrovie italiane

2 Date un sottotitolo ad ogni paragrafo. Cercate di motivare le vostre scelte.

....
....

Difficile dire quanti siano. La Commissione di indagine sulla povertà parla di 45 mila persone.
5 Di certo, rispetto al passato, sono sempre più giovani. "Uno su tre ha meno di 35 anni" secondo Guerini Di Tora, direttore della Caritas. A
10 volte sono tossicodipendenti, alcolisti, malati psichici, ex detenuti. Finiscono sulla strada dopo un lutto, una malattia, un licenziamento o un divorzio. Ciascuno ha una storia diversa alle spalle. Ma tutti, in questi
15 giorni, devono fare i conti con un nemico in più: il freddo. Dove vanno quando la barretta di mercurio precipita a -13 come è avvenuto a Parma il 10 dicembre? Si fa qualcosa perché abbiano un tetto sotto cui ripararsi? Per capirlo abbiamo fatto un
20 viaggio nelle nostre città. Fianco a fianco con chi in strada vive da anni.

Tutti in coda per la notte
Milano, una sera di dicembre, temperatura che sfiora lo zero. In via Barzaghi, alla luce dei neon,
25 estrema periferia nord, c'è coda. Siamo davanti al padiglione della Protezione civile che, come ogni anno, l'amministrazione comunale ha allestito per l'emergenza freddo. Può offrire un tetto per la notte a 200 senzacasa. Una notizia importante che il pas-
30 saparola di chi vive in strada ha prontamente diffuso. Ora tutti attendono, come ogni sera. Un pasto caldo e un letto. In fila c'è Giuseppe, 30 anni, malato psichico. Racconta che nel suo paese è stato scaricato dagli assistenti sociali con parole dure:
35 "Non c'è posto per te" gli hanno detto. Ma un

posto Giuseppe lo troverà, almeno stasera, almeno qui. E come lui Enrico, 40 anni, che non si allontana un metro da un motorino molto malandato. "È il mio salvagente" spiega. "Ogni tanto lavoro come pony express. E faccio qualche soldo per sopravvivere". 40

La fila si è sgranata, i 200 ospiti sono entrati. Possono dirsi fortunati: a Milano, secondo la Caritas, i senzadimora sono circa 2.500. I letti disponibili nelle diverse strutture, comprese quelle del volontariato, arrivano a malapena a 800. Ecco perché questi altri 200 posti sono una vera manna. Ma sono comunque troppo pochi. Chi non ha trovato posto, questa notte dovrà arrangiarsi in altro modo. Per esempio in quello che a Milano i senzacasa chiamano ironicamente "albergo centrale". È il sotterraneo della stazione, che come il ventre di una balena accoglie ogni notte gli homeless che non hanno dove andare quando la temperatura crolla. I più intraprendenti preferiscono il tepore dei vagoni ferroviari, fermi sui binari morti. C'è anche chi sceglie di viaggiare: i vagoni in movimento sono più caldi. Si sale alla sera in una città e si scende all'alba in un'altra. Poi si torna indietro. "La Milano-Venezia è la mia linea preferita" dice Alessandro, 42 anni. Dall'inizio di dicembre si è trasformato in un "pendolare": "Passo le notti sui treni" spiega. "Ma spesso mi tocca scendere a metà percorso: i controllori sono diventati pignoli". 45 50 55 60 65

tratto da *Donna Moderna*

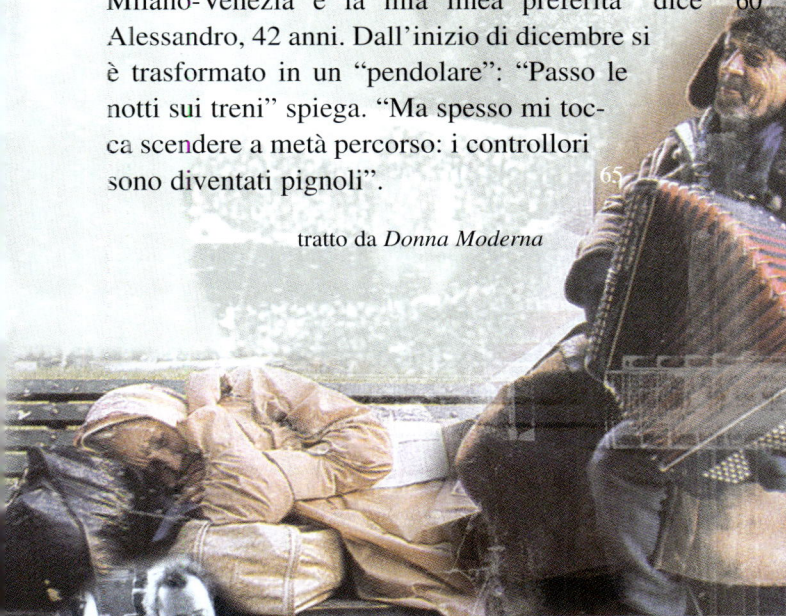

3. RIFLETTIAMO SUL TESTO

1 **L'autore usa quattro espressioni diverse per dire che fa freddo e altre quattro espressioni e parole per sostituire la parola 'barbone', che appare solo nel titolo; quali sono? Lavorate a coppie.**

....

....

2 **Trovate queste espressioni e parole e dal testo cercate di capirne il significato esatto.**

fare i conti (15): contare / prendere in considerazione / pagare

hanno alle spalle (14): dietro / davanti / sopra

è stato scaricato (33): abbandonato / picchiato / mandato via

una vera manna (47): una presa in giro / un dono / un aiuto poco importante

arrangiarsi (49): trovare soluzione / mangiare / rifare

mi tocca (63): è il mio turno / sono costretto / preferisco

4. LAVORIAMO SUL LESSICO

1 **Le parole che seguono sono sinonimi di altre presenti nel testo. Potete capire di quali?**

ricerca (1-8): ....
proteggersi (15-21): ....
rapidamente (27-33): ....
a stento (42-48): ....
immobile (54-62): ....

2 **Abbinate tra loro i sinonimi.**

toccare	accogliere
ricevere	aspettare
attendere	diffondere
cadere	sfiorare
spargere	precipitare

3 **Date i sostantivi che derivano dai verbi usando questi suffissi: -enza, -zione, -mento, -sione.**

diffondere: ....e	allestire: ....o
preferire: ....a	sopravvivere: ....a
trasformare: ....e	accogliere: ....a

17

1 Nel testo abbiamo trovato espressioni come "fare i conti", "fare qualche soldo", "fa freddo"; lavorando in coppia completate le frasi con le espressioni date sotto.

caso   schifo   a meno   un colpo   da sé

1. - Luisa è appassionata di cioccolato; non può **farne** ....a meno....... - Beata lei!
2. Dino è un po' orgoglioso: anche quando ha bisogno di aiuto preferisce **fare** .....da sé......
3. Ha fatto solo 10 anni di carcere per aver **fatto** ...un colpo....... alla Banca del Lavoro; vedi, era il direttore!
4. Ma davvero mi avevi detto che oggi è il tuo compleanno? Scusa, amore, non **ci** avevo **fatto** ....caso...........
5. - Ma come fai a mangiare questa cosa? A me **fa** ....schifo..........! - Veramente è la specialità di mia madre.

2 Completate il testo con le parole mancanti. Usate una sola parola.

TORINO - Due ore prigioniero dentro un camion dei rifiuti. Ancora non si sa .....come........ (1) ci era finito dentro. Ora è ricoverato in .....ospedale... (2). È la disavventura accaduta a Torino a .....un............ (3) extracomunitario di origine africana. Per cause appunto ancora .....da........... (4) accertare, l'uomo si trovava dentro un cassonetto .....quando....... (5) è passato il camion dell'AMIAT. Erano le 10 del .....mattino... (6). Gli operatori hanno caricato il bidone per svuotarlo nel .....camion...... (7), poi si sono accorti della presenza dell'uomo che ha ...iniziato..... (8) a gridare. Subito sono accorsi vigili del .....fuoco.......... (9) e polizia, ma le operazioni di soccorso ....sono........ (10) terminate poco prima di mezzogiorno. L'uomo .....ha........ (11) riportato fratture e lesioni ed è stato trasportato al .....pronto...... (12) soccorso. L'extracomunitario è un nordafricano, probabilmente clandestino, ...che...... (13) ha raccontato di essersi rifugiato nel bidone per ...il freddo.. (14). Le sue condizioni, nonostante la grande paura, non sarebbero gravi.

Su un giornale italiano leggete la seguente lettera; rispondete (160 - 180 p.) al lettore-mittente, commentando il problema ma anche il suo atteggiamento:
"Ogni mattina vedo per strada gente sporca, puzzolente, un'immagine che ti rovina l'umore. Non è possibile che questa situazione vada avanti! Se queste persone non sono riuscite a mettere a posto la loro vita non è per colpa mia. Perché allora devono venire a dormire sotto casa mia, nel metrò, fuori dal mio ufficio? È una vergogna e una brutta figura per la nostra città!"

I barboni vivono in *strada*; cerchiamo di distinguere questa parola dai suoi sinonimi. *Via* è generico: può essere larga, stretta, lunga, breve (può essere usato in senso figurato: la via migliore per ottenere uno scopo, ecc.). Il *corso* è più impegnativo: nel centro della città, solitamente elegante, fiancheggiato da negozi. La *strada* normalmente esce dalla città (originariamente in latino significa "via lastricata"). Il *viale*, infine, è ampio e alberato.

PARLIAMO: Se usate *La Prova orale 2*, vedete *Volontariato e solidarietà* a p. 29 e *Ricchi e poveri* a p. 113.

- Oh, anche tu al "Ritz"?

4

Discutete brevemente in coppia: cosa vi dà fastidio negli uomini (se siete donne) e cosa nelle donne (se siete uomini)? Alla fine verificate se l'autore dell'articolo è d'accordo con voi.

COSA NON DICONO GLI UOMINI

1. Le donne parlano troppo e gli uomini troppo poco? Forse la differenza non sta nella quantità di parole e di silenzi, ma nello scopo. Gli uomini parlano per dare informazioni, le donne cercano sempre di stabilire una relazione, perciò si perdono in lunghi racconti che gli uomini francamente ritengono inutili. Loro vogliono notizie, fatti. Sennò si isolano. «E se lei dice "Ascoltami" è l'inizio della fine» spiega Valentina D'Urso, psicologa. «Lui risponde "Certo che ti ascolto". E invece chiude l'audio». Attenzione, poi: «Ci sono frasi che gli uomini non sopportano, tipo "Cosa provi?", "Qualcosa non va?", "Perché taci?"» dice lo psicanalista Claudio Risé: «I maschi detestano analizzare ciò che sentono, specie su richiesta». Studiate bene queste righe: vi sveliamo alcuni segreti per parlare con un uomo.

Le parole di lei che lui non sopporta

2. *Che cosa stai pensando?* Se avesse voglia di dirlo, lo farebbe. Se invece si chiude nei suoi pensieri è perché ha bisogno di silenzio. E se lei cerca a tutti i costi di entrare nel suo intimo spazio mentale, lui si innervosisce. Anche perché, in genere, non sa dire esattamente a cosa sta pensando. Non è abituato a tradurre in parole tutto ciò che gli passa per la mente.

3. *Ma tu mi ami?* I casi sono due. O lui la ama e pensa di dimostrarglielo tutti i giorni, con la sua fedeltà e con la sua dedizione; in tal caso non sopporta che lei abbia bisogno di questa verifica costante. Oppure non la ama ma non ha il coraggio di dirglielo. Sentirselo chiedere lo fa impazzire perché lo mette di fronte alla sua vigliaccheria.

4. *Sei sempre lo stesso, non cambi mai.* E che cos'altro dovrebbe essere? Dirgli una frase del genere, magari con un tono leggermente spregiativo, è come dichiarargli una disistima che viene da lontano. Un uomo non sopporta di essere disprezzato. Se poi il giudizio è retroattivo lo ferisce irrimediabilmente.

5. *Sei peggio di tua madre.* È una dichiarazione che molte donne fanno con superficialità. Ma da cui l'uomo si sente colpito due volte. Una perché è per definizione un "mammone" e non sopporta che si tocchi sua madre. Un'altra perché quello con la mamma è il rapporto "tipo", origine del suo modo di comportarsi con l'altro sesso. L'uomo preferisce essere colpito in modo diretto, senza confronti.

6. *Ti piace come sono vestita?* Lei chiede conferma della sua bellezza, della sua immagine, cose che ritiene fondamentali per stare in mezzo agli altri. Ma per lui giudicare il look della sua compagna è impresa quanto mai difficile. Perché non lo considera importante. Gli basta che lei non sia troppo vistosa e che sia gradevole. Ai particolari non bada. E se nota qualcosa che lo colpisce (nel bene o nel male) è lui il primo a dirlo.

adattato da Panorama

1 Dopo una lettura veloce date all'articolo un titolo alternativo.

2 Rileggete il testo e, con parole vostre, rispondete alle domande. (massimo 20 p.)

1. In cosa differiscono le donne e gli uomini quando parlano?
....
....

2. Quando e perché l'uomo sente invaso il suo intimo spazio mentale?
....
....

3. Secondo l'autore dell'articolo, la domanda "mi ami?" è quasi inutile; perché?
....
....

4. Perché l'affermazione "non cambi mai" dà fastidio all'uomo?
....
....

5. Perché sono pericolosi i riferimenti alla madre?
....
....

6. Che atteggiamento ha l'uomo nei confronti dell'abbigliamento della sua compagna?
....
....

1 Le frasi ed espressioni che seguono potrebbero sostituire altre presenti nel testo; quali?

ha a che fare con (¶ 1): ...*non sta nel* / *consiste in*...
come per esempio (¶ 1): ...*tipo*...
qualsiasi cosa pensi (¶ 2): ...*tutto ciò che ti passa per la menti*...
per lui è sufficiente (¶ 6): ...*gli basta*...
non gli interessano i dettagli (¶ 6): ...*ha particolari non bada*...

2 Aiutandovi dal testo costruite frasi vostre usando queste espressioni; lavorate in coppia.

non va (¶ 1): ....
su richiesta (¶ 1): ....
a tutti i costi (¶ 2): ....
del genere (¶ 4): ....
"tipo" (¶ 5): ....

1 Tra le parole date a fianco troverete sinonimi delle parole in blu e contrari di quelle in nero.

sopportare ...*tollerare*...   tacere ...*parlare*...   paragone   privato
detestare ...*amare*...   **rapporto** ...*relazione*...   relazione   timore
intimo ...*privato*...   svelare ...*nascondere*...   nascondere amare
coraggio ...*timore*...   **confronto** ...*paragone*...   parlare   -tollerare

20   *sopportazione*   *privatamente* (adverbial)
      tolleranza   *intimamente*

2 Date i sostantivi che derivano dai verbi. Lavorate a coppie.

giudicare	.........................o	dimostrare	.........................e
comportarsi	.........................o	confermare	.........................a
colpire	.........................o	disprezzare	.........................o

5. LAVORIAMO SULLA LINGUA

1 Nel testo il verbo *dire* appare più volte; ma la ripetizione può stancare e dimostra povertà lessicale. Con quale dei sinonimi che seguono lo sostituireste in queste frasi?

> confessare, raccontare, svelare, esprimere, spiegare, affermare, riferire, assicurare

Mi *ha detto* una storia incredibile.
Perché non *dici* mai la tua opinione?
Ho detto i miei peccati al prete.
Mi *ha detto* che sarebbe tornato in tempo.

Alla fine ti *ha detto* quel famoso segreto?
Lucia ci *ha detto* la notizia dell'incidente.
Dimmi il motivo per cui l'hai fatto!
Galileo *disse* che la Terra gira!

2 Esistono molti modi di dire con il verbo *dire*; sapreste dire cosa vogliono dire più o meno quelli che seguono? A coppie costruite brevi frasi e verificatele con l'aiuto del dizionario.

> dire due parole, dire in faccia, dire pane al pane,
> dire a mezze parole, dire una buona parola, dire chiaro e tondo

3 Completate il testo con i pronomi (diretti, indiretti, relativi ecc.). Usate una sola parola.

Piccoli gesti per farlo felice

Lasciargli il dominio sul telecomando. Cambiare canale mentre sta giocando la sua squadra del cuore può far.......... (1) venire un infarto. Tra le piccole astuzie che una donna dovrebbe avere c'è quella di lasciare a lui il telecomando. Significa conceder.......... (2) un piccolo potere, che .... (3) gratifica.
Lasciar.......... (4) *in pace mentre legge il giornale.* Niente sembra eccitare di più le donne che disturbare il partner mentre legge il giornale. Ma è un grave errore da evitare assolutamente. Per l'uomo, infatti, la lettura del giornale è un rito sacro. Per la donna è un momento in .... (5) lui vuole escluderla. Ma se lo interrompe, rischia reazioni di fuga, perché lui sente violate la sua indipendenza e la sua libertà.
Fare la dieta. L'uomo non sopporta che la sua partner sia a dieta. Lei dice che .... (6) fa per lui, ma non è vero. La dieta è un modo per concentrarsi su se stessa escludendo gli altri. .... (7) compreso.
Cambiare look in continuazione. Ci sono donne che rivoluzionano il look in continuazione, dal taglio di capelli al trucco, agli abiti. Per l'uomo è uno shock. Lui .... (8) sente sicuro solo nella consuetudine.

6. SCRIVIAMO

Dopo aver letto l'articolo "Cosa non dicono gli uomini", scrivete e inviate a *Panorama* una lettera intitolata "Cosa non dicono le donne", in cui raccontate tutto quello che fanno o dicono gli uomini e che (a vostro parere) dà fastidio alle donne. Cercate di non essere troppo cattivi! (160 – 180 p.)

7. RIFLESSIONI LINGUISTICHE

La parola *uomo* deriva dal latino *homo* (conoscete "homo sapiens"), a sua volta da *humus*, cioè "terra". Secondo questa interpretazione l'uomo si sarebbe autodefinito "creatura terrena" in opposizione agli déi. Da *homo* poi provengono parole come *omaggio, omicidio, omertà* ecc..

PARLIAMO: se usate *La Prova orale 2*, vedete *Matrimonio sì, matrimonio no* a p. 65.

1. PRIMA DI LEGGERE

Osservate tutte le foto e parlatene: quante cose potete capire o supporre su Totò? Scambiatevi idee. Dopo aver letto il testo verificate le vostre ipotesi.

IL GRANDE TOTÒ (1898-1967)

1   Nato in una famiglia napoletana poverissima, ma di origine nobile (il suo vero nome era Antonio de Curtis), Totò iniziò a lavorare come fantasista di caffè-concerto a Roma negli anni Venti. Il suo pezzo forte era una macchietta mimica in cui riproduceva una sorta di marionetta disarticolata che diventerà la sua maschera caratteristica per tutta la vita. Si affermò prima nell'avanspettacolo, con varie compagnie e poi come capocomico in proprio. Il suo umorismo non era solo fisico: giocava con le parole in modo beffardo, ironico, a volte anche scurrile, come richiedeva la tradizione dello spettacolo popolare.

2   Scoperto da umoristi-sceneggiatori come Achille Campanile e Cesare Zavattini, nel 1937 arrivò al cinema. Da allora girò 90 film, in gran parte commedie tratte da semplici canovacci scritti su misura per lui e realizzate con poca spesa, ma spesso così fresche e genuine da essere dei piccoli capolavori di comicità sempre sugli eterni temi della fame, delle donne, dell'arte d'arrangiarsi (*I due orfanelli*, *Un turco napoletano*, *Siamo uomini o caporali?*).

3   Più tardi Totò venne utilizzato anche in opere di miglior qualità (*L'oro di Napoli* di de Sica, *I soliti ignoti* di Monicelli, *Uccellacci uccellini* di Pasolini). Per quest'ultimo film ricevette anche un premio al Festival di Cannes nel 1966, ma in generale la critica lo snobbò come fenomeno di consumo troppo popolare e "regionale". Solo dopo la sua morte venne rivalutato ed è oggi universalmente considerato un maestro di comicità non priva di amara consapevolezza.

tratto da *1000 personaggi del XX secolo*, Panorama

TOTÒ VISTO DA VITTORIO DE SICA

4   Bastano i pochi film buoni che Totò ha fatto, tra i quali per esempio *Guardie e ladri* e il piccolo episodio ne *L'oro di Napoli*, a metterne in risalto tutta la straordinaria bravura. Ma a parte l'artista ricordare l'uomo che era Totò mi riempie di commozione: era veramente un gran signore, generoso, anzi, generosissimo. Arrivava al punto di uscire di casa con un bel po' di soldi in tasca per darli a chi ne aveva bisogno.

5   Totò è senz'altro una delle figure italiane più importanti che abbia conosciuto nella mia carriera e nella mia vita. Parlare della sua arte? Basta vedere il successo che ha avuto con i giovani di oggi, i ragazzi di quindici che non lo conoscevano. Lui era veramente un clown, un grande clown, nel senso più nobile della parola, come oggi non ne esistono più: certe sue folli improvvisazioni durante la recitazione erano geniali e insostituibili. Clown come lui ne nasce uno ogni cento anni.

6   Io avrei voluto Totò con me anche in un altro mio film dopo *L'oro di Napoli*. Questo anche per un senso di giustizia nei suoi confronti, perché ho sempre pensato che avrebbe avuto bisogno di uno sfogo internazionale che non aveva mai avuto. Quando *L'oro di Napoli* uscì in America Totò fu per tutti una grande rivelazione. Proprio ne *L'oro di Napoli* il personaggio di Totò aveva un risvolto drammatico che lui rese benissimo, perché era un attore completo, il più grande a mio parere, che il teatro musicale e il cinema italiano abbia mai avuto.

tratto da *www.antoniodecurtis.com*

1 A quali frasi o parole del testo corrispondono quelle date di seguito?

il suo ruolo di maggior successo (¶ 1): ....

diventò noto (¶ 1): ....

dimostrare il suo talento (¶ 4): ....

mi emoziona (¶ 4): ....

verso di lui (¶ 6): ....

in cui riuscì molto bene (¶ 6): ....

2 Aiutandovi dal testo usate le espressioni in blu per costruire frasi vostre.

di origine nobile... (¶ 1): ....

su misura per lui... (¶ 2): ....

privo di amara... (¶ 3): ....

al punto di uscire... (¶ 4): ....

un bel po' di soldi... (¶ 4): ....

3. COMPRENSIONE DEL TESTO

1 Individuate le affermazioni veramente presenti nel testo.

1. Per far ridere Totò non usava solamente il suo corpo.
2. Al cinema le sceneggiature si creavano appositamente per lui.
3. Recentemente il suo talento è stato riconosciuto in tutto il mondo.
4. Spesso Totò girava anche tre o quattro film all'anno.
5. Non ottenne subito il riconoscimento dei critici.
6. Girò molti film insieme ad altri grandi attori italiani.
7. Anche in televisione i film di Totò hanno sempre grande successo.
8. Totò e Vittorio De Sica hanno collaborato più volte.
9. Era una persona stimata e amata.
10. Sarebbe potuto diventare ancora più conosciuto all'estero.

2 Sottolineate a matita le frasi del testo che vi hanno aiutato a rispondere all'attività di sopra.

4. LAVORIAMO SUL LESSICO

1 Completate le frasi con le parole adatte.

1. Molti grandi .... hanno cominciato con piccole apparizioni come ....
   attrici   protagonisti   comparsa   film   regista
2. Il grande Federico Fellini aveva vinto quattro .... Oscar per la .... e uno alla carriera.
   regia   interpretazione   commedia   premio   riconoscimento
3. In sole tre settimane nelle .... il film ha fatto .... da record.
   incasso   cinema   grande schermo   biglietto   sala
4. Stasera al cinema *Cinecittà* .... un film d'avventura in prima ....; ci andiamo?
   danno   girano   proiezione   visione   pellicola

2 Abbinate tra loro i sinonimi e i contrari.

SINONIMI	
sorta	pazzo
bravura	abilità
folle	specie
realizzare	scoperta
rivelazione	effettuare

CONTRARI	
ignoto	avaro
generoso	dolce
geniale	contraffatto
genuino	stupido
amaro	conosciuto

1 Queste sono solo alcune delle incredibili battute di cui sono pieni i film del grande Totò. Scoprite il suo umorismo completandole con le parole date.

fa schifo   ogni   visto che   così   davanti agli   nostra   si   qui   mi   più

La donna è mobile e io mi sento (1) sento un mobiliere!

I parenti sono come le scarpe: più (2) sono stretti e più ti fanno male!

A casa nostra (3), nel caffellatte non ci mettiamo niente: né il caffè, né il latte!

Ogni (4) limite ha una pazienza!

Visto che (5) siamo a Milano, e vediamocelo questo Colosseo!

Era un uomo così (6) antipatico che dopo la sua morte i parenti chiedevano il bis!

Lei fa schifo (7), s'informi, domandi in giro!

L'acne giovanile si (8) cura con la vecchiaia!

- Lei ha il biglietto per il wagon-lit? - No, io ho il biglietto per questo wagon qui (9)!

Durante le mie sofferenze, che sono state tante, io ti tenevo sempre davanti agli (10) occhi... se no, non sarebbero state sofferenze!

2 Completate il testo, che parla di un altro grandissimo comico italiano, con gli elementi grammaticali mancanti (articoli, preposizioni, possessivi, pronomi ecc.).

ALBERTO SORDI

Alberto Sordi nasce a Roma .... (1) 15 giugno .... (2) 1920. Il suo debutto nel cinema avviene come comparsa in "Scipione l'Africano" (1937), ma i suoi esordi .... (3) mondo dello spettacolo sono caratterizzati dal doppiaggio di Ollio, l'attore Oliver Hardy. .... (4) dopoguerra ottiene un grosso successo in radio, con i .... (5) divertentissimi personaggi, ma l'exploit vero e proprio avviene con il personaggio di Fernando Rivoli, protagonista de "lo Sceicco Bianco" (1952) e con l'inizio della collaborazione con Federico Fellini. La consacrazione dell'attore, poi, si avrà con l'interpretazione, ... (6) varie pellicole, di un uomo medio cialtrone, furbetto e pigro. Il Grande Alberto ha interpretato più di centocinquanta film e .... (7) più di mezzo secolo di carriera è riuscito a fornir.......... (8) un ideale valido della storia dei valori e dei costumi dell'italiano tipico dal periodo bellico ai giorni nostri. Con pellicole come: "Il Vedovo", "Arrivano i Dollari", "Un Americano a Roma", "Il Marchese del Grillo", tanto per citar.......... (9) alcuni, "Albertone" .... (10) ha regalato tantissime belle risate.

Riassumete, unendoli in uno, i due testi su Totò. (140 - 160 p.)

Abbiamo visto che Totò è un nome che deriva da Antonio, e non è certo l'unico: da Antonio derivano anche Tonino, Nino, Nina e il più 'americanizzato' Toni. A coppie cercate di abbinare i nomi del primo gruppo a quelli di battesimo del secondo:

Beppe   Sandro   Pippo   Pino   Gianni   Nello   Gigi   Gino   Lino   Renzo   Nino

Giuseppe   Carlo   Antonio   Lorenzo   Giovanni   Alessandro   Luigi

PARLIAMO: se usate *La Prova orale 2*, vedete *Ridere* a p. 113.
ASCOLTIAMO: se usate *Ascolto Avanzato*, vedete *Vittorio Gassman* a p. 37.

6

1 Date un'occhiata al titolo e alle foto: di cosa tratta il testo, secondo voi? Chi è Fido? Scambiatevi idee.

2 Leggete il primo paragrafo: erano giuste le vostre ipotesi? Poi scrivete una o due domande le cui risposte vorreste trovare nel testo; dopo aver letto l'intero articolo verificate se avete trovato delle risposte alle vostre domande.

ADESSO SUL LETTINO SI STENDE FIDO

1 Se il vostro cane è bulimico, ansioso, troppo aggressivo fatelo stendere sul lettino di un terapeuta specializzato che lo sottoporrà a qualche 'seduta', studiata apposta per lui. Sempre più si diffonde tra i proprietari di animali l'abitudine di portare anche l'amico a quattro zampe a scuola di comportamento, lezioni che servono ad aiutare sia il cane che il padrone.

....
....

2 Insomma, una speranza di guarigione esiste per questi amati compagni, forse anche troppo amati: "Intanto, bisogna trattare i cani 'da cani', rispettando cioè la loro 'caninità' ", spiega Leda Borghi, allevatrice di professione. "Le persone che si rivolgono a me per aiuto sono padroni di cani in difficoltà: il loro animale manifesta un comportamento da correggere. Poi occorre riarmonizzare il rapporto tra cane e padrone che risulta alterato. Sono una specie di consulente matrimoniale", prosegue la terapeuta non senza un pizzico di autoironia.

3 "Questo tipo di trattamento non ha nulla a che fare con il 'bon ton'; è utile piuttosto a ricondizionare Fido, nel caso manifesti comportamenti indesiderati". Quali? La casistica è varia: c'è, per esempio, il cane che a un tratto decide di essere lui il capo di casa, stabilendo a che ora ci si sveglia, quando si passeggia, quando si mangia; oppure quello che ha disturbi di panico, fobie o vere e proprie 'sociopatie' (carattere asociale, introverso, diffidente, ecc.).

4 Ma come si diventa 'terapeuta per animali'? "Sono partita dall'allevamento dei cani 'da lavoro'; li facevo esercitare per le gare di cinoagonismo, quelle organizzate dall'Enci (l'Ente Nazionale Cinofili Italiani) per ottenere brevetti e premi. Poi, però, dall'addestramento tradizionale, quello - per intendersi - che insegna al cane a non tirare, ad aspettare e così via, mi sono spostata sul versante della terapia comportamentale perché mi rendevo conto che, spesso, non è sufficiente addestrare l'animale, occorre condizionarlo".

5 Tra gli strumenti utilizzati c'è, ad esempio, la "terapia dell'insuccesso" che offre buoni risultati già dopo due o tre sedute, meglio se fatte in compagnia del padrone. Funziona così: si mette del cibo per terra e anche il proprietario dell'animale si siede per terra; appena il cane si avventa sul bocconcino, questo gli viene tolto e, contemporaneamente, parte un segnale sonoro facilmente riconoscibile. L'operazione viene ripetuta più volte, con l'ausilio di uno strumento acustico particolare, finché il cane risulta scoraggiato e demotivato nel buttarsi sul mangiare e appare incerto sul da farsi: a quel punto viene orientato verso un comportamento più tollerabile, una specie di condizionamento della personalità.

6 Per il futuro, Leda Borghi sta lavorando a un progetto di "pet therapy" (un tipo di terapia fatta con e attraverso gli animali domestici) in collaborazione con una psicologa, trattamento che negli Stati Uniti ha dato buoni esiti, specie nella cura di bambini che soffrono di autismo.

da *www.ilnuovo.it*

1 Leggete il testo e indicate l'affermazione giusta tra le quattro proposte.

1. Alla signora Borghi si rivolgono
a) proprietari di cuccioli che vanno addestrati
x b) proprietari di cani con problemi di carattere
c) proprietari di cani e gatti che litigano tra di loro
d) coniugi che, divorziando, vogliono tenere il cane

2. Ci sono cani che
a) all'improvviso attaccano il loro padrone
b) non fanno altro che dormire tutto il giorno
c) all'improvviso si rifiutano di mangiare
x d) cambiano improvvisamente comportamento

3. La signora Borghi
a) era stata proprietaria di cani da gara
x b) si è sempre occupata di cani
c) ammette che in fondo non ama molto i cani
d) è stata per anni presidente dell'Enci

4. Con la "terapia dell'insuccesso" il cane
a) impara a creare meno problemi al padrone
b) impara a mangiare insieme al padrone
x c) impara ad obbedire a degli ordini sonori
d) si abitua alla presenza del padrone

5. La "pet therapy"
x a) aiuta bambini con problemi di autismo grazie al contatto con i cani
b) insegna ai bambini con problemi di autismo come comportarsi con gli animali
c) insegna ai bambini a non avere paura degli animali domestici
d) insegna ai bambini ad avere cura degli animali domestici

2 Date al testo due titoli alternativi; confrontateli poi con i titoli dati dai vostri compagni, scegliendo insieme quello migliore.

A quali frasi o parole del testo corrispondono quelle date di seguito?

pensata appositamente (¶ 1): ...... apposta ....
sembra essere cambiato (¶ 2): ...... alterato ....
un po' di (¶ 2): .... pizzico ....
le buone maniere (¶ 3): .... bon ton ....
per evitare malintesi (¶ 4): ...... per intendersi ....
eccetera (¶ 4): .... e così via ....
si lancia sul cibo (¶ 5): ...... avventarsi ....
non sa come agire (¶ 5): ...... appare incerta nel da farsi ......

volpe

coniglio

1 Qual è il nome di questi animali?

pecora

delfino

elefante

papagallo

asino

vacca/mucca

orso

tartaruga

2 Completate le frasi con alcuni degli animali dell'attività precedente.

1. Coraggioso, chi, Dario?! Lui è vigliacco come un ....coniglio....
2. Non ha combinato un bel niente nella vita; è la .....pecora..... nera della famiglia.
3. Ricorda ogni minimo particolare; ha una memoria da ..elefante...
4. Il loro figlio è un ....asino.......: pensa che è stato bocciato alla prima media! *o superenchito*
5. Sta' attento che Grazia è furba come una ....volpe.......

Potete pensare ad altre metafore o espressioni idiomatiche con gli animali?

3 Tra le parole date a sinistra troverete sinonimi di quelle in blu e contrari di quelle in rosso.

sarcasmo modificato
consuetudine scarso
calmo socievole
fiducioso aiuto

ansioso ..calmo........
alterato ..modificato/cambiato..
ironia ..sarcasmo......
diffidente ..fiducioso.....

abitudine ..consuetudine...
ausilio ....aiuto.........
sufficiente ...scarso...... *(scarso)*
introverso ....socievole...

---

5. LAVORIAMO SULLA LINGUA

Completate il testo con le parole mancanti (usate una parola sola).

Tutto è iniziato a metà febbraio quando .... (1) mi è scomparso un cucciolo; si chiama Sansone, ... (2) 1 anno ed è un pastore tedesco. L'ho .... (3) per tutte le campagne della zona ma .... (4) l'aveva visto, nonostante sia di taglia grossa. La cosa .... (5) è che dopo 15 giorni di disperate .... (6), tornando a casa una sera mi sono .... (7) completamente senza cani. Qualcuno mi aveva portato .... (8) (dal giardino chiuso) tutti e 3 .... (9) altri che mi erano rimasti: madre, padre e .... (10) di Sansone. Durante la notte il padre è .... (11) a rientrare: era terrorizzato e in pessime .... (12)! Per 2 giorni non è uscito più .... (13) casa. Dopo 5 giorni è rientrata la madre: .... (14) lei era completamente sotto shock. Per 2 .... (15) non è mai uscita dalla cuccia e tutt'ora esce .... (16) se c'è qualcuno di noi in giardino.

---

6. SCRIVIAMO

1 Continuate la narrazione di sopra, scrivendo un breve racconto a lieto fine. (140-160 p.)
2 Nella vostra città esistono centinaia di cani randagi e nessun ente sembra preoccuparsi. Scrivete una lettera al sindaco per informarlo di questa situazione e per protestare. (160-180 p.)

---

7. RIFLESSIONI LINGUISTICHE - proverbi

Ci sono molti proverbi in cui protagonisti sono gli animali; se riuscite a fare gli abbinamenti corretti, ne troverete alcuni. Se necessario, usate un dizionario.

non fa mai giorno / non si guarda in bocca / non piglia pesci / i topi ballano
che la gallina domani / ma non il vizio / non fa primavera / non morde

chi dorme .....non piglia pesci...
a caval donato ..non si guarda in bocca..
quando il gatto non c'è ..i topi ballano......
una rondine ..non fa primavera....
golondrina

can che abbaia ......non morde.........
meglio l'uovo oggi ...che la gallina domani..
il lupo perde il pelo ..ma non il vizio...
troppi galli a cantar ..non fa mai giorno...

È probabile che questi proverbi italiani corrispondano ad altri della vostra lingua; quali sono?

PARLIAMO: se usate *La Prova orale 2*, vedete *Animali, questi nemici* a p. 51 e il compito n. 19 a p. 103.

7

FUMO

Leggete solo la prima riga di ogni paragrafo e cercate di fare un breve riassunto di queste due notizie; dopo aver letto gli articoli per intero verificate le vostre ipotesi.

1 La moda è tornata, soprattutto tra i giovani e i giovanissimi. Fumo e sigarette, che negli ultimi anni erano scesi nel gradimento generale, ora tornano prepotentemente alla ribalta, basta dare una occhiata ai numeri raccolti e diffusi oggi a Roma dall'Istituto Superiore di Sanità italiano: gli adolescenti italiani che fumano sono tanti, tantissimi, cominciano a tirare le prime boccate alle scuole medie e poi non abbandonano il vizio nemmeno da adulti. "Nove su dieci hanno il primo contatto con il tabacco nell'età adolescenziale", dicono gli esperti.

2 In tutto, in Italia, i fumatori, che spendono pro capite all'anno circa mille euro, sono in prepotente crescita: oggi circa sedici milioni, contro i tredici di tre anni fa. Dati che preoccupano, ma in linea con l'andamento europeo, nonostante le campagne di sensibilizzazione e la lotta al tabacco condotta da più parti: nel vecchio Continente sono duecento milioni i dipendenti dal fumo, mentre nel mondo le persone che fumano regolarmente sono più di un miliardo e duecento milioni, con quattro milioni di decessi accertati per anno.

3 Balzano in avanti i numeri dei morti, che, messi assieme, nel 2025, saranno superiori a quelli per AIDS, tubercolosi, omicidi e incidenti stradali. Dati che allarmano, ma non fanno calare il "vizio" della sigaretta. Amata in Europa e in Asia, molto meno negli Stati Uniti, dove è spietata la guerra ai fumatori e dove, di recente, sono partite una raffica di cause contro le aziende produttrici, costrette a iniziare a versare risarcimenti milionari.

4 Un ragazzo ha denunciato il padre perché fuma. Al giovane, 15 anni di Forlì, i medici hanno diagnosticato una grave malattia collegata al fumo e lui, stanco del padre fumatore accanito e non pentito, si è rivolto al Codacons. I legali dell'associazione di consumatori hanno deciso di denunciare il genitore per violenza privata, chiedendone l'allontanamento da casa e il risarcimento per i danni provocati al figlio.

5 Secondo il Codacons, dopo la diagnosi sulla malattia del figlio, la madre ha contattato sia la Asl che il parroco, che ha tentato di convincere il padre ad abbandonare i due pacchetti di sigarette al giorno. L'uomo però non ne ha voluto sapere. Così è stato lo stesso ragazzo a entrare in azione e a contattare il Codacons.

L'associazione ha fatto sapere che considera una **6** "violenza estrema", una sorta di "condanna a morte", quella del padre fumatore nei confronti del figlio.

7 "Se si considerano come una violenza ordinaria le percosse (al 90% dei casi guaribili in pochi giorni) – spiegano al Codacons – come non si può considerare violenza 'estrema' una paterna 'condanna a morte'?".

8 L'associazione ricorda che, dopo la diagnosi sulla malattia del ragazzo, "i medici hanno più volte scongiurato il padre di smettere di fumare, pena un aggravarsi certo e irrevocabile della malattia del figlio, ma l'uomo non ha mai neanche provato a recedere dal suo vizio mortale e continua a fumare 40 sigarette al giorno davanti al figlio".

adattati da La Repubblica

2. COMPRENSIONE DEL TESTO

1 Leggete il testo e indicate le informazioni veramente presenti.

1. La situazione del fumo è di nuovo molto preoccupante.
2. Spesso si inizia a fumare ai primi anni di scuola.
3. In Italia si fuma più o meno quanto nel resto d'Europa.
4. Si cerca di informare sui pericoli del fumo.

5. È in grande crescita la vendita delle sigarette "leggere".
6. Un giovane fumatore si è ammalato.
7. Il figlio chiede l'incarceramento del padre.
8. Il Codacons ha preso le parti del figlio.
9. Secondo l'associazione, il padre mette in pericolo la vita di suo figlio.
10. Il padre, anche se fuma di meno, non ha ancora smesso del tutto.

2 Confrontate le vostre risposte con quelle del vostro compagno e, se non sono uguali, indicate le parti del testo dove si trovano le risposte giuste.

3 Date un titolo ai due testi.

3. RIFLETTIAMO SUL TESTO

1 Le frasi e le parole che seguono potrebbero sostituire altre presenti nel testo; potete capire quali?

erano poco apprezzati dalla gente (¶1): *erano scesi nel gradimento generale*
hanno di nuovo successo (¶1): *tornano prepotentemente alla ribalta*
a testa (¶2): *capite*
l'Europa (¶2): *il vecchio continente*
ultimamente (¶3): *di recente*
non porta ad una diminuzione dei fumatori (¶3): *non fanno calare il "vizio"*

2 Come potreste dire diversamente queste frasi senza alterare il significato che hanno nel testo?

tirare le prime boccate (¶1): *iniziare a fumare*
in prepotente crescita (¶2): *inevitabile crescita*
contro (¶2): *mentre / in confronto a*
entrare in azione (¶5): *ad agire*
ha fatto sapere (¶6): *a informato / a annunciata*

4. LAVORIAMO SUL LESSICO

1 Nel testo abbiamo visto l'espressione 'pro capite', una delle tante parole ed espressioni latine che si usano ancora oggi (e non solo in italiano). Completate le frasi che seguono con quelle date a fianco.

1. Signorina, è possibile che ci mandi per fax il Suo *c.v.*?
2. Ha detto pubblicamente "*mea culpa*" assumendosi la responsabilità.
3. Stefania gli ha dato un *ultimatum*: se non smette di fumare, lo lascia!
4. Lo stadio era così vecchio che l'hanno demolito e ricostruito *ex novo*
5. Siamo amici intimi, abbiamo molto in comune; lui è il mio *alter ego*

ex novo
ultimatum
alter ego
curriculum vitae
mea culpa

2 Sono sinonimi (=) o contrari (#)?

smettere C iniziare   vizio C virtù   dissuadere C convincere   crescita C calo
verificare = accertare   crudele = spietato   obbligato = costretto   saltare = balzare

3 Senza rileggere il testo cercate di dare i sostantivi che derivano da questi verbi. Lavorate in coppia.

risarcire   andare   aumentare   diminuire   allontanare   gradire   contattare   condannare

risarcimento – andamento – aumento – diminuzione – allontanamento – gradimento
contatto – la condanna.

discesa il calo del numero di fumatori

29

Inserite nel testo i verbi indicati sotto al modo e al tempo giusti.

1. fumare / 2. decidere / 3. presentare / 4. estendersi
5. somministrare / 6. introdurre / 7. prevedere / 8. salire

FUMO: SARÀ VIETATO IN TUTTI I LUOGHI CHIUSI

Nei luoghi chiusi non si ....*fumerà*............ (1) più. Il divieto è già stampigliato, invano, su molti cartelli ma il ministro della Sanità .....*ha deciso*...... (2) di far prendere le prescrizioni sul serio, ...*presentando*.....(3) oggi una bozza di disegno di legge che introduce il "divieto assoluto e generalizzato" di fumare in tutti gli ambienti chiusi. Il divieto .... (4) "anche a qualsiasi ambiente chiuso, non accessibile al pubblico in cui si svolga attività lavorativa". Dalle università alle scuole, dalle Poste agli studi medici la parola d'ordine sarà: "sigaretta spenta". *(spegnere)*

Se il divieto di legge verrà approvato, in Italia sarà vietato fumare sui mezzi di trasporto pubblico e nelle stazioni, compresi porti e aeroporti, nei ristoranti e in qualsiasi altro locale dove ...*si*................ *somministrano*. (5) alimenti e bevande.

Secondo quanto spiegato dal ministro, "si tratta di un provvedimento importante nel campo della lotta al fumo e in particolare quello passivo che, se attuato, *introdurrà*........... (6) in Italia il divieto assoluto e generalizzato di fumare in tutti gli ambienti chiusi, pubblici e privati, accessibili al pubblico". Gli irriducibili della sigaretta rischiano anche multe salate: ...*si prevedono*.... (7) per i trasgressori multe da un minimo di 100 a un massimo di 200 euro. Contravvenzioni che ...*saliranno*...... (8) a 300 euro per chi non fa rispettare i divieti.

Costruite un testo collegando e sviluppando questi appunti.

giuria - Philip Morris - risarcire - cancro - processo - accusare - avvertito
rischi - ai polmoni - frode e negligenza - fumare - 13 anni - rendersi conto
fumo - uccidere - diversa - legali - difendere - linea difensiva - cliente
conoscere - rischi - tribunale non accogliere - dare ragione - ordinare - risarcimento

Una giuria di Los Angeles ha ordinato ieri sera alla Philip Morris di risarcire ...

Ecco alcuni modi di dire in cui è presente il fumo: "fuma come un camino/una vaporiera/un treno", significa che qualcuno fuma molto. Mentre se qualcuno "è come il fumo negli occhi", allora ci è particolarmente fastidioso e antipatico.

La parola *sigaretta*, d'altra parte, proviene dallo spagnolo *cigarro*, probabilmente dalla parola *zizar* che per i Maya significava appunto fumare.

PARLIAMO: se usate *La Prova orale 2*, vedete *Abusi: fumo e alcol* a p. 23.
ASCOLTIAMO: se usate *Ascolto Avanzato*, vedete *Italia, un paese di fumatori* a p. 25.

DISTURBO, SE MANGIO MENTRE FUMATE?

1. PRIMA DI LEGGERE

1   Leggete solo il titolo: di cosa tratta il testo, secondo voi? Dopo leggete anche il sottotitolo: cos'altro potete capire?

2   L'articolo parla di cinque persone che vivono con i loro genitori; scrivete tre domande che gli vorreste fare sulla loro vita. Dopo aver letto il testo per intero verificate se trovate delle risposte alle vostre domande.

FIGLI DI MAMMA A VITA

Quasi metà degli italiani tra i 20 e i 32 anni vive con i genitori.
E non vuole alcuna autonomia prima del matrimonio. Ecco perché

Per scelta. O per forza

Maria, 30 anni, avvocato. Abita a Genova con i genitori, la sorella ventottenne e il nonno materno. "Non voglio andarmene. Il motivo? La mia scelta professionale: l'università, il praticantato, le prime esperienze di lavoro poco redditizie: un cammino lungo che i miei genitori hanno condiviso. L'autonomia economica è lontana. Dopo la laurea, per due anni non si guadagna nulla. E non ho il tempo per fare lavoretti extra".

Paolo, 31 anni, laureato in Economia e Commercio, abita con i genitori a Desenzano sul Garda. È consulente informatico. "È un vantaggio per i figli e per i genitori, anche sopra i 30 anni. Per chi lavora tutto il giorno essere esonerato da cucinare, lavare, stirare, fare la spesa è un sollievo. Ai miei genitori piace condividere la quotidianità: quattro chiacchiere ogni giorno permettono di stare vicini".

Davide, 26 anni, impiegato, vive con la famiglia a Parma: "Gli affitti sono alle stelle. Anche trovando una sistemazione spartana dimezzerei il mio stipendio e allora addio viaggi. Meglio la famiglia, quando c'è armonia. In più, non dando contributi in casa, posso risparmiare qualcosa. Mia madre è una cuoca straor-dinaria, degna di Parma. Anche mio fratello, trent'anni, sta in famiglia. Mio padre, ci chiama sanguisughe. In realtà è contento così".

Andrea, 26 anni, romano. Si è laureato l'anno scorso in Economia e commercio (110) e ora frequenta un master postlaurea: "Vivo con i genitori, vado d'accordo con loro, godo di ampia libertà. Appena possibile vorrei andare a vivere da solo. Ma per ora non è possibile: cinque giorni a settimana seguo il master dalla mattina alla sera, poi devo studiare. Mi rimane poco tempo per lavorare e mantenermi. La mia vita sarebbe un inferno. È il sistema che è sbagliato: non c'è collegamento tra scuola e mondo del lavoro; e gli affitti sono troppo alti. La dipendenza dalla famiglia è inevitabile".

Lidia, di Palermo. Ha 29 anni, una laurea in medicina, e una specializzazione: "Lavoricchio. A casa sto bene, forse anche perché vivo solo con mia madre e la convivenza è semplificata. Anche il mio ragazzo vive in una situazione simile, pur lavorando a tempo pieno e quindi essendo in grado di permettersi una vita autonoma. In realtà stiamo meditando di sposarci. Con calma. Poi andremo ad abitare per conto nostro".

tratto da *L'Espresso*

2. COMPRENSIONE DEL TESTO

1   Leggete il testo e abbinate con una X le affermazioni della colonna di sinistra con la persona giusta.

Maria	Paolo	Davide	Andrea	Lidia

1. I lavori domestici mi prenderebbero tempo prezioso.

2. Non sono disposto a rinunciare alle mie comodità soltanto per vivere da solo.

3. Anche se potrei vivere lontano dai miei, non ho fretta.

Maria	Paolo	Davide	Andrea	Lidia

4. Per me stare con i miei è una necessità, non posso fare diversamente.

5. Ci vuole molto tempo per poter essere indipendenti dal punto di vista economico.

6. Almeno in questo modo non perdo il contatto con i miei.

7. Secondo me, molto si dovrebbe cambiare affinché i giovani trovino lavoro.

8. Nonostante le lamentele, in fondo non ci sono problemi.

2 Date ad ogni paragrafo un titolo che ne riassumi il contenuto o che caratterizzi la persona che parla.

3. RIFLETTIAMO SUL TESTO

1 Individuate nel testo frasi o parole che corrispondono a quelle date di seguito.

un prezzo molto alto (Davide): ....

una casa piccola e modesta (Davide): ....

non ho problemi con loro (Andrea): ....

guadagnare abbastanza per poter vivere (Andrea): ....

lavoro poco (Lidia): ....

da soli (Lidia): ....

2 Lavorando a coppie costruite frasi vostre usando le espressioni in blu.

degna di Parma (Davide): ....

godo di ampia libertà (Andrea): ....

pur lavorando (Lidia): ....

a tempo pieno (Lidia): ....

in grado di permettersi... (Lidia): ....

4. LAVORIAMO SUL LESSICO

1 Nel primo 'parolone' si nascondo i sinonimi delle sei parole che seguono; scopriteli.

MERITEVOLEAFFINEREDDITIZIOINDIPENDENTESEMPLICECONFORTO

proficuo ....   autonomo ....   degno ....

sollievo ....   spartano ....   simile ....

2 Utilizzate i suffissi dati a destra e i sostantivi di sotto per formare gli aggettivi che ne derivano.

professione ....   economia ....

inferno ....   commercio ....

armonia ....   piacere ....

-ico (x1) -evole (x1)
-oso (x1) -ale (x3)

Lavorate a coppie: quanti aggettivi potete formare con questi suffissi in due minuti? Vediamo!

1 Nel testo abbiamo visto l'espressione "andare d'accordo". Nelle frasi che seguono sostituite le parti in blu con queste espressioni:

andare... a monte   a finire   a fuoco   a ruba   sul sicuro

1. Allora, come si è conclusa quella storia con l'amico di Roberto?
2. Questa è stata un'altra idea 'geniale' di Gigi che non si è realizzata.
3. L'ultimo album di Laura Pausini è veramente molto richiesto.
4. Siccome per noi è la prima volta preferiremmo non rischiare.
5. Pochi minuti dopo l'esplosione l'intero edificio si è incendiato.

2 Completate il testo scegliendo la parola giusta tra quelle suggerite.

Sono adulti, sposati, magari con figli. Ma pur sempre cocchi di mamma. Anche quando diventano grandi e .... (1) una famiglia autonoma, gli italiani tentennano nell'abbandonare le sottane di mammà: il 42,9 per cento dei .... (2) al di sotto dei 65 anni vive infatti entro un chilometro dall'abitazione .... (3), oppure vede o telefona alla mamma ogni giorno. È questo l'identikit del 'coniugato-mammone' made in Italy, tracciato dall'ISTAT nell'ultima .... (4) sulle famiglie italiane.
A quanto pare la fede nuziale al dito non basta a .... (5) il cordone ombelicale. Nel 30,9 per cento dei casi, madri e figli sposati vivono nella stessa abitazione, mentre il 21,8 per cento vive .... (6) nella stessa città. Se poi vivere insieme o vicini non è proprio .... (7), si fa di tutto per vedersi: il 77,3 per cento di .... (8) che non vivono con la mamma la incontra almeno una volta la settimana, il 70,2 la sente per telefono, mentre gran parte dei figli coniugati vede la mamma quasi tutti i giorni.

1. cercano - compongono - formano - scelgono
2. sposati - coniugati - compagni - mariti
3. propria - sua - materna - altrui
4. analisi - indagine - intervista - ispezione

5. rafforzare - aprire - ridurre - tagliare
6. certo - comunque - forse - eppure
7. possibile - probabile - eventuale - difficile
8. coloro - chi - questi - tutti

In base ai due testi che avete letto e la tabella a destra scrivete un *articolo* su questo fenomeno di convivenza prolungata dei giovani italiani con i loro genitori, presentandone eventuali punti positivi e negativi e facendo un paragone con la situazione nel vostro Paese. Non dimenticate di dare al vostro articolo un titolo. (160 - 180 p.)

I VINCOLI DELLA CONVIVENZA
Percentuale di 25-30 enni occupati che affermano di avere obblighi nella vita in famiglia.

Sottolineate i modi di dire presenti in questo testo.

Non è facile decidere di lasciare il focolare, cioè andarsene di casa, anche perché si sa che in casa propria ognuno è re. Però viene un giorno in cui ognuno deve fare il gran passo, cioè prendere la decisione di aprire le ali e smettere di vivere alle spalle dei suoi genitori. Anche se è probabile che spesso penserà 'casa dolce casa'.

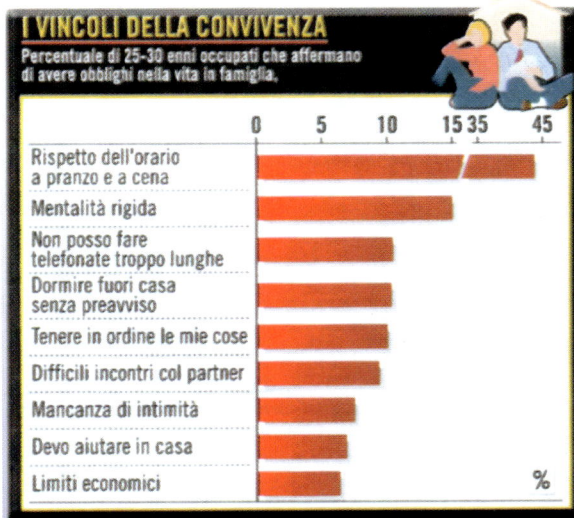

PARLIAMO: se usate *La Prova orale 2*, vedete *Giovani* a p. 43 e il compito 22 a p. 103.
ASCOLTIAMO: se usate *Ascolto Avanzato*, vedete *Agenzia matrimoniale* a p. 42.

1. PRIMA DI LEGGERE

1 Come e dove credete sia nata la pasta? Scambiatevi idee e informazioni. Poi date una velocissima (30") occhiata al testo cercando date e paesi: chi si è avvicinato di più alla realtà?

2 Ora, guardando anche le immagini, cercate di rifare delle ipotesi sulla storia della pasta e, dopo aver letto attentamente il testo, verificatele.

2. RIFLETTIAMO SUL TESTO

1 A quali frasi del testo corrispondono quelle date di seguito?

fu una conseguenza logica (¶ 1): ....
....

per molto tempo (¶ 3): ....
....

in pochissimo tempo (¶ 3): ....
....

ebbero grande sviluppo (¶ 3): ....
....

hanno fatto nascere (¶ 6): ....
....

2 Come potreste dire più semplicemente queste frasi, senza alterarne il significato?

per quanto ne sappiamo... (¶ 1): ....
....

si usa tagliare la pasta... (¶ 1): ....
....

furono introdotte nuove... (¶ 5): ....
....

lunga o corta che sia... (¶ 7): ....
....

reperibile anche in confezione... (¶ 8): ....
....

3. COMPRENSIONE DEL TESTO

Rispondete, con parole vostre, alle domande (con un massimo di 20 p.).

1. Cosa sappiamo dell'esistenza o meno della pasta nell'antichità? ....
....

2. Come e quando fa la sua ricomparsa la pasta? ....
....

3. Come cambiò nei secoli il modo di cucinare la pasta? ....
....

BREVE STORIA DELLA PASTA

Probabilmente, come il pane, anche la pasta nacque con i primi rappresentanti del genere umano. Appena quei nostri lontanissimi antenati impararono a coltivare i cereali e quindi a produrre la farina, la "scoperta" della pasta fu un fatto naturale. Per quanto ne sappiamo, i primi attestati certi della presenza della pasta risalirebbero al tempo degli Etruschi. In una tomba di Cerveteri sono raffigurate le immagini di alcuni coltelli, di un oggetto assai simile a un matterello e di uno strumento che sembra quello con cui ancora oggi si usa tagliare la pasta fresca. [1]

In età romana la presenza della pasta era probabilmente limitata alla dieta dei cittadini più abbienti. Infatti Apicio, celebre gastronomo e cuoco assai vicino ai potenti del suo tempo, segnala nel suo libro di cucina, il primo che la storia ricordi, alcune pietanze fatte con le "lagane" (questo il nome che i romani davano alla pasta fresca). [2]

Durante i secoli del basso Medioevo nessuno ricorderà più la pasta. Ma agli inizi del 1100 un certo Abu Abdallah Muhammad Idris, in un libro-documento destinato a Ruggero il Normanno di Sicilia, parla chiaramente del metodo arabo per essicare e dunque conservare a lungo la pasta. Ben presto tale novità alimentare attecchirà in Sicilia e da qui si propagherà in tutta la penisola. A Napoli, Amalfi, Genova e in molte altre città portuali la produzione e il commercio della pasta presero gran vigore e da quel momento il successo fu inarrestabile. [3]

Ma gli "abiti" alimentari dei nostri progenitori erano

abbastanza diversi dagli attuali, basti pensare che per molto tempo la pasta venne cotta nel brodo e spesso anche nel latte e condita con zucchero, formaggio e burro. Quando nel '700 venne fatta chiarezza alimentare, distinguendo fra piatti dolci e salati, la pasta incontrò salse e sughetti più vicini al nostro gusto; il pomodoro divenne il suo più grande alleato e il capitolo moderno del modo di cucinarla e servirla prese inizio.

Naturalmente, con l'avvento dell'età moderna, furono introdotte nuove e più sofisticate macchine per la produzione della pasta che sostituirono quelle fino ad allora usate. Nel XX secolo, con lo sviluppo della grande industria alimentare, la pasta ha raggiunto livelli di produzione davvero eccezionali, tanto che oggi è possibile affermare che la pasta italiana viene esportata in tutti i paesi del mondo.

Tipi di pasta

È sorprendente la varietà delle forme che affollano il mercato della pasta. Nel corso degli anni, ogni occasione speciale, ogni ricorrenza hanno dato luogo all'invenzione di un tipo nuovo.

Lunga o corta che sia, la pasta secca, cioè essiccata a scopo di conservazione, è fatta perlopiù con farina di grano duro e acqua. Tuttavia, in commercio sono presenti anche paste essiccate fatte con uovo e farina di grano tenero e paste colorate.

Per pasta fresca s'intende la pasta fatta, perlopiù a mano, con farina di grano tenero, acqua e (spesso) uovo. Ormai reperibile anche in confezione nei frigoriferi dei negozi alimentari e dei supermercati, la pasta fresca continua ad avere una sua viva produzione artigianale.

tratto da *Pastissima!*,
ed. Idealibri

4. Cosa cambia per la pasta nell'età moderna?
....
....
5. Che differenza c'è tra la pasta secca e quella fresca? ....
....

4. LAVORIAMO SUL LESSICO

1   Abbinate le parole alle immagini.

PASTA E FORMAGGI (a-h)

1. farfalle	5. spaghetti
2. penne	6. tortellini
3. fusilli	7. parmigiano
4. rigatoni	8. mozzarella

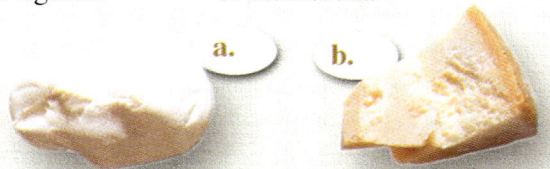

a.

b.

c.

d.

e.

f.

g.

h.

UTENSILI (i-p)

9. pentola
10. mestolo
11. padella
12. grattugia
13. matterello
14. scolapasta

i.

l.

m.

n.

o.

p.

2 **Abbinate logicamente le parole; lavorate in coppia.**

bollire	pomodori
sbucciare	acqua
mescolare	sugo
pelare	frutta

grattugiare	pasta
affettare	formaggio
farcire	salame
cuocere	tacchino

3 **Sono sinonimi (=) o contrari (#)?**

abbiente   povero   affermare   asserire   sofisticato   raffinato
celebre   ignoto   tenero   duro   attuale   superato

5. LAVORIAMO SULLA LINGUA

Inserite nel testo i verbi indicati sotto al modo e al tempo giusti.

> 1. amare, 2. diventare, 3. migliorare, 4. sapere, 5. avere
> 6. sostenere, 7. avere, 8. aspettarsi, 9. introdurre, 10. viaggiare

Gli americani .... (1) la cucina italiana per i suoi ingredienti freschi e genuini. Ma è solo da un paio di decenni che la cucina italiana .... (2) di gran moda negli Stati Uniti. "L'idea corrente di cucina italiana negli Stati Uniti sta .... (3). Fino a 15 anni fa, la gente qui non .... (4) che cos'è veramente la cucina italiana. Adesso credo che .... (5) un'idea più chiara della varietà e anche della raffinatezza della cucina italiana", ... (6) Giuliano Hazan, proprietario di uno dei più celebri ristoranti italiani di Manhattan. Tra le ragioni che adduce per spiegare questa notorietà sono i libri che sono stati scritti in materia; i ristoranti che .... (7) il coraggio di proporre la vera cucina italiana invece di quello che la gente .... (8); i nuovi ingredienti (come p. es. la rucola, il radicchio o i funghi porcini) che .... (9) sul mercato; il fatto che la cucina italiana sia stata associata alla dieta mediterranea e alla salute; e, infine, anche il fatto che la gente .... (10) di più. "Adesso, per esempio, è di gran moda andare in Italia, e frequentare corsi di cucina in Italia."

6. SCRIVIAMO

Un tuo amico americano vuole portare la sua ragazza in un buon ristorante italiano e, volendo fare una bella figura, chiede i tuoi consigli. Gli scrivi un'e-mail (120 - 140 p.) in cui parli della bontà e delle particolarità della cucina italiana, suggerisci piatti da ordinare (primi, secondi ecc.) e spieghi la differenza tra una pizzeria e un autentico ristorante italiano.

7. RIFLESSIONI LINGUISTICHE

Tanti sono i modi di dire relativi al *mangiare*. Cosa significano, secondo voi? *mangiare come un porco, come un grillo, come un uccellino, come un maiale; mangiare coi piedi, per due, come un bue, come un principe.*
Sapete, inoltre, perché gli *spaghetti alla carbonara*, uno dei piatti di pasta più gustosi e famosi, si chiamano così? È un piatto romano, nato tra i contadini della Ciociaria. Questi andavano spesso in montagna a cercare legna e cuocevano qui la pasta, usando ingredienti che trovavano sul posto. I contadini avevano l'abitudine di ammucchiare grandi quantità di legna e, facendola bruciare lentamente, ottenevano il carbone. Di qui il nome di questi spaghetti.

PARLIAMO: se usate *La Prova orale 2*, vedete *Alimentazione* a p. 97 e il compito n. 28 a p. 104.
ASCOLTIAMO: se usate *Ascolto Avanzato*, vedete *Alberto Sordi e la pasta* a p. 17.

10

1. PRIMA DI LEGGERE

Osservate le foto di queste pagine e il titolo del testo:
quale relazione ha il turismo con l'ambiente, secondo voi?
Scambiatevi idee. Dopo aver letto l'intero brano verificate le vostre
ipotesi sul suo contenuto.

TURISMO RESPONSABILE

Con 450 milioni di persone in giro per il mondo ogni anno, oggi non è più possibile illudersi che un viaggio, il nostro viaggio, non abbia alcuna conseguenza sulla salute del Pianeta e dei suoi abitanti, uomo compreso. Dai combustibili utilizzati per far muovere treni, navi, aerei, alla distruzione degli habitat naturali per far posto a strutture ricettive e ricreative; dal traffico di specie protette, al

5   mercato dei souvenir l'industria turistica muove ormai cifre da capogiro. Come viaggiatori abbiamo dunque anche noi delle precise responsabilità. Qui di seguito troverete alcune semplici norme per evitare di contribuire alla distruzione di quelle risorse naturali che costituiscono la meta e lo scopo del vostro viaggio.

- Quando possibile, incoraggiate e sostenete gli organizzatori di viaggi e soggiorni che hanno adot-
10   tato un atteggiamento responsabile nei confronti dell'ambiente e delle popolazioni del posto. Favorite quelle organizzazioni che investono parte del denaro guadagnato in azioni a favore della natura o in progetti di cooperazione. Allo stesso modo, preferite quei paesi, quelle regioni, quelle località che hanno adottato appropriate misure di protezione del loro patrimonio naturale.

- Prima di partire informatevi sempre sulla cultura, le abitudini, le problematiche ambientali e
15   socio-culturali del paese che andrete a visitare: questo vi permetterà di comportarvi nel modo più appropriato, senza offendere la natura e le popolazioni locali. (Per es. risparmiare l'acqua in un paese arido dove questo liquido è prezioso per l'agricoltura e altre priorità).

- Non rendetevi complici dell'estinzione di piante o animali rari con l'acquisto sconsiderato di souvenir che ne implicano l'uccisione o il maltrattamento, o la cui produzione provoca danni inac-
20   cettabili all'ambiente. Per lo stesso motivo non comprate animali vivi.

- Ricordate che il vostro impatto sull'ambiente è tanto maggiore quanto più lontano andate e quanto più rapido è il mezzo di trasporto che utilizzate. Scegliete quindi accuratamente le destinazioni sulla base dei vostri effettivi bisogni (non è detto che per riposarsi sia necessario andare in capo al mondo!).

25   - La conservazione della natura e il benessere delle popolazioni locali dipendono in larga misura dalla possibilità di vivere in maniera dignitosa senza impoverire o distruggere l'ambiente. Fate quindi in modo che il vostro viaggio apporti dei benefici ai locali, avvalendovi, quando possibile, dei loro servizi piuttosto che di quelli offerti da compagnie straniere. Questo vale tanto nella scelta delle sistemazioni, quanto in quella dei mezzi di trasporto, delle guide, ecc..

30   - Cercate di adattarvi alle abitudini locali piuttosto che pretendere di mantenere le vostre anche in capo al mondo. Fornire standard occidentali, oltre ad impoverire le culture, implica costi maggiori e quindi guadagni ridotti per i locali.

adattato da www.cts.it/ambiente

2. COMPRENSIONE DEL TESTO

Indicate le affermazioni corrette tra le quattro proposte.

1. Oggi 450 milioni di persone viaggiano per il mondo
a) provocando gravi danni all'ambiente
b) ma pochi di loro s'interessano dell'ambiente

c) eppure la gente non conosce bene il Pianeta
d) eppure l'industria turistica è ancora in crisi

2. Il viaggiatore responsabile deve
a) ridurre al minimo i viaggi all'estero
b) selezionare agenzie con mentalità ecologica
c) diffidare dei grandi operatori turistici
d) visitare prima le regioni del suo paese

3. Prima di visitare un paese bisogna
a) conoscere a fondo la sua storia
b) conoscere eventuali sue particolarità
c) sapere se la sua acqua è potabile o meno
d) sapere quanta acqua portarsi dietro

4. A proposito di animali e piante bisogna
a) portarne indietro quanti più possibile
b) acquistare solo quelli veramente rari
c) non contribuire alla loro estinzione
d) acquistarli solo come souvenir

5. Provoca più danni all'ambiente chi
a) viaggia molto lontano
b) sceglie di viaggiare da solo
c) visita i paesi sbagliati
d) viaggia solo in aereo

6. Uno può difendere l'ambiente naturale di un paese anche
a) sostenendo l'economia locale
b) non cambiando le proprie abitudini
c) evitando i contatti con gli abitanti
d) diffondendo la cultura occidentale

3. RIFLETTIAMO SUL TESTO

1 A chi o a che cosa si riferiscono nel testo le parole in blu?

il *loro* patrimonio... (13): ....
che *ne* implicano... (19): ....
la *cui* produzione... (19): ....
dei *loro* servizi... (28): ....
di *quelli* offerti... (28): ....
mantenere le *vostre* anche... (30): ....

2 A quali frasi o parole del testo corrispondono quelle date di seguito?

alberghi ecc. (1-5): ....
commercio, spesso illecito (4-8): ....
somme altissime (5-9): ....
non è necessario, obbligatorio (20-24): ....
molto, molto lontano (22-26): ....
in buona parte, moltissimo (24-28): ....

3 L'espressione "tanto... quanto" si usa due volte nel testo (righe 21 e 29), ma in modo diverso. Lavorando a coppie costruite due frasi per capire meglio questa differenza.

4. LAVORIAMO SUL LESSICO

1 Completate le frasi con le parole adatte. Se necessario, aiutatevi usando un dizionario.

1. Nonostante le varie misure, i .... delle auto contribuiscono alla creazione dello ....
   spostamento   smog   rifiuti   ozono   gas di scarico
2. Una delle conseguenze del .... è anche il cosiddetto ....
   riscaldamento   inquinamento   buco dell'ozono   effetto serra   ecosistema
3. Il .... è possibile solo se c'è una rete organizzata per la ....
   energia solare   riciclaggio   raccolta differenziata   riutilizzo   biossido di carbonio
4. Gli animali di un paese compongono la sua ...., mentre le piante la sua ....
   flora   risorsa naturale   ecologia   fauna   agricoltura

5. Molte associazioni .... lottano anche per la salvezza di animali ....
   in via di estinzione   scomparsi   feroci   naturali   ambientalistiche

2   Tra le parole a destra troverete i sinonimi delle parole in blu e i contrari di quelle in rosso.

sostenere	risparmiare	prudente secco
sconsiderato	appropriato	reale adeguato
effettivo....................	distruggere.....................	arricchire appoggiare
impoverire	arido	sprecare costruire

5. LAVORIAMO SULLA LINGUA

Completate il testo con gli elementi grammaticali mancanti
(pronomi, preposizioni, articoli, possessivi, dimostrativi, relativi ecc.).

FORSE NON SAPETE CHE...

- la Terra si è riscaldata di circa 0,5° C negli ultimi 100 anni e il XX è stato il secolo più caldo almeno degli ultimi 600 anni. Una media .... (1) riscaldamento di 2° C è prevista per .... (2) fine di questo secolo.

- anche se siamo riusciti a ridurre l'emissione di gas esausti, la temperatura .... (3) pianeta continuerà a crescere per parecchi decenni ancora.

- il livello .... (4) mari di tutto il mondo è salito di circa 10 - 25 cm. negli ultimi 100 anni; generalmente .... (5) è dovuto all'espansione delle acque causata dal surriscaldamento. La superficie degli oceani, ... (6) sta riscaldando a sempre maggiori profondità.

- il livello del mare continuerà a crescere .... (7) diversi secoli ancora, anche dopo che saremo riusciti a stabilizzare la concentrazione di gas esausti. Per il 2100 è stimato .... (8) ovunque il livello dei mari salirà tra i 15 ed i 95 cm. (la stima più attendibile dovrebbe essere 50 cm.).

- l'impatto del cambiamento del clima creerà milioni di nuovi rifugiati, appena molte regioni diventeranno inabitabili .... (9) causa della mancanza di cibo ed acqua, e quando città e paesi saranno aggrediti .... (10) innalzamento delle acque, dall'aumento delle piogge e di tempeste e cicloni.

6. SCRIVIAMO

Un noto sito italiano ha aperto un forum dal titolo "Tu, hai salvato il pianeta oggi?", chiedendo le opinioni dei suoi lettori su cosa potrebbe fare ognuno di noi per contribuire alla difesa dell'ambiente. Scrivete un'e-mail (120-160 p.) in cui riferite semplici consigli che tutti noi - e non solo i vari governi - possiamo applicare e che a lungo termine avranno effetti positivi sulla salute della Terra.
Per prepararvi, scambiatevi idee in coppia, prendendo appunti, che ognuno svilupperà a modo suo.

7. RIFLESSIONI LINGUISTICHE

Sapete perché il 15 agosto, giorno di festa e di vacanza, si chiama *Ferragosto*? Il mese di agosto prende il nome dall'imperatore Cesare Ottaviano Augusto. Così il termine *Ferragosto* deriva dal latino *Feriae Augusti*, che significa «vacanza (o riposo) di agosto». Nell'antichità questa festa cadeva il primo agosto. Oggi, invece, cade il 15, in corrispondenza della festa religiosa dell' Assunzione della Madonna in cielo.

PARLIAMO: se usate *La Prova orale 2*, vedete *Uomo e ambiente* a p. 63 e il compito 10 a p. 101.
ASCOLTIAMO: se usate *Ascolto Avanzato*, vedete *Impatto ambientale* a p. 45.

11

1 Leggete velocemente il testo (tempo a disposizione: due minuti) cercando queste informazioni: a) quali sono i paesi relativi alla storia della chiocciola e b) per quali motivi si usava nel passato.

2 Cercate poi di fare un breve riassunto orale dell'articolo; quando avrete letto con attenzione il testo vedrete quanto potete capire con una lettura veloce, un'abilità che è sempre utile.

2. COMPRENSIONE DEL TESTO

Scegliete l'affermazione giusta tra le quattro proposte.

1. La chiocciola apparse per la prima volta per iscritto
a) nel IX secolo
b) nel 1500
c) nel 500 d.C.
d) negli anni Settanta

2. Un primo indizio per il prof. Stabile
a) è stata una vecchia fotografia
b) sono stati alcuni vecchi documenti inglesi
c) è stato il primo messaggio di posta elettronica
d) è stata la presenza della @ sulle tastiere dei computer

3. Continuando la sua ricerca il professore scoprì che la chiocciola
a) fu usata già nell'antichità
b) fu scelta a caso
c) non ha sempre avuto accezione commerciale
d) fu usata come abbreviazione di un'unità di misura

4. Grazie ad un vecchio dizionario Stabile ha scoperto che
a) anche gli arabi usavano la chiocciola
b) anche i greci usavano la chiocciola
c) gli arabi ignoravano l'esistenza dell'"anfora"
d) l'"anfora" era conosciuta nell'antichità

5. La chiocciola è stata scelta per la posta elettronica perché
a) piaceva come simbolo a Ray Tomlinson
b) anche oggi significa *at a price of*
c) si trova su tutte le tastiere dei computer
d) Internet è stato inventato dagli anglosassoni

QUELLA CHIOCCIOL@ ANTICA INVENTATA DAGLI ITALIANI

C'è chi dice "chiocciola", chi dice "chiocciolina", chi fa l'esperto e dice "at", in inglese. Tutti riconoscono quel simbolo che sta in mezzo a un indirizzo di posta elettronica: la
5 @. Ma da dove viene? Chi ha pensato di utilizzarla facendola diventare uno dei caratteri più importanti della Rete? Perché scegliere proprio quel simbolo? E, soprattutto, chi l'ha inventato? La risposta a tutte queste doman-
10 de ci riporta indietro di almeno cinque secoli. La chiocciola, tracciata esattamente con quello stilema compare in alcuni scritti del '500. Sono scritti commerciali, lettere mercantili. E sono italiani. Veneziani, per essere
15 precisi. Come, dalla fiorente economia della Serenissima, passando attraverso l'impero navale inglese e sfiorando il mondo arabo e la Spagna, la chiocciola sia sbarcata su Internet, è un viaggio che ha scoperto Giorgio
20 Stabile, docente di Storia della scienza dell' Università 'La Sapienza' di Roma.
Stabile, curando una raccolta fotografica per l'Istituto Treccani, ha approfondito le origini di molti degli aspetti delle nuove tecnologie.
25 Tra questi non poteva mancare Internet né la rivoluzionaria svolta nelle comunicazioni che ha impresso l'avvento della posta elettronica. Ed ecco quindi la ricerca delle origini di quello strano segno presente sulle ta-
30 stiere dei pc di tutto il mondo.
Professore, come è incominciata la ricerca?
"Dal mondo anglosassone. Nei caratteri ti-

pografici del IX secolo, la @ assume il significato di *at a price of*, al prezzo di. Un simbolo squisitamente commerciale". Quindi, bisognava cercare in quella direzione l'antenato che ha consentito al mondo anglosassone di poterlo utilizzare. "Nessun simbolo nasce dal nulla e nessun simbolo viene scelto a caso", dice il professore.

Stabile ha consultato una raccolta di documenti mercantili italiani di proprietà dell' Istituto internazionale di storia economica. Bingo! Seguendo questa pista, è arrivato a scoprire che la @ rappresentava un'icona dei mercanti italiani, che la utilizzavano come abbreviazione commerciale dell'anfora, unità di peso dalle origini antichissime.

Due indizi non fanno una prova. E allora ecco il terzo che conferma l'universalità di quel simbolo. Stabile ha fatto un altro passo indietro. Anno 1492: un dizionario spagnolo-latino traduce la parola "arroba" con "anfora" e cioè dimostra che le due unità di misura sono conosciute sia nel mondo arabo-ispanico che in quello greco-latino.

Ma allora professore come si è arrivati da questa accezione commerciale a quella del ciberspazio?

"Merito di Ray Tomlinson, un ingegnere americano, uno dei padri di Internet: è stato il primo, negli anni Settanta, a individuare un sistema di posta elettronica da utilizzare su Arpanet, l'antenato del Web. Gli serviva un simbolo da inserire tra il nome del destinatario e il percorso per arrivare al server dove questo era ospitato. Tomlinson se l'è trovato sulla tastiera perché, come abbiamo detto, gli anglosassoni hanno continuato a servirsene con l'accezione di *at a price of*. Ed ecco risolto il mistero".

adattato da *La Repubblica*

35
40
45
50
55
60
65
70

3. RIFLETTIAMO SUL TESTO

1 Osservate le seguenti parole: qual è il significato che hanno nel testo, secondo voi? Poi trovatele nell'articolo e verificate le vostre risposte.

carattere (6): a. scrittura, b. tipo
sbarcata (18): a. scaricata, b. arrivata
aspetto (24): a. lato, b. apparenza
svolta (26): a. cambiamento importante, b. cambiamento di direzione
pista (44): a. circuito, b. percorso
icona (45): a. immagine, b. segno visivo

2 Aiutandovi dal testo formate frasi vostre con queste espressioni.

c'è chi (1): ....
....
in mezzo a (3): ....
....
per essere precisi (14): ....
....
a caso (40): ....
....
di proprietà (42): ....
....

4. LAVORIAMO SUL LESSICO

1 Alcune delle parole del primo gruppo sono sinonimi di quelle del secondo; quali sono?

accoglienza   permettere   arrivo   provare
significato   insolito   toccare   fatto
florido   estraneo   accettare

strano ....   consentire ....
fiorente ....   sfiorare ....
avvento ....   accezione ....

2 In coppia completate le frasi con i sostantivi che derivano dalle parole date a fianco.

1. Il telegrafo senza fili e la radio sono .... di Guglielmo Marconi.
2. Così hanno dovuto sposarsi senza il .... del padre della ragazza.
3. Basta con i fiori e i dolci, voglio una vera .... del tuo amore: una BMW!
4. Il ladro ha svuotato la villa ed è riuscito a sparire senza lasciare ....
5. Incredibile: il .... chiede il doppio dell'affitto che avevamo concordato!

INVENTARE
CONSENTIRE
DIMOSTRARE
TRACCIARE
PROPRIETÀ

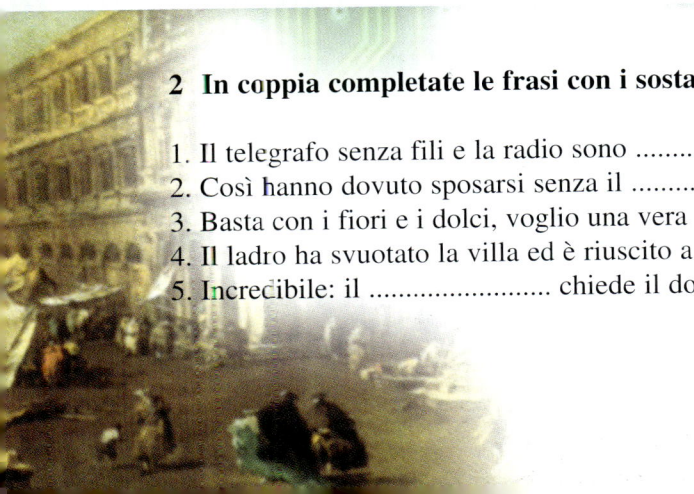

3 Abbiamo visto che l'anfora era un'unità di misura di peso; individuate se le unità che seguono misurano il peso (P) o la lunghezza (L). Potete metterle in ordine dal piccolo al grande e dal leggero al pesante?

chilometro   metro   grammo   quintale

etto   centimetro   tonnellata   chilo   millimetro

5. LAVORIAMO SULLA LINGUA

1 Completate il seguente testo con le parole mancanti (usate una sola parola).

Nella navigazione in Internet vi sono delle .... (1) o meglio dei principi di buon comportamento da .... (2), che vanno sotto il nome di *Netiquette*, ... (3) Galateo (*Etiquette*) della rete (*Net*). Vediamo alcune delle .... (4) maniere da osservare nell'uso delle e-mail:

- Specificate in .... (5), semplice e significativo il *Subject* del testo incluso nell'email.
- Limitate la .... (6) dei messaggi ed evitate i caratteri accentati.
- Andateci .... (7) nell'uso del sarcasmo o humour; il .... (8) tentativo di risultare simpatici potrebbe essere interpretato .... (9) una critica ingiustificata.
- Mantenete paragrafi e messaggi .... (10) e diretti.
- Non siate intolleranti con chi .... (11) errori sintattici o grammaticali.
- Usate maiuscole e .... (12). SOLTANTO CON LE MAIUSCOLE È COME SE .... (13) STESSE URLANDO!
- Usate emoticons (le famose faccine) .... (14) misura, in sostituzione del tono di voce.

2 Ecco alcune delle famose faccine, usate nelle e-mail e nei SMS. Potete abbinarle al significato giusto?

occhiolino	:)		:'(		tristezza
indifferenza	;-)		:-(		lacrima
sorriso!	:-I		:->		a bocca aperta
a bocca chiusa	:-o		:-D		detto scherzosamente
oooh!	:-X		:-O		sarcasmo

6. SCRIVIAMO

"Come forse tutte le cose nella vita, la tecnologia ha sia aspetti positivi che negativi". Commentate, portando degli esempi, questa affermazione. (160 – 180 p.)

7. RIFLESSIONI LINGUISTICHE

La parola **computer** ha una storia lunga: proviene dall'inglese *to compute*, ma non tutti sanno che ci è arrivata dal francese e prima ancora dal latino *computare*. *Computare* è una parola composta della preposizione *cum*, cioè insieme, e *putare* che significava ripulire un albero, tagliare intorno. In seguito, siccome tali interventi comportano un ragionamento, un calcolo, la parola venne usata nel senso di *calcolare*. Di qui *computare* e *computer*. E pensare che per molti anni gli italiani usavano la parola *calcolatore* al posto di *computer*.

PARLIAMO: se usate *La Prova orale 2*, vedete *Computer e Internet* a p. 41.
ASCOLTIAMO: se usate *Ascolto Avanzato*, vedete *Biblioteche italiane on line* a p. 36.

1 Osservate le due foto a destra e scrivete cinque aggettivi che vi vengono in mente.

2 Cosa deve fare chi vuole trovare lavoro oggi? In coppia scambiatevi idee e poi confrontatele con quelle delle altre coppie. Quando avrete letto l'intero articolo scoprirete se anche l'autore dà gli stessi consigli.

Come battere la disoccupazione

TROVARE LAVORO È POSSIBILE

Dura la vita per chi cerca lavoro di questi tempi nel nostro paese. Eppure, anche in un mondo così poco accogliente per un giovane, qualche carta da giocare c'è.

1. DATTI UNA MOSSA

Lo dice a chiare lettere Nicola Carace, esperto di professioni del futuro. Perché, per quanto fosco, il panorama non è lo stesso da Enna a Torino. Da Firenze in su il lavoro c'è. Per esempio, per operai e manodopera specializzata, dal fabbro al falegname. E allora, il primo comandamento da osservare è proprio questo: sii disponibile ad andare ovunque si trovi il lavoro.

2. ACCUMULA PIÙ ESPERIENZE

Muoversi può comunque voler dire accumulare esperienze di lavoro diverse, perché nel curriculum di un neo-laureato, per esempio in economia, oggi non sfigura l'aver fatto il cameriere a New York. In fondo anche Fiorello, grande stella della tv, nasce come animatore turistico. Ma può anche contenere un messaggio: vale a dire, sono disponibile a sradicarmi.

3. STUDIA E AGGIORNATI

Mobili, disponibili ad accettare lavori part-time: d'accordo. Ma bisogna anche sapere che in un mondo che cambia a velocità supersonica si resta a galla soltanto se non si abbandona lo studio. «Oggi, oltre la metà dei giovani inoccupati è composta da persone che non sono arrivate al diploma», afferma Maurizio Sorcioni, responsabile della formazione del Censis.

Da sola, però, la scuola non basta. Accanto a diploma o laurea ci vuole un sovrappiù di autoformazione: conoscere le lingue o saper usare bene il computer è richiesto anche a una segretaria o a un ragioniere. E per chi è già laureato, il segreto del successo può essere un buon corso post lauream. In ogni caso è indispensabile almeno ogni due anni aggiornarsi, cominciando a studiare nuove lingue, nuove tecnologie, nuovi mercati.

4. GUARDATI INTORNO

Aggiornarsi significa anche essere informati. Leggere molto e guardarsi intorno. Per esempio, sapere che perfino in discoteca (al *Piper* di Roma p. es.) è possibile consultare le banche dati dei Cid (Centri informazione disoccupati). Inoltre, due banche dati collegate con Bruxelles informano sulle offerte di lavoro delle imprese di 15 paesi europei e sulle condizioni di vita e di lavoro negli altri paesi. In fondo, non è meglio andare a fare il cuoco o la hostess a Eurodisney, la fisioterapista in Inghilterra piuttosto che il disoccupato in Italia?

5. FAI DA TE

Nell'ultimo anno sono davvero tanti gli under 30 che hanno scelto di mettersi in proprio, grazie anche ai nuovi incentivi fiscali. A fare la parte del leone è il commercio, al quale appartiene il 42 per cento dei giovani titolari d'impresa. Ma vanno bene anche le vendite in rete e le nuove tecnologie in genere. E se gli uomini puntano sui servizi alle imprese e sulle assicurazioni, le donne si orientano sui servizi alla famiglia e su quelli alla persona (parrucchiere ed estetiste).

adattato da *L'Espresso*

Leggete il testo e abbinate le affermazioni della colonna di sinistra al numero del consiglio (1-5) in alto.

1	2	3	4	5

1. Per chi vuole avere successo la formazione non finisce mai.
2. Le occasioni si trovano, basta tenere occhi e orecchie sempre aperti.
3. In alcune zone d'Italia la disoccupazione non è tanto sentita.
4. Ogni tipo di esperienza lavorativa è utile.
5. Molte persone decidono di crearsi da sole il proprio lavoro.
6. Chi è disposto a spostarsi ha più possibilità di trovare lavoro.
7. Aver fatto lavori diversi mostra flessibilità e disponibilità.
8. Molte persone non trovano lavoro perché non hanno finito la scuola.

A quali frasi del testo corrispondono quelle date di seguito? Vi diamo il numero del consiglio relativo.

in modo esplicito (1) ....
non fa un'impressione negativa (2) ....
comincia la sua carriera (2) ....
molto rapidamente (3) ....
si sopravvive (3) ....
avviare un'impresa (5) ....
si indirizzano verso (5) ....

1 Completate le frasi con le parole adatte.

1. È bastato un .... di lavoro per convincere il direttore che ero l'ideale per questo ....
   ufficio colloquio posto impegno dialogo sciopero

2. - Signorina, ha molti ...., ma purtroppo cerchiamo una persona con .... maggiore.
   requisiti salario pratica studi lavori esperienza

3. Povero signor Baldi: è stato .... due anni prima di andare in ....!
   pensione assunto licenziato ferie vacanza promosso

4. Marta ha trovato .... presso una grande .... italiana che produce mobili.
   lavoro agenzia professione ditta filiale mestiere

5. Il .... ha promesso a tutti un aumento di ....: lo fa ogni volta che vince la sua squadra!
   capo stipendio personale retribuzione collega denaro

2 Dov'è possibile incontrare...? Abbinate professioni e ambienti. Ci sono due parole superflue.

OFFICINA, TRIBUNALE, AULA, NEGOZIO, CAMPO, OSPEDALE
FABBRICA, QUESTURA, SALONE DI BELLEZZA, UFFICIO

infermiera ....
parrucchiera ....
meccanico ....
avvocato ....

operaio ....
ragioniere ....
commessa ....
poliziotto ....

Completate il testo con gli elementi grammaticali mancanti (preposizioni, pronomi, particelle ecc.).

Uomini d'amianto per sfidare l'inferno. Così devono essere i venditori per la società immobiliare Tecnocasa. Che .... (1) due mila nuovi impiegati ha imposto di percorrere 11 metri .... (2) piedi nudi sui carboni ardenti. E donne pronte .... (3) tutto, anche a passare per sceme. .... (4) sa qualcosa Francesca Di Stefani, 28 anni, 60 sessantesimi alla maturità, ... (5) a un test per un concorso da impiegato alla Camera di commercio di Rimini ha avuto 9 in intelligenza, creatività e capacità organizzativa. Troppo, hanno sentenziato gli esaminatori. Un'aspirante segretaria non deve meritare più .... (6) 4.
Dura la vita per .... (7) cerca lavoro di questi tempi nel .... (8) paese. Nel corso dell'ultimo anno sono andati perduti 300 mila posti di lavoro. E oggi un giovane .... (9) tre è a spasso, a caccia di un posto. Complessivamente, l'esercito dei senza lavoro conta circa 2 milioni di persone: oltre la metà vive .... (10) Mezzogiorno, ... (11) ha una percentuale di disoccupati intorno .... (12) 19 per cento e un tasso di disoccupazione giovanile del 52 per cento.

1 Cosa pensate di questa frase?
A volte, mentre si legge un testo, ci si rende conto che alcune frasi si devono leggere più volte perché, essendo troppo lunghe, risultano poco comprensibili, il che rende l'intero testo faticoso e noioso, esattamente quello che dovreste evitare anche voi quando scrivete, altrimenti rischiate di scrivere frasi come questa!

Provate a tagliare la frase di sopra in altre più brevi, togliendo e aggiungendo parole dove necessario, e poi confrontate le vostre versioni con quelle dei compagni. Fate lo stesso per la frase che segue.
L'altro ieri, uscendo di casa, ho incontrato un vecchio amico e siamo andati a bere un caffè e a parlare dei vecchi tempi, ma il tempo è passato senza capirlo e mi sono dovuto scusare e scappare in fretta per arrivare in ufficio con un'ora di ritardo, ma quando sono arrivato, mi sono ricordato che era sabato!

Ora cercate di migliorare la frase che segue, togliendo e aggiungendo parole dove necessario.
Stamattina mi ha chiamato Pietro. Pietro l'ho conosciuto due mesi fa. Mi ha invitato a cena fuori. Mi vuole portare ad un ristorante cinese. Ci sarà anche una coppia di suoi amici. Ci siamo dati appuntamento alle otto, a Piazza Venezia. Non vuole venire a casa a prendermi. Il motivo è che ai miei Pietro non piace molto.

Confrontate le vostre versioni. Che conclusione potete trarre da questa attività? Parlatene.

2   Scrivete una lettera ad un amico per informarlo del nuovo lavoro che, dopo tanti tentativi siete finalmente riusciti a trovare, raccontando anche come. Inoltre riferite le vostre prime impressioni e le condizioni in genere. (160 - 180 p.)

Da dove deriva la parola *salario*? Dalla parola sale! Con *sal* i Romani indicavano in origine la "porzione di sale" che veniva data ai soldati o ad altri dipendenti dello Stato. Più tardi, invece, si dava una somma di denaro per l'acquisto del sale, quindi, pian piano la parola assunse il valore di retribuzione, stipendio. Anche un'altra parola cara a chi lavora proviene dal latino: *ferie*! *Feriae* per i Romani erano i "giorni dedicati al culto di una divinità"; non proprio l'uso che ne facciamo oggi.

PARLIAMO: se usate *La Prova orale 2*, vedete *Lavoro* a p. 13 e i compiti 17 a p. 102 e 24 a p. 104.
ASCOLTIAMO: se usate *Ascolto Avanzato*, vedete *Scioperi* a p. 43.

1. PRIMA DI LEGGERE

1 Discutete in coppia e poi scambiatevi idee con le altre coppie: di cosa tratta il testo a giudicare dal titolo?

2 Date una velocissima occhiata al testo (con mezzo minuto a disposizione): chi era riuscito a capire di più dal titolo? Poi date al testo un titolo alternativo.

SPENDACCIONI NO, MALATI DI SHOPPING

Siete davanti a una vetrina. Dietro la trasparente barriera, una maglietta, uno stereo, un paio di scarpe. Non importa cosa si stia offrendo in modo così impudico ai vostri occhi. Importa quell'at-
5 trazione irresistibile, irrimandabile, inaggirabile che avete dentro. Che vi fa entrare nel negozio, fatalmente. E comprare. Comprare quel che c'è da comprare, fuori da ogni necessità e logica. Comprare perché non potete fare altro. Perché è
10 più forte di voi. Comprare finché qualcosa che assomiglia alla vergogna, al rimorso, all'ubria-catura, vi spinge a uscire. A riveder le stelle dopo l'inferno che ancora una volta vi ha inghiottito. Che si è fatto gioco del vostro cattivo umore. O
15 della vostra euforia. Per abbandonarvi, infine, poveri: lo dice il conto in banca. Lo dice, soprat-tutto, quel fastidio che sentite dentro. Assomiglia alla colpa, a qualcosa che subite e insieme agite, senza possibilità di scelta. Di cui è meglio non
20 dire, che è bene celare: perché la vostra è una debolezza che vi fa star male. Quasi fosse una malattia.

Non "quasi": fate parte di quella schiera numerosa
25 di persone che soffrono di "shopping compul-

sivo". A definirla ufficialmente come una patolo- 30
gia è l'American Psychiatric Association che l'ha inserita tra i cosiddetti "disordini ossessivi com-pulsivi". Dunque, dopo anni di studi e ricerche, confidenze tra amiche, sul lettino dell'analista, abbiamo la certezza che nella lunga e autorevole 35
lista delle malattie moderne abbiamo anche que-sta: l'irresistibile impulso, l'ossessiva e compulsi-va spinta a comprare.

A soffrirne un esercito che chiama alle armi sem-pre più persone. Secondo il professor Antonio 40
Parini della Stanford University, vittima dello shopping compulsivo è l'8 per cento delle persone e la quasi totalità sono donne. Parini si dice con-vinto che la sindrome da shopping compulsivo può essere curata con un comune farmaco antidepressi- 45
vo.

Lo shopping sfrenato è stato incluso tra i disordini ossessivi-compulsivi, spiega Parini, perché è una di quelle malattie che spingono le persone a fare quello che in realtà non vogliono. Come i clep- 50
tomani, i piromani, i giocatori. Sono, insomma, in balia di una forza che li supera, fuori controllo. Che spesso li riduce in soggetti schiavi, e soli: molti dei "shopaholic" (alcolisti dello shopping) sono arrivati a contrarre debiti che non riescono a 55
pagare. A perdere lavoro, amici, famiglia. Come capita a molti alcolisti, o tossicodipendenti. I com-pratori compulsivi possono arrivare a provare esperienze emotive simili a quelle di chi fa uso di droghe. Si sentono euforici quando comprano 60
o spendono. Ma esaurita questa attività, con-sumato l'effetto inebriante dello shopping, crol-lano. Per recuperare la felicità perduta, devono uscire di nuovo, e comprare. "Di solito", dice Jack Gorman, professore della Columbia 65
University, "chi è affetto da shopping compulsi-vo riconosce che quello che compra non gli serve ma allo stesso tempo non può farne a meno".

tratto da *La Repubblica*

1 Individuate nel testo frasi o parole che corrispondono alle seguenti parole o definizioni.

vetrina (1-8): ....

svegliarsi, riprendere coscienza (9-15): ....

ha sfruttato la debolezza (11-17): ....

come se fosse (18-25): ....

sostiene di essere sicuro (37-44): ....

sotto il controllo (46-53): ....

2 Trovate queste parole nell'articolo: con quale delle parole proposte le sostituireste in questo contesto?

trasparente (1):	a. diafano	b. limpido	c. onesto	d. comprensibile
comune (45):	a. collettivo	b. normale	c. generale	d. sociale
provare (58):	a. osare	b. sentire	c. dimostrare	d. fare
consumato (61):	a. usato	b. esaurito	c. distrutto	d. sprecato
recuperare (63):	a. riprendere	b. salvare	c. riutilizzare	d. riottenere

Cercando di non ripetere le frasi del testo, rispondete alle domande (massimo 20 parole).

1. Perché, secondo il testo, spesso si entra in un negozio per comprare qualcosa? ....
....

2. Come ci si sente di solito dopo? ....
....

3. Cosa sostiene l'American Psychiatric Association e perché? ....
....

4. Cosa hanno in comune i malati di shopping e i tossicodipendenti? ....
....

5. Quali sono le conseguenze dello shopping sfrenato? ....
....

1 Date i sinonimi delle parole, aiutandovi con le lettere date.

tossicodipendente: *d*........................   autorevole: *i*........................   certezza: *s*........................

celare: *n*........................   farmaco: *m*........................   comprare: *a*........................

2 Nel testo abbiamo visto parole come inaggirabile, irresistibile, disordini, sfrenato **ecc.; come notate sono precedute da un prefisso che dà loro un valore negativo. Usate i prefissi dati a fianco per formare il contrario delle parole. Potete pensare ad altre parole che inizino con questi prefissi?**

..........onesto	..........capace	..........fedele	**ir- dis-**
..........cortese	..........contento	..........proporzionato	**in- il- s-**
..........legale	..........responsabile	..........attento	

3 **Divisi a coppie selezionate uno degli oggetti delle foto e fate una lista di parole per descriverlo, (colore, disegni, materiale, tessuto, forma ecc.). Se necessario, usate un dizionario. In seguito descrivete l'oggetto scelto ai vostri compagni: se capiscono di quale si tratta allora avete fatto un buon lavoro. Esempio: è blu, di metallo, quadrato (triangolare, rettangolare ecc.), leggero, a righe, costa circa 20 euro.**

5. LAVORIAMO SULLA LINGUA

Completate il testo con le parole mancanti (usate una sola parola).

Saldi: ecco il decalogo antitruffa

Parte domani, in mezza Italia, la stagione dei saldi: le prime .... (1) interessate saranno Lombardia, Piemonte e Umbria, ma .... (2) 10 giorni merce scontata anche nel resto d'Italia.

Caccia .... (3) affare, dunque. Eppure i rischi di incappare negli inganni .... (4) qualche commerciante di pochi scrupoli sono molti.
E .... (5), arriva il decalogo per il consumatore, una serie di .... (6) da rispettare durante le maratone di shopping estivo. In .... (7) luogo, dicono le associazioni dei consumatori, "Diffidate .... (8) maxi-sconti, quelli che superano il 40%". Dietro .... (9) che sembrano gli affari più allettanti, possono .... (10) le truffe più insidiose. E poi, "occhio .... (11) prezzi civetta: 29,9 euro significano 30 euro, e .... (12) 29 euro, anche se si è indotti a .... (13) il contrario". Soprattutto "fatevi furbi: adocchiate .... (14) anticipo il capo prescelto, segnandovi il prezzo pieno, e .... (15) se allo scattare dei saldi lo sconto esposto sia quello reale".

6. SCRIVIAMO

Fate un riassunto (120-140 p.) del primo testo seguendo queste indicazioni: comprare senza motivo / malattia / conseguenze dello shopping sfrenato.

7. RIFLESSIONI LINGUISTICHE

Quando qualcuno rimane senza soldi diciamo che è *al verde*. Questo modo di dire è nato probabilmente nel Medioevo, quando le candele che si accendevano nelle chiese avevano la base colorata di verde. Quando la candela si consumava del tutto, rimaneva solo la base verde. Di qui il modo di dire "rimanere al verde", utilizzato anche per chi rimaneva senza soldi.

- *Tua mamma deve essere appena tornata: il suo borsellino è ancora caldo...*

PARLIAMO: se usate *La Prova orale 2*, vedete *Consumismo* a p. 31 e il compito n. 18 a p. 103.

1. PRIMA DI LEGGERE

1 **Osservate queste foto e scrivete 5-6 parole che vi vengono in mente; confrontatele poi con quelle dei vostri compagni.**

2 **'Pari opportunità', 'gravidanza', 'ricatto', 'assunzione', 'retribuzione': potete spiegare, parlandone in classe, queste parole?**

COME È INGIUSTA LA PARITÀ

Tre italiane su dieci hanno un lavoro. Pochissime in confronto agli uomini e alle altre donne europee. Cosa impedisce alle italiane di farsi largo nel lavoro? Le leggi che dovrebbero garantire le
5 cosiddette pari opportunità non hanno forse spianato il cammino? A qualcuno è addirittura venuto il sospetto che lo abbiano ostacolato. Insomma, che certe regole siano un pericoloso boomerang. Sentite qui. "Il rischio è che il sistema che ci do-
10 vrebbe tutelare, penso per esempio al periodo di maternità o alle assenze per la malattia di un figlio, sia così rigido da non far venir voglia di assumere una donna" dice Antonella Maiolo, presidente del Comitato pari opportunità del Comune di Milano.
15 Ad ascoltare certe esperienze verrebbe da pensare che il sospetto sia più che giustificato. Quante storie sentite tra una chiacchiera e l'altra nascondono in realtà episodi gravissimi. Come questa. "Appena laureata ho perso due occasioni di lavoro per-
20 ché ero già sposata e, quindi, un giorno avrei fatto un figlio" racconta Lucia Piccini. "Durante uno di questi colloqui mi è stato detto che la gravidanza è considerata il male peggiore per l'azienda. Mettetevi nei miei panni." In alcuni casi ci si trova
25 di fronte a un ricatto disumano: un bambino o il posto.

La gravidanza resta un tabù

Storie ancora più clamorose se finiscono sulle cronache dei giornali. Come quelle di imprese che
30 sottopongono a test di gravidanza le donne che si presentano al colloquio. Due anni fa un magistra-
to di Torino aprì un'inchiesta contro un medico che aveva eseguito gli esami per conto delle aziende. Il medico ha dovuto pagare cinquemila euro di multa per aver violato la legge sulle pari opportu- 35
nità.

Insomma, malgrado le donne italiane mettano al mondo solo un figlio a testa, per le imprese la gravidanza resta un tabù. E continua a far paura la legge 1204. Quella che obbliga la lavoratrice a sta- 40
re a casa due mesi prima e tre mesi dopo il parto con un'indennità pari all'80 per cento dello stipendio. E concede alle neo mamme il diritto ad altri sei mesi di aspettativa facoltativa per allevare il bambino, anche se col 30 per cento della retribu- 45
zione.

Ma non è una questione di soldi. L'indennità di maternità non è un costo in più: viene pagata attraverso i contributi che l'imprenditore versa per tutti i dipendenti, uomini e donne. E allora perché, 50
come denuncia Anna Maria Parente, responsabile del Coordinamento femminile della CISL, "a molte durante il colloquio d'assunzione vengono poste domande assolutamente illegali come: "Avete intenzione di sposarvi e fare figli?". La verità è 55
che il datore di lavoro mal sopporta di rimpiazzare la lavoratrice e addestrare un sostituto. "Per una piccola impresa è un guaio" dice Maurizio Riccardi, titolare di una ditta edile di Napoli. "Quando su dieci dipendenti una va in maternità scombus- 60
sola tutto".

adattato da Donna Moderna

2. COMPRENSIONE DEL TESTO

1 **Leggete il testo e indicate l'affermazione corretta tra le tre proposte.**

1. Le donne vengono assunte meno degli uomini perché
a) non esiste una legge che le protegga
b) la legge le protegge troppo
c) la legge protegge gli uomini

2. Molte ditte non assumono donne che
a) aspettano un bambino
b) hanno già figli
c) faranno figli in futuro

3. Ci sono perfino ditte che
a) impongono test di gravidanza alle loro impiegate
b) impongono test di gravidanza alle candidate
c) offrono test di gravidanza gratuiti alle loro dipendenti

4. Secondo la legge 1204, le neo mamme
a) sono costrette a non lavorare per cinque mesi in tutto
b) sono costrette a tornare al lavoro subito dopo il parto
c) possono prolungare l'aspettativa, senza essere pagate

5. Il problema per le piccole imprese è che se un'impiegata rimane incinta
a) aumentano molto i contributi che devono versare
b) quando torna al lavoro non è più la stessa persona
c) ciò può creare problemi organizzativi

2   Date al testo un titolo alternativo.

3. RIFLETTIAMO SUL TESTO

1   Le frasi che seguono corrispondono ad altre presenti nel testo; potete capire a quali?

aprirsi la strada (1-8): ....
facilitare il percorso (5-12): ....
al mio posto (19-26): ....
indagare su un reato (28-35): ....
partorire (36-42): ....
imprenditore (50-57): ....

2   Riformulate le frasi, senza alterarne il significato, iniziando con le parole date.

tre italiane su dieci (1): **il** ....
in confronto agli uomini (2): **rispetto** ....
a qualcuno è venuto il sospetto (6): **c'è** ....
appena laureata (18): **dopo** ....
va in maternità (60): **rimane** ....

4. LAVORIAMO SUL LESSICO

1   Abbiamo visto il verbo *sottoporre* (a un test); lavorando in coppia completate opportunamente le frasi che seguono con i composti del verbo *porre* dati a fianco, al tempo e modo giusti.

1. La nuova *Alfa Romeo* .... di un sofisticato impianto audio.
2. Non è ancora arrivato; .... che sia per strada.
3. La laurea .... molti sacrifici e tante ore di studio.
4. L'allenatore della *Juventus* si è .... alla vendita del giocatore.
5. Il direttore .... a tutti i dipendenti di portare la cravatta.
6. Abbiamo parlato a lungo e mi .... con chiarezza la situazione.

esporre
imporre
supporre
disporre
presupporre
opporsi

2   In questo parolone 'si nascondono' sei coppie di sinonimi; scopriteli, se potete!

uguaglianzaproprietarioimpedireseveroallevareostacolarecresceretutelaretitolareproteggererigidoparità

....

3 Date i sostantivi che derivano dai verbi usando alcuni dei suffissi dati sotto e la desinenza -a (1 volta).

-mento   -tore   -uto   -aggio   -enza   -zione

assumere ....   versare ....   violare ....

lavorare ....   tutelare ....   contribuire ....

5. LAVORIAMO SULLA LINGUA

1 Nel testo abbiamo visto l'espressione 'a testa'; nelle frasi che seguono sostituite le parti in rosso con le espressioni date a fianco.

1. Se hai pagato solo mille euro, allora sì che l'hai comprato **con poca spesa**.
2. - Allora, hai sistemato tutto? - Certo, tutto è **sistemato come si deve**.
3. C'era uno alla televisione che sapeva **parola per parola** La Divina Commedia!
4. È possibile, invece che in contanti, pagare **in successive scadenze**?
5. Se lo vedi sorridere in continuazione, è perché il suo lavoro va **molto bene**.

> *a posto*
> *a rate*
> *a gonfie vele*
> *a buon mercato*
> *a memoria*

2 Inserite nel testo i verbi sotto indicati al modo e al tempo giusti.

**1. dovere / 2. essere / 3. portare / 4. fare / 5. volere
6. salire/ 7. dire / 8. decidere / 9. scendere / 10. dare**

L'8 marzo è la festa della donna. Parla della condizione femminile.

Io credo che la donna .... (1) essere uguale all'uomo, perché non è giusto che non .... (2) uguale. Almeno l'8 marzo la donna deve essere uguale, all'uomo! In quel giorno tutti gli uomini .... (3) le mimose alle donne, però io conosco un uomo che l'8 marzo a una donna le diede un calcio. Me l'ha raccontato mio padre. Mio padre adesso è tranviere, ma una volta .... (4) il pompiere. Allora accadde che una donna dell'8 marzo si .... (5) buttare giù dal tetto e chiamarono i pompieri. Mio padre era quello che saliva sulle case per non far gettare la gente dai palazzi. Lui .... (6), e quando si trovò faccia a faccia con la pazza le .... (7): "Ma perché ti vuoi buttare, per farci passare un guaio?" Allora quella un poco ci pensò ancora se si voleva buttare o ritornare nel salotto e .... (8) di buttarsi. Ma anche mio padre si buttò su di lei e la salvò. Quando .... (9) giù, un amico di mio padre che era pompiere (ma giù) diede un calcio alla pazza per la paura che si era preso. Io se ero quel signore, il calcio non gliel' .... (10) quel giorno che era l'8 marzo, un altro giorno sì.

riflessioni di un bambino in Io speriamo che me la cavo di M. D'Orta, Oscar Mondadori. Liberamente adattato

6. SCRIVIAMO

Esiste, a vostro avviso, vera parità tra uomini e donne? In quali settori sì e in quali no? Portate degli esempi a sostegno dei vostri argomenti. (160 – 180 p.)

7. RIFLESSIONI LINGUISTICHE

La parola *incinta* deriva dalla parola latina *incincta*. "Donna incinta" era chiamata la donna quando era "non cinta", quindi senza cintura. Oggi diciamo che una donna rimane incinta o è incinta di tre mesi, è quindi in stato di gravidanza o in stato interessante o, semplicemente, aspetta un bambino.

PARLIAMO: se usate *La Prova orale 2*, vedete *Donna moderna* a p. 33 o *Il calo delle nascite* a p. 71.
ASCOLTIAMO: se usate *Ascolto Avanzato*, vedete *Accademia militare* a p. 41.

L'EMIGRAZIONE

1 Osservate le foto di queste due pagine e scrivete 5-6 parole che vi vengono in mente. Poi confrontatele con quelle dei vostri compagni: a quante parole comuni avete pensato?

2 Leggete velocemente il testo (mezzo minuto a disposizione) sottolineando date e Paesi: provate ora a ricostruire il testo in base solo a queste informazioni. Alla fine vedremo chi si è avvicinato di più alla realtà.

Leggete il testo e individuate l'affermazione corretta tra quelle proposte.

1. Prima del 1900 gli italiani residenti all'estero
a) erano circa 100 mila
b) erano tra i 100 e i 500 mila
c) erano circa 500 mila
d) erano molto più di 500 mila

2. Emigrando all'estero queste persone
a) non riuscirono a migliorare la loro vita
b) trovarono la terra promessa
c) presto dovettero tornare in Italia
d) riuscirono a sfuggire alla povertà

3. All'inizio il motivo principale dell'emigrazione
a) era la crisi dell'industria italiana
b) era la crisi politica del paese
c) era la vita difficile nella campagna
d) era la prima guerra mondiale

4. Grazie all'emigrazione
a) l'Italia ebbe un incredibile sviluppo economico
b) l'Italia riuscì a superare altri paesi più sviluppati
c) altri paesi approfittarono degli emigrati italiani
d) l'Italia poté risolvere i problemi demografici

5. Dopo la prima guerra mondiale le mete dell'emigrazione erano in ordine
a) prima gli Stati Uniti, poi la Germania e infine la Francia
b) prima la Francia, poi la Germania e infine gli Stati Uniti
c) prima la Germania, poi gli Stati Uniti e infine la Francia
d) prima gli Stati Uniti, poi la Francia e infine la Germania

Nel 1861 gli italiani residenti fuori dei confini non erano più di 100.000. Si trattava di persone che avevano lasciato le loro regioni senza suscitare alcun turbamento sociale ed economico. A partire dal 1870 la situazione si capovolse. Fino al termine del secolo, vale a dire in circa trent'anni, emigrarono oltre mezzo milione di italiani. Una cifra ufficiale probabilmente assai lontana dalla realtà, poiché non potevano essere conteggiati i numerosi clandestini che varcavano i confini senza lasciare tracce.

Questi flussi migratori, indirizzati verso i paesi europei ma anche verso le due Americhe, appaiono oggi fenomeni storici di massa, quasi impersonali. In realtà furono la somma immane di tragedie individuali, che al dolore della partenza aggiungevano l'angoscia dell'ignoto; alla povertà dalla quale si fuggiva, aggiungevano la povertà nella quale si giungeva. Fu una specie di esodo che svuotò tanti paesi, lasciando una scia sterminata di sofferenze e di disperazione. Per chi partiva e, in misura non dissimile, per chi restava.

Agli inizi il maggior numero di partenze si ebbe nelle regioni settentrionali, soprattutto dal Veneto. La causa principale viene identificata nella crisi gravissima, che afflisse per decenni le regioni agricole del Nord Italia. Nelle regioni meridionali l'esodo ebbe avvio più tardivo poiché, nonostante la povertà, si riusciva a produrre in misura bastante per il sostentamento familiare e perché più forte era l'attaccamento alle proprie tradizioni. L'esodo continua fino al 1914, anno di inizio della prima guerra mondiale, con un costante aumento.

I politici, gli industriali, i grandi proprietari terrieri vedono soltanto gli aspetti positivi di questo fenomeno. La popolazione cresce a ritmi

notevoli e non è nemmeno pensabile che si possa offrire lavoro a tutti. Si favorisce perciò l'emigrazione, che libera posti di lavoro per i disoccupati. Ma non si pensò mai che questo "affare" gravava solo sulle spalle dei parenti; come non si pensò che l'emigrazione di massa sottraeva forze lavoro e capacità creative a vantaggio di tanti paesi, che le usarono con enormi benefici. Si fece insomma una valutazione errata a livello economico e a livello storico.

4

Nel 1921 gli Stati Uniti introdussero misure restrittive per l'immigrazione, riducendo la possibilità di assorbimento di un canale divenuto preferenziale. Aumentò di conseguenza l'emigrazione europea, soprattutto verso la Francia. D'altra parte, la dittatura fascista volle bloccare l'emigrazione per motivi nazionalistici. Nel 1927 il Commissariato generale all'emigrazione veniva chiuso, ritenendo con questo atto conclusa la fuoriuscita degli italiani dai confini del proprio paese. Ma la teoria fu smentita dai fatti. Tra il 1927 e il 1939 emigrarono dall'Italia oltre 700 mila persone, con una prevalenza assoluta verso la Germania.

5

Con la fine della seconda guerra mondiale si apre il quarto periodo dell'emigrazione italiana in Europa. Se la nostra ripresa è molto rapida, tanto da far parlare di "miracolo economico", lo squilibrio tra domanda e offerta di lavoro non tende a diminuire. La disoccupazione inarrestabile e il disagio economico spingono gli italiani a uscire dalla loro patria.

6

tratto da Gli italiani nelle vie del mondo, *L. Segafreddo*

3. RIFLETTIAMO SUL TESTO

1 Le parole che seguono sono sinonimi di altre presenti nel testo; di quali? Lavorate in coppia.

rovesciare (¶ 1): ....

oltrepassare (¶ 1): ....

traccia (¶ 2): ....

togliere (¶ 4): ....

vantaggio (¶ 4): ....

fuga (¶ 5): ....

2 Le frasi che seguono potrebbero sostituire altre presenti nel testo; potete capire quali?

tutto cambiò radicalmente (¶ 1): ....
....

uscivano dal paese quasi di nascosto (¶ 1): ....
....

a sufficienza (¶ 3): ....

aumenta rapidamente (¶ 4): ....

il peso cadeva su (¶ 4): ....

la realtà fu diversa (¶ 5): ....

4. LAVORIAMO SUL LESSICO

1 Completate la tabella.

	sinonimo	aggettivo
nord	*settentrione*	*settentrionale*
sud	....	....
est	....	....
ovest	....	....

2 Da quali verbi derivano?

sottrazione: ....   fuga: ....

prevalenza: ....   crescita: ....

partenza: ....   errore: ....

sofferenza: ....   ripresa: ....

1 Completate il seguente testo con le preposizioni, i possessivi e i pronomi mancanti.

MIRACOLO ECONOMICO

Fu il "Daily Mail" a parlar.......... (1) per primo; nel 1959 il quotidiano londinese pubblicò un articolo nel .... (2) definiva l'efficienza e la prosperità del sistema produttivo italiano "un miracolo economico". Siamo alla fine degli anni '50, l'Italia è un Paese giovane, investito .... (3) una grande trasformazione sociale ed economica, gli italiani si specchiano in quel benessere che comincia a coinvolger.......... (4). Il reddito nazionale cresce del 5,8% l'anno: nelle case fanno la .... (5) comparsa i frigoriferi, dalle radio si ascolta la mitica "Volare" di Domenico Modugno, al cinema Fellini propone *I Vitelloni* e *la Dolce Vita*; si viaggia in *Vespa* o in *Lambretta*, mentre i più sognano di comprarsi la *Cinquecento* (.......... (6) costa 11 stipendi di un impiegato medio della Fiat). Il fatto è che .... (7) pochi anni, dalla fine della guerra a quello scorcio di decennio, da Paese rurale l'Italia .... (8) trasforma in Paese industriale: nel 1961 gli addetti all'agricoltura sono scesi .... (9) 29,1%, mentre gli addetti all'industria rappresentano il 40,6%. Il "miracolo economico" italiano si concentra soprattutto nelle regioni settentrionali, ... (10) sono concentrati capitali e imprese. Il cosiddetto triangolo industriale (Torino-Milano-Genova) diventa polo di attrazione per l'emigrazione interna, soprattutto meridionale, mentre la disoccupazione scende .... (11) livelli più bassi di tutta la storia dell'unità .... (12) Italia.

La mitica Vespa

2 Cerchiamo di scoprire insieme le differenze tra alcune parole che possono confondere. Completate le frasi che seguono scegliendo la parola migliore tra quelle date a fianco.

1. Dopo la guerra migliaia di .... furono costretti a lasciare le loro terre.
2. Dal suo accento ho capito subito che era ....
3. Le autorità hanno scoperto molti .... senza permesso di soggiorno.
4. In Italia ci sono molti .... ma anche parecchi immigrati europei.
5. Ogni .... ha in mente una cosa quando parte: una vita migliore.

clandestino
extracomunitario
straniero
emigrante
profugo

Ora cercate di spiegare in modo semplice in quale occasione e contesto si usa ogni parola.

Immaginate di essere arrivati da poco tempo in Italia come immigrati; scrivete per la prima volta ad un vostro amico rimasto indietro per descrivere la città in cui vivete, la vostra vita, le eventuali difficoltà. (160-180 p.)

Il XX secolo è pieno di esempi di italiani emigrati di prima, seconda o terza generazione, famosi in tutto il mondo. Divisi in due gruppi fate una piccola ricerca in merito (anche su Internet se necessario); in seguito presentate i risultati in classe, riferendo nomi, paesi e attività (spettacolo, politica, economia ecc.).

PARLIAMO: se usate *La Prova orale 2*, vedete *Razzismo e immigrazione* a p. 25.
ASCOLTIAMO: se usate *Ascolto Avanzato*, vedete *Il risveglio dell'Italia dopo la guerra* a p. 23.

Orologio biologico, insonnia cronica, rilassarsi, concentrazione, catastrofi da sonno, allungare la vita: **sono alcune delle parole chiave del testo. Basandovi su queste parole potete capire di cosa tratta l'articolo? Quando lo avrete letto per intero verificherete le vostre ipotesi.**

LA SCIENZA DELLA BUONA NOTTE

Seguire l'orologio Seguire le richieste del proprio orologio biologico è vitale. Ma non tutti ne conoscono l'importanza, tanto che le malattie del sonno sono diffusissime, come dimostra uno studio internazionale: oggi un italiano su tre dorme male, fatica ad addormentarsi, si sveglia troppo presto o più volte durante la notte, o soffre di insonnia cronica. O comunque non riesce a dormire per un numero di ore sufficiente a coprire il proprio fabbisogno. Insomma è in debito di sonno, una delle "malattie" più frequenti del nostro tempo.

"Rispetto a un secolo fa si dorme un'ora e mezzo di meno per notte", conferma il neurologo Luigi Ferini Strambi, uno degli autori della ricerca. "I colpevoli? Dalla scoperta della lampadina in poi, tutte le innovazioni tecnologiche: computer, turni di lavoro notturni, tv o Internet, voli transcontinentali con salti di fuso orario. Ciascuna di esse ha contribuito a stravolgere quel magnifico orologio interiore che regola i nostri bioritmi. Oggi si dorme poco e male, per scelta o per necessità, e le conseguenze si fanno presto sentire perché insonnia e altre gravi malattie del sonno nascono proprio da cattive abitudini protratte nel tempo".

"Quello che manca è un'ecologia del sonno", aggiunge il professor Mario Giovanni Terzino, dell'università di Parma. "Non si fa nulla per dormire bene, cioè senza rumori, stress, inutili sollecitazioni. Anche la fase che precede l'addormentamento andrebbe "curata": le ultime ore di veglia dovrebbero essere le più tranquille. Oggi invece molti vanno in palestra dopo cena, oppure lavorano, giocano con i video-games: tutte attività che mantengono alto il livello di attenzione del cervello, impedendogli di rilassarsi, di abbassare la guardia".

Catastrofi da sonno Ma che cosa succede davvero se non si dorme abbastanza? Le ricadute immediate della carenza di sonno si fanno sentire sulla memoria a breve termine, sulla capacità di concentrazione, il tempo di reazione e l'attenzione. Con conseguenze talvolta letali: a un errore umano causato dalla sonnolenza sono state attribuite due tra le peggiori catastrofi ecologiche: il naufragio della petroliera Exxon Valdez e l'esplosione della centrale di Chernobyl. Circa un terzo degli incidenti mortali causati dai camion sono dovuti a stanchezza o colpo di sonno del conducente. Ma anche le conseguenze a lungo termine sono temibili: chi soffre di insonnia cronica o di altri disturbi del sonno ha un rischio doppio, rispetto agli altri, di contrarre alcune malattie. Per esempio quelle cardiovascolari. Lo psichiatra David Dinges, dell'università della Pennsylvania, dopo aver tenuto sveglio per una settimana un gruppo di volontari sani, ha scoperto che i parametri del loro sistema immunitario impazzivano: diventavano elevatissimi, come se l'organismo si stesse preparando ad aggredire un pericoloso nemico, o precipitavano, segno che l'organismo stava cedendo a qualche infezione.

Che un buon sonno allunghi la vita è fuori di dubbio: le statistiche provano che chi dorme meno di 7 ore per notte muore prima rispetto a chi ne dorme 8 o 9. D'altro canto, se la natura ci impone di trascorrere un terzo della nostra esistenza dormendo, il sonno dev'essere di sicuro funzionale alla sopravvivenza.

tratto da Focus

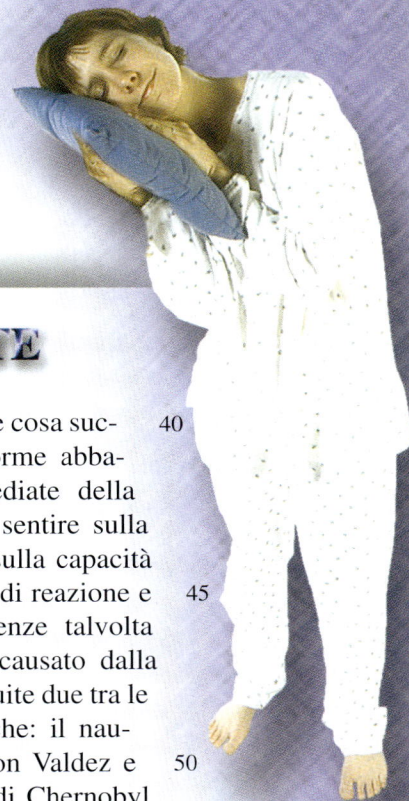

Leggete il testo e scegliete l'affermazione giusta tra le tre proposte.

1. Un italiano su tre
a) non dà molta importanza al sonno
b) dorme meno del normale
c) dorme quanto nel passato

2. Oggi dormiamo meno perché
a) lavoriamo di più rispetto al passato
b) svolgiamo attività che non favoriscono il sonno
c) abbiamo bisogno di meno sonno che un secolo fa

3. Uno degli errori comuni è che
a) si va a letto poco sereni
b) si va a letto troppo tardi o troppo presto
c) si va a letto subito dopo cena

4. La carenza di sonno
a) a lungo termine diventa letale per l'uomo
b) è dietro tantissimi grandi disastri
c) influenza sia il cervello che il corpo

5. La giusta quantità di sonno
a) è prevista dalla natura stessa
b) non può superare le 7 ore al giorno
c) è relativa e varia da persona a persona

1   Individuate nel testo frasi o parole che corrispondono alle seguenti definizioni.

il necessario, la quantità giusta (3-11): ....
dorme meno del necessario (5-13): ....
si avvertono, diventano evidenti (17-24): ....
rilassarsi (31-39): ....
addormentarsi improvvisamente (48-56): ....
si stava ammalando (60-68): ....

2   Come direste diversamente e più semplicemente queste frasi?

innovazioni tecnologiche (16): ....
la fase che precede l'addormentamento (31): ....
si fanno sentire su... (43): ....
a un errore... sono state attribuite (47): ....
d'altro canto (70): ....

1   Date i sostantivi (s) o i verbi (v) che derivano dalle parole, aiutandovi con le lettere date.

diffondere (s): ....s..........   dubbio (v): ....t..........   contribuire (s): ....t......
reazione (v): ....g..........   aggredire (s): ....s..........   esplosione (v): ....d..........

2   Lavorando a coppie abbinate logicamente le parole del primo gruppo con quelle del secondo; le parole possono essere sinonimi o contrari.

> innocente   splendido   mancanza   esteriore   accorciare   fastidio   credito   fatica   lieve

grave: ....   disturbo: ....   interiore: ....
stanchezza: ....   debito: ....   magnifico: ....
colpevole: ....   allungare: ....   carenza: ....

3 Completate le frasi con le parole date a fianco.

1. Per non saltare in aria ogni volta che mi sveglio ho comprato una .... *cuscino*
2. Ero in vacanza insieme a mia suocera: che ....! *radiosveglia*
3. Comincia a fare fresco, non basta solo il lenzuolo, ci vuole anche la .... *incubo*
4. Mio marito russa come un treno, perciò gli ho comprato un .... speciale. *pigiama*
5. Ogni volta che andiamo a casa loro, Mauro ci riceve in ....! *coperta*

5. LAVORIAMO SULLA LINGUA

Completate il testo scegliendo la parola giusta tra le quattro proposte.

Ma quanto si deve dormire? Come dice il neurologo Ferini Strambi "La quantità è .... (1). Ci sono persone che dormono tre ore per notte e si risvegliano riposate. Altri invece che si sentono a pezzi dopo un sonno di 8 ore. Ma tra questi eccessi c'è una media: il fabbisogno di sonno di un adulto si .... (2) intorno alle 7 ore per notte".
Eppure, come abbiamo visto, molti non ce la fanno. "Si parla di insonnia quando si ha la percezione di un sonno .... (3), disturbato, o comunque, non abbastanza riposante, indipendentemente dal numero di ore".
Un insieme di sintomi che si traduce poi, di giorno, in un stato di stanchezza e incapacità di svolgere bene le attività .... (4)".
Ma spesso, dicono gli specialisti, basta anche .... (5) delle semplici regole di "igiene del sonno": scegliere un rituale della buona notte che aiuti a rilassarsi. Andare a letto e svegliarsi sempre alla stessa ora, anche nei week-end. Non restare a letto se non si riesce a dormire ma alzarsi e .... (6) a qualche attività piacevole finché il sonno non arrivi. Non mangiare né guardare la tv a letto. .... (7) caffeina e nicotina nel pomeriggio. Non cenare troppo tardi e soprattutto occhio all'alcol: .... (8) i microrisvegli notturni o una sveglia anticipata.

1. individuale / obiettiva / soggettiva / importante	5. avere / sapere / scoprire / applicare
2. aggira / risale / arriva / calcola	6. dedicarsi / seguire / interessarsi / farsi
3. tranquillo / brutto / poco / insufficiente	7. preferire / consumare / evitare / saltare
4. abituali / piacevoli / personali / sportive	8. favorisce / porta / crea / aiuta

6. SCRIVIAMO

Le vostre vacanze sono appena finite e il motivo per cui vi rimarranno indimenticabili è che avete passato quasi tutte le notti in bianco. Scrivete una lettera ad un amico per raccontare questa esperienza spiacevole. (160 – 180 p.)

7. RIFLESSIONI LINGUISTICHE   sottolineate i modi di dire presenti nel testo.

Quando qualcuno dorme come un orso o come un sasso, vuol dire che dorme molto profondamente, che fa un sonno pesante. Se non dorme proprio, allora passa una notte in bianco. Se dorme con la coscienza pulita, allora dorme il sonno del giusto. Se ha problemi da risolvere, perde il sonno, se no dorme su un letto di piume. Chi è molto stanco casca dal sonno e se dorme molto presto, va a letto con le galline (cioè non nel pollaio, ma alla stessa ora...). Se infine qualcuno (p. es. un alunno) dorme a occhi aperti, ha sonno (forse è distratto o annoiato). E, come sappiamo, chi dorme non piglia pesci.

PARLIAMO: se usate *La Prova orale 2*, vedete *Vita stressante* a p. 77.
ASCOLTIAMO: se usate *Ascolto Avanzato*, vedete *Gli italiani la mattina* a p. 27.

1 Osservate il titolo: che cosa vi fa capire sull'articolo? Scambiatevi idee.
2 Pensate a 1-2 domande che vorreste fare all'autore dell'articolo sull'amicizia oggi e confrontatele con quelle dei compagni. Una volta letto il testo verificate se è stata data una risposta alle vostre domande.

CHE FINE HA FATTO L'AMICIZIA?

Dici amicizia: e intendi il rapporto più serio che hai. Lo ripeti: e stai parlando di uno stupido gioco di società. Parli di un amico e pensi a un legame indissolubile. Vedi "gli amici" e ti ritrovi in un
5 complicato intreccio di relazioni senza storia. Insomma: dovrebbe essere vietato usare la stessa parola per dire cose tanto diverse: l'amicizia è una cosa sola. Quella che *ti dà* ciò che l'amore non ti concede: un legame a due che non ti dimezza.
10 Quella che *ti toglie* una sola libertà: quella di far finta di essere quello che non sei. L'amicizia, quella vera, è un valore in crisi? Un sondaggio, recentissimo, dice di sì. Secondo il mensile *Riza Psicosomatica*, gli italiani non crederebbero più
15 nell'amico del cuore. Che cosa sta succedendo? "L'amicizia è un sentimento che cambia con il tempo e le generazioni. Forse, oggi non è più riconoscibile nella formula amico del cuore, ma c'è. Eccome se c'è", dice Valentina D'Urso, psi-
20 cologa. "La famiglia degli amici continua a essere indispensabile per i ragazzi". Famiglia? "Sì, in una società fondata sulla famiglia nucleare l'unica possibilità di allargare i propri punti di riferimento affettivi sono gli amici", dice D'Urso. "Per
25 questo la figura dell'amico del cuore viene in qualche modo duplicata, triplicata... insomma non è più tanto esclusiva. Nemmeno nell'adolescenza". Cosa accade nelle altre età della vita? "Esiste una sorta di periodo di latenza nell'amicizia. Ed è
30 la prima maturità", continua la psicologa. "Quel periodo della vita in cui si è alle prese con la co-

struzione del proprio futuro: figli, lavoro... C'è poco tempo per gli amici. Tempo che viene ritrovato più tardi: quando torna la voglia di parlare, di confidarsi...". 35
"Non mi sembra che si possa parlare di una caduta del valore dell'amicizia", dice Gabriella Turnaturi, docente di Discipline della comunicazione all'Università di Bologna e autrice di *Tradimenti*, in uscita da Feltrinelli. "Quello che tende a scom- 40 parire è l'amico del cuore, il rapporto di intesa esclusivo. Ma questo non mi sembra necessariamente un cattivo segno. Anzi: direi che è quasi un sintomo di maturità... Il rapporto di amicizia esclusivo è tipico dell'adolescenza. Una fase della 45 vita dove si tende ad assolutizzare tutto, ad avere relazioni totalizzanti. Un'amicizia diffusa è più matura e più attuale".
Perché attuale? "Perché la nostra è una società complessa. Ognuno di noi vive molte vite diverse: 50 il lavoro, la famiglia, gli interessi culturali... è naturale trovare amici in ogni singolo pezzo della propria giornata. Con la consapevolezza che un solo amico non può soddisfare la nostra complessità. Ma c'è un altro cambiamento che la nuo- 55 va organizzazione sociale sta imponendo al nostro modo di vivere i rapporti". Quale? "Ha sempre più importanza la costituzione sociale di una fitta e solida rete di amici, in un mondo dove la famiglia è sempre meno presente e rassicurante. Se 60 ti succede qualcosa cosa fai? Chiami gli amici. Se sei sola con un figlio chi ti dà una mano? Ti fai aiutare dagli amici... Altro che valore in calo".

adattato da Grazia

1 Leggete il testo e indicate l'affermazione corretta tra quelle proposte.

1. Un segno che l'amicizia è forse in crisi è che
a) ne parliamo troppo spesso
b) la parola amicizia ha perso il suo valore
c) abbiamo più amici del necessario
d) oggi non è possibile trovare amici veri

2. L'amicizia vera è quella che
a) può sostituire l'amore
b) ti lascia libero al cento per cento
c) ti permette di essere te stesso
d) possono condividere solo due persone

3. L'amicizia oggi è
a) meno esclusiva che un tempo
b) meno importante della famiglia
c) più indispensabile che nel passato
d) più facile da riconoscere

4. Il bisogno dell'amico del cuore è più forte
a) nell'infanzia
b) nell'adolescenza
c) nella prima maturità
d) nella terza età

5. Secondo Gabriella Turnaturi, oggi
a) non abbiamo tanto bisogno di amici, perché siamo troppo impegnati
b) è molto difficile avere amici veri, perché ognuno pensa alla propria vita
c) cerchiamo amicizie esclusive su cui poter contare veramente
d) abbiamo bisogno di più amici in vari settori della nostra vita

2 **Date all'articolo un titolo alternativo; quale dei titoli proposti dai compagni vi piace di più?**

3. RIFLETTIAMO SUL TESTO

1 **A quali frasi del testo corrispondono quelle sotto elencate?**

rapporto forte (1-8): ....
essere impegnati (27-35): ....
sta per essere pubblicato (36-44): ....
qualcosa che fanno di solito i ragazzi (41-49): ....
aiutare (54-62): ....

2 **Come direste diversamente le frasi, senza alterarne il significato?**

amico del cuore (15): ....
eccome se c'è (19): ....
tende a scomparire (40): ....
ti fai aiutare dagli amici (62): ....
altro che valore in calo (63): ....

4. LAVORIAMO SUL LESSICO

1 **Nel parolone di sotto scoprirete i sinonimi delle parole in blu e i contrari di quelle in rosso.**

INTELLIGENTEPERMETTERENECESSARIOAMPLIARESEMPLICEINDIPENDENZA

stupido: ....   allargare: ....   complicato: ....
vietare: ....   libertà: ....   indispensabile: ....

2 **Date i sostantivi che derivano dai verbi usando alcuni di questi suffissi:**

-sione   -zione   -enza   -mento   -ura

costruire: ....   esistere: ....   assistere: ....
tradire: ....   tendere: ....   fondare: ....

3 Completate opportunamente la tabella.

ogni giorno: *q*........................

ogni settimana: *s*........................

ogni mese: ***mensile***

ogni due 2 mesi: *b*........................

ogni tre mesi: *t*........................

ogni sei mesi: *s*........................

ogni anno: *a*........................

ogni due anni: *b*........................

sabato 6 domenica 7

dicembre   dicembre

5. LAVORIAMO SULLA LINGUA

1 Nel testo abbiamo visto la forma "ti fai aiutare dagli amici" (61)**; in coppia completate le frasi che seguono con la forma "farsi + infinito" tra parentesi al tempo e modo giusti e i pronomi necessari.**

1. Sono senza macchina, quindi (*farsi dare*) .... un passaggio da Angelo.
2. Claudia non è mai puntuale: (*farsi sempre aspettare*) ....
3. Quando sono stanco, (*farsi fare*) .... i compiti da mia sorella!!
4. Se sei di nuovo senza soldi, (*farsi prestare*) .... la somma dai tuoi!
5. Va bene, se non me lo dici tu, (*farsi dire*) .... da Anna.

2 Completate il testo con gli elementi grammaticali (pronomi, preposizioni ecc.)**.**

"L'amicizia non è una cosa .... (1) fa parte della mia vita. È la mia vita, l'obbiettivo. È quello di .... (2) sono più orgogliosa", racconta Giovanna, illustratrice. "Appartengo .... (3) una generazione che ha cominciato presto a scambiarsi emozioni, storie, soldi, tutto. Oggi ho una famiglia di amici, una ben strana famiglia: uno di qua, uno di là. C'è chi sta a Roma, chi a Londra e chi al mare. C'è chi è sposato, chi single di ritorno. Chi un compagno fisso non .... (4) ha mai avuto. E chi non ha mai smesso .... (5) rincorrerlo. Abbiamo tutti più o meno la stessa età. Abbiamo fatto e disfatto la nostra vita chissà .... (6) volte, ma non .... (7) siamo persi mai. Anni fa ho attraversato un periodo di depressione furibonda. .... (8) sono sentita letteralmente presidiata dai miei amici: da quello che ha passato la notte fuori .... (9) mia porta aspettando che avessi la forza di aprir................ (10). A quello che ha guidato un giorno e una notte per venire a farmi compagnia."

6. SCRIVIAMO

Scrivete una lettera ad un amico che vive all'estero, per raccontare un fatto accaduto con un vostro amico comune. La lettera può finire con la frase "allora ho capito che è un vero amico", oppure con "come puoi capire, tu sei l'unico vero amico che ho". (160 – 180 p.)

7. RIFLESSIONI LINGUISTICHE

Perché si dice *essere amici per la pelle*? Perché uno darebbe anche la vita (cioè la pelle) per un amico. *Essere di casa* significa in rapporti di grande amicizia e confidenza con qualcuno. Amici inseparabili, nonostante le liti continue, sono invece quelli che *fanno come i ladri di Pisa*. Secondo la tradizione toscana, loro rubavano insieme la notte e poi passavano tutto il giorno litigando per dividere il bottino. Va bene rubare, ma litigare..?

PARLIAMO: se usate *La Prova orale 2*, vedete *Gli amici* a p. 108 e il compito comunicativo 32 a p. 105.
ASCOLTIAMO: se usate *Ascolto Avanzato*, vedete *La sai l'ultima?* a p. 16.

Leggete solo il titolo e il primo paragrafo dell'articolo e scrivete 2-3 brevi domande sui ragazzi italiani. Poi leggete l'intero testo; avete trovato le risposte a tutte le vostre domande?

Il dizionario degli adolescenti

MA COSA FANNO I RAGAZZINI (quando escono di casa)?

Battendo strade, pub e discoteche, *Panorama* ha compiuto un autentico viaggio nel mondo dei teenager. Il risultato è un sorprendente dizionario dei segreti dei 3 milioni e mezzo di adolescenti nostrani. Quasi una guida per i genitori. Vediamone alcune lettere:

A come alcol

Birra a gogò. È l'ultima moda: girare per strada tenendo in mano il collo di una bottiglia. Ma anche tequila e vodka vanno forte. L'Osservatorio
5 sui giovani e l'alcol rileva che fra i consumatori regolari i minorenni sono ormai il 33 per cento. «Si arriva alle 4 del pomeriggio con la birra» dice Daniele, di Palermo. «Alle 6, la prima vomitata. Si va avanti fino a notte: bere e vomitare». «Cosa
10 vuoi» rincara Elio, non ancora diciottenne: «Qui a Treviso ci si disfa (ubriaca, ndr) per tradizione». E i genitori? Non sanno. O chiudono gli occhi. «Vogliono solo che non guidi il motorino se ho bevuto troppo» spiega Massimo, 16 anni, seconda scien-
15 tifico al Righi di Roma.

D come droga

Francesca, 17 anni, trevigiana, se la prende con il sindaco: «Ormai non si trova più della buona marijuana». Incredibile, vero, non riuscire a
20 trovare della buona merce proibita? Ma per loro farsi le canne è tanto normale da avere completamente dimenticato quel piccolo particolare: che la «roba» è illegale. Lo spinello è un consumo di
25 massa. Dice Maria, 14 anni, palermitana: «Il 70 per cento dei ragazzi fuma». «D'altra parte, si spinella anche mio padre» sghignazza Ales-
30 sandra, 16 anni. L'erba, racconta un gruppo di stu-

denti, si compra davanti alla scuola, si prepara sui banchi e si fuma in bagno. Poi c'è l'ecstasy. Ormai a Milano, per reggere le 6 ore di discoteca, la
35 pasticca è d'obbligo. Insomma, droga in tutte le varianti. Da consumare e, perché no, da vendere. Così, i pusher diventano sempre più giovani. Prendete Mirko, 18 anni, che spaccia sui Navigli: «Sono stato bocciato quattro volte, ma adesso
40 guadagno bene e i miei non rompono più. Il mio obiettivo? Vendere la roba migliore, entrare nel giro giusto, fare un pacco di soldi».

E come e-mail

«Su Internet navigo almeno 3 ore al giorno. Chatto, compro cose, quelle che si possono pagare
45 contrassegno, senza carta di credito. Ho preso un telefonino». A parlare è Manfredi, 13 anni, quarta ginnasio a Palermo. Figurarsi come sono fanatici di hi-tech i ragazzi più grandi di lui. L'irrinunciabile passione è chattare. «Per conoscere nuovi
50 amici» giurano Francesca e Angelica, romane. «Per rimorchiare» le corregge Giorgio. Non occorre essere fini psicologi per scoprire che dietro al computer spesso si nasconde la solitudine. Quando un sito milanese ha lanciato *Virtual boy*,
55 sondaggio fra le ragazzine per costruire il ragazzo ideale, tra le migliaia di e-mail c'era quella di Sara, 15 anni: «Caro Virtual boy, sei l'unico raggio di sole della mia vita. Se dovessi scegliere fra te e la mia vita sceglierei te. Perché ho solo te».
60

adattato da *Panorama*

2. RIFLETTIAMO SUL TESTO

1 Individuate nel testo frasi o parole che corrispondono a quelle date di seguito.

sono molto diffusi (1-7): ....

accusa, si arrabbia (16-23): ....

è necessario (29-36): ....

vende droga (34-41): ....

non danno fastidio (37-44): ....

alla consegna (40-47): ....

fare conoscenze sentimentali, corteggiare (45-52): ....

conforto, speranza (53-60): ....

2 Sottolineate nel testo tutte le parole del gergo della droga; ne conoscete altre?

3. COMPRENSIONE DEL TESTO

Indicate le informazioni veramente esistenti nel testo.

1. A molti ragazzi piace girare per strada con una bottiglia di birra in mano.
2. Alcuni minorenni cominciano a bere prendendo esempio dai genitori.
3. Per i genitori l'alcolismo non è il pericolo maggiore.
4. Non sempre i genitori stessi sono un buon modello per i figli.
5. Molti ragazzi si drogano solo per poter ballare.
6. Gli spacciatori di droga non vivono molto a lungo.
7. Ormai quasi tutti i ragazzi hanno la carta di credito.
8. Tramite Internet molti ragazzini cercano di colmare lacune psicologiche.

4. LAVORIAMO SUL LESSICO

1 Nel testo abbiamo letto le testimonianze di ragazzi provenienti da varie città italiane; lavorando a coppie completate la tabella che segue; se necessario, consultate una mappa italiana.

Milano ....   parmigiano ....

Napoli ....   mantovano ....

Bologna ....   fiorentino ....

Palermo ....   triestino ....

Torino ....   barese ....

Venezia ....   pisano ....

2 Date i sostantivi che derivano dai verbi usando:

a. le desinenze: -a, -o

sorprendere: ....   lanciare: ....

spacciare: ....   rinunciare: ....

b. i suffissi: -enza, -tore, -mento, -zione, -ura

bocciare: ....   proibire: ....   consumare: ....

giurare: ....   costruire: ....   conoscere: ....

3 Formate coppie di sinonimi con le seguenti parole.

> illegale / pillola / resistere / celare / scordare / nascondere
> dimenticare / pasticca / reggere / ricerca / illecito / sondaggio

.... / .... / ....
.... / .... / ....
.... / .... / ....

5. LAVORIAMO SULLA LINGUA

1 Uno dei verbi che usiamo troppo spesso è anche il verbo *fare*; sostituitelo opportunamente con i verbi dati a fianco.

Hanno fatto una bellissima casa.
Bisogna *fare* la massima attenzione!
Hai deciso se *farai* l'esame o no?
Fa delle canzoni veramente belle.

A Roma *ho fatto* tantissime foto.
Non dovevi *fare* questo errore!
Da qualche anno non *fa* più film.
Faccio ancora il liceo.

girare   costruire
sostenere   scattare
prestare   comporre
commettere   frequentare

2 Al seguente testo mancano del tutto i segni di punteggiatura (virgole, punti, due punti e virgolette); completateli lavorando in coppia. In quali punti avete dubbi sul segno da usare? Scambiatevi idee.

Difficile che possano sapere molto dei figli se parlano con loro 8 minuti al giorno Bisognerebbe partire proprio da quegli 8 miseri minuti che secondo un'inchiesta condotta da Radio 105 i genitori riescono faticosamente a trovare in una giornata per chiacchierare (niente di più!) con i loro ragazzi Troppo impegnati nel lavoro nel traffico o semplicemente a guardare la tv Dentro le quattro mura c'è una specie di contratto spiega Carlo Buzzi direttore ricerca dello Iard l'istituto specializzato nell'osservazione dell'universo giovanile Tu fai il bravo e io ti do tutto quello che chiedi Ecco perché si rimane in famiglia fino a 30 anni suonati semplicemente è molto comodo Fuori però i ragazzi vivono vite parallele con regole diverse Passano da una realtà all'altra in un secondo come se aprissero tante finestre in un programma per computer Conferma Elisa Manna responsabile settore cultura del Censis Certo la conflittualità con i genitori è ormai ridotta all'osso Peccato che anche il dialogo sia praticamente assente

6. SCRIVIAMO

Da circa due anni vivi in una città diversa da quella in cui sei cresciuto. La madre di un tuo carissimo amico ti chiama per dirti che ultimamente suo figlio si comporta in modo strano, anzi Lei sospetta che il ragazzo faccia uso di droghe leggere. Quasi in stato di panico chiede il tuo aiuto. Tu scrivi una lettera al tuo amico in cui cerchi di "svegliarlo", parlandogli appunto da amico e non da genitore... (160 - 180 p.)

7. RIFLESSIONI LINGUISTICHE: sottolineate le espressioni idiomatiche presenti in questo testo.

Si comincia col bagnarsi la gola, cioè bere poco; c'è chi va avanti e allora diciamo che ha alzato il gomito, quindi ha bevuto ma non è proprio ubriaco. Chi continua a bere comincia a vederci doppio, mentre se proprio esagera diciamo che ha bevuto come una spugna.
Purtroppo molti cercano il paradiso artificiale nella droga, quindi si fanno una pera, cioè si bucano (si drogano usando una siringa), comprando dai mercanti di morte, ovvero gli spacciatori di droga.

PARLIAMO: se usate *La Prova orale 2*, vedete *Genitori e figli* a p. 11 o *Droga* a p. 59 e il compito n. 8 a p. 101.

Da Pulcinella a De Filippo
IL TEATRO NAPOLETANO

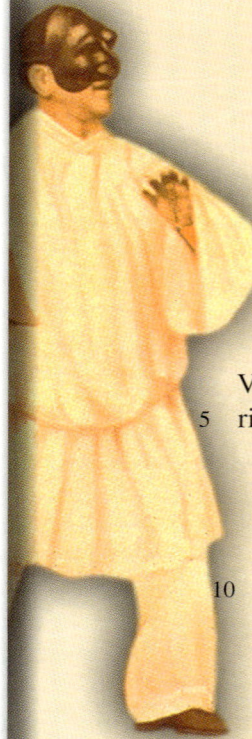

La storia del teatro napoletano offre esempi di notevole interesse artistico e sociale. Come a Venezia e in altre città italiane, il
5   richiamo del palcoscenico fu vivissimo a Napoli. Come altrove, anche in Campania le maschere della *Commedia dell'arte* riproponevano i difetti e le virtù del
10   popolo o, per lo meno, i sentimenti con cui il popolo riusciva a vivere nel quotidiano rapporto con la durezza del vivere e con le classi sociali più abbienti.
15   Protagonista dominante del teatro tipico di Napoli è Pulcinella: Goethe scrisse che questa maschera "impersonava egregiamente il popolo napoletano". Ma qual è la carta d'identità di Pulcinella? Luogo di nascita incerto,
20   come altrettanto incerte sono le generalità di chi l'ha messo al mondo. Sembra però che a dargli vita sia stato un comico napoletano. Costui si sarebbe presentato sulla scena con quel costume che subì nel tempo alcune modifiche, fino a
25   diventare, sul cadere del Settecento, come tutti lo conosciamo: ampio camicione bianco stretto in vita e largo sui fianchi, larghi pantaloni bianchi, cappello a cono, anch'esso bianco, pantofole e, sul volto, una maschera nera col
30   naso a uncino. Il suo carattere è complesso, ma i vizi... sembrano superare le virtù. Scrive Mayer di lui:
"Ora è un filosofo che non apre la bocca senza dire una stupidità; ora è un pazzo che è pieno di
35   saggezza. Oggi appare un servitore goffo, mangione, furbo, che getta a terra la minestra e nasconde la bottiglia in un angolo, ora è un distinto signore che la sua gente fa a gara ad ingannare. Oppure è un marito che fa le corna".

1   Discutete in coppia: chi/che cosa è Pulcinella, secondo voi? Chi è Eduardo De Filippo? Sapete qualcos'altro del teatro italiano?

2   Scambiatevi informazioni con le altre coppie. Chi di voi sapeva di più e come mai?

Indicate l'affermazione giusta tra le tre proposte.

1. Le maschere
a) esprimevano i sentimenti del popolo
b) criticavano i ricchi e i potenti
c) impersonavano tutte le classi sociali

2. Pulcinella nacque
a) prima del '700
b) nel '700
c) alla fine del '700

3. Il carattere di Pulcinella
a) ha subìto molte modifiche
b) cambiava a seconda della trama
c) ha molti difetti e nessun pregio

4. Le commedie di Scarpetta
a) segnarono il declino di Pulcinella
b) segnarono la rinascita di Pulcinella
c) avevano come protagonista Pulcinella

5. Eduardo De Filippo
a) aveva un figlio, John, anche lui autore di commedie
b) aveva un figlio illegittimo di nome John
c) è il più celebre esponente del teatro napoletano

1   Individuate nel testo frasi o parole che corrispondono a quelle date di seguito.

dati personali (15-22): ....
col passar degli anni (20-26): ....
è infedele (33-39): ....
il pubblico li applaudiva (38-45): ....
la stima di tutti (59-65): ....
non dà importanza a (63-71): ....

Questa maschera ebbe una grande fortuna e, con 40
Arlecchino, fu celebre in tutti i paesi d'Europa. A
Napoli la maschera non sembrò legarsi a particolari ideologie. I grandi attori recitavano davanti a
un pubblico appassionato, dove spesso erano presenti perfino i sovrani. Ebbero sempre il plauso 45
di tutte le platee, anche se la storia mutava le condizioni politiche: Pulcinella era sempre lui, sia
che ci fossero i Borboni o il re di casa Savoia.
Un involontario "nemico" di questa maschera fu
Edoardo Scarpetta (1853 - 1925), che con le sue 50
celebri commedie propose il personaggio di Don
Felice, che mise in ombra l'antica maschera dal
bianco camicione. La commedia scarpettiana
ebbe risonanza nazionale e si inserì convenientemente nello spensierato mondo della Belle Epoque. 55
A livello nazionale si ebbe il trionfo dei fratelli
De Filippo e, in particolare del grande Eduardo
(1900 - 1984), figlio illegittimo di Scarpetta.
Scrisse commedie di grande successo 60
(*Napoli milionaria, Questi fantasmi,*
Filumena Marturano, Gli esami non
finiscono mai, Non ti pago e tante
altre), meritando la stima e l'amicizia di Pirandello e l'apprezzamento 65
mento unanime (come autore
e come attore) della critica
nazionale e mondiale. Tra
l'altro, osò dare a Pulcinella un figlio, John, che 70
"se ne frega del padre".

tratto da *Campania,*
EMZ editrice

2 Riformulate le frasi cercando di non ripetere le parole in blu.

i sentimenti con cui il popolo (10): ....
....
chi l'ha messo al mondo (20): ....
....
a dargli vita è stato un comico (21): ....
....
come tutti lo conosciamo (25): ....
....
Eduardo scrisse commedie di grande successo
(60):..
....

LAVORIAMO SUL LESSICO

1 In questo parolone troverete i sinonimi o i contrari delle parole che seguono.

ignotoesitareindifferentetranquillovastoqualità

virtù ....
osare ....
appassionato ....
spensierato ....
ampio ....
celebre ....

2 A coppie, completate le frasi con la parola più adatta; alla fine cercate nel dizionario le parole che non conoscete.

1. "Il .... è la mia vita, e finisce ogni volta che cala il ....", disse il vecchio attore.
   palcoscenico   sipario   botteghino   camerino   dramma
2. È un bravissimo ...., eppure non è spesso ....
   regista   autore   attore   personaggio   protagonista
3. Al teatro *Eliseo* sarà messo in scena un nuovo .... in due ....
   compagnia   atto   spettacolo   scenario   copione
4. La grande attrice .... di nuovo un ruolo drammatico, proprio come quando ....
   interpretare   allestire   giocare   recitare   debuttare

1 Nel testo abbiamo visto l'espressione "mettere al mondo" **e** "mettere in ombra". **Nelle frasi che seguono sostituite le parti in blu con queste espressioni:**

mettersi in testa, mettere su, mettere in croce, mettere in dubbio, mettere la pulce nell'orecchio

1. Quello che mi ha creato dei sospetti era che Anna andava dal meccanico ogni settimana!
2. Mauro ha realizzato il sogno che aveva fin da bambino: ha aperto un negozio di giocattoli!
3. Per carità, non dubito di quello che dici, ...dico solo che la realtà è leggermente diversa!
4. Da quando Lucia ha saputo delle piccole bugie di Enzo lo ha proprio tormentato!
5. Hai sentito cosa vuole realizzare a tutti i costi Dino? Vincere al lotto per comprare una *Ferrari*!

2 Completate il testo con le parole mancanti (usate una sola parola).

Non ti pago!

Ferdinando Quagliolo è il gestore di un botteghino del lotto. Gioca .... (1) ma non azzecca mai un numero, mentre il .... (2) impiegato, Procopio Bertolini, vince sempre. Anzi ora .... (3) una quaterna* che gli ha dato in sogno .... (4) il padre di Ferdinando. Quest'ultimo si rifiuta .... (5) pagargli la quaterna e si tiene la scheda .... (6) considera sua la vincita. Secondo lui, suo .... (7) ha sbagliato persona, poiché Bertolini abita proprio nella .... (8) dove abitava lui quando suo padre era .... (9) vivo. Ricorre anche all'avvocato e al prete .... (10) tentativo di trovare appoggi alla sua tesi, ... (11) alla fine è costretto a ridare la .... (12) all'impiegato. Ma tutto finisce bene: Procopio sposa la .... (13) di Ferdinando - che non gliela voleva concedere proprio .... (14) la rabbia che gli causavano le sue .... (15) vincite - e la vincita rimane così in famiglia.

Una scena da "Non ti pago": Don Ferdinando, interpretato dallo stesso De Filippo (a sinistra), e Bertolini.

* combinazione di quattro numeri

Un po' di tempo fa un tuo amico ti aveva consigliato di andare per la prima volta a teatro, suggerendo anche uno spettacolo. Finalmente trovi il tempo o l'occasione giusta e ci vai. Gli scrivi poi un'e-mail per ringraziarlo di aver insistito, poiché è stata un'esperienza nuova e veramente piacevole. Gli racconti, quindi, i particolari e chiedi il suo parere su uno - due spettacoli che ti sembrano interessanti. (160 - 180 p.)

PARLIAMO: se usate *La Prova orale 2*, vedete *Giochi e scommesse* a p. 75.
ASCOLTIAMO: se usate *Ascolto Avanzato*, vedete *Eduardo de Filippo: "Non ti pago"* a p. 51.

Pulcinella è entrato anche nella lingua del popolo, che ha creato dei modi di dire in suo onore: *fare il Pulcinella* significa comportarsi da persona poco seria e opportunista; si dice *nozze di Pulcinella* per una festa che finisce male, con liti ecc.; il *segreto di Pulcinella*, infine, è un segreto che sanno tutti, appunto come i segreti che Pulcinella non può tenere per sé.

1 Leggete il titolo e l'occhiello: di che cosa credete si parli nell'articolo? Scambiatevi idee.

2 Ore leggete velocemente il primo paragrafo: avete capito di più? Quando avrete letto l'intero articolo verificate le vostre ipotesi.

Quella del veggente è una delle attività più redditizie e più facili. Ecco una piccola guida

COME ARRICCHIRSI SUL DOLORE ALTRUI

Se la vostra situazione economica non vi soddisfa e volete cambiare mestiere, quella del veggente è un'attività tra le più redditizie e (contrariamente a quello che potreste pensare) tra le più facili.
5 Basta avere una certa carica di simpatia, una minima capacità di capire gli altri e un poco di pelo sullo stomaco. Ma anche senza queste doti, c'è sempre la statistica che lavora per voi.

Provate a fare questo esperimento: avvicinate
10 una persona qualsiasi, anche scelta a caso (ma certamente aiuta se la persona è ben disposta a verificare le vostre qualità paranormali). Guardatela negli occhi e ditele: «Sento che qualcuno sta pensando intensamente a Lei, è qual-
15 cuno che Lei non vede da tanti anni, ma che un tempo Lei ha amato moltissimo, soffrendo perché non si sentiva corrisposto. Ora questa persona si sta rendendo conto di quanto L'ha fatta soffrire, e si pente, anche se capisce che è troppo
20 tardi.».

Può esistere una persona al mondo, se proprio non è un bambino, che nel passato non abbia avuto un amore infelice, o comunque non sufficientemente ricambiato? Ed ecco che il vostro
25 soggetto sarà il primo a corrervi in aiuto e a collaborare con voi, dicendovi di aver individuato la persona di cui voi captate così nitidamente il pensiero.

Oppure, dichiarate di poter vedere accanto ai vo-
30 stri soggetti i fantasmi dei loro cari scomparsi. Avvicinate una persona di una certa età e ditele che le vedete accanto l'ombra di una persona anziana, che è morta per qualcosa al cuore. Qualsiasi individuo vivente ha avuto due genitori
35 e quattro nonni e se siete fortunati anche qualche zio o padrino o madrina carissimi. Se il soggetto ha già una certa età è facilissimo che questi suoi cari siano già morti, e su un minimo di sei defun-

ti uno che sia morto per insufficienza cardiaca ci dovrebbe essere.   35
I lettori accorti avranno individuato le tecniche di alcuni personaggi assai carismatici che appaiono anche in trasmissioni televisive. Nulla è più facile che convincere un genitore che ha appena perduto il figlio, o chi piange ancora la morte   40
della madre, o del marito, che quell'anima buona non si è dissolta nel nulla e che invia ancora messaggi dall'aldilà. Ripeto, fare il sensitivo è facile, il dolore e la credulità degli altri lavorano per voi.
A meno naturalmente che non ci sia nei paraggi   45
qualcuno del Cicap, il Comitato Italiano per il Controllo delle Affermazioni sul Paranormale, di cui potete avere notizie al sito www.cicap.org. I ricercatori del Cicap vanno infatti a caccia di fenomeni che si pretendono paranormali (dai pol- 50
tergeist alla levitazione, dagli ufo alla rabdomanzia, senza trascurare fantasmi, piegamento di forchette per mezzo della mente, lettura dei tarocchi, madonne piangenti, ecc.)
e ne smontano il meccanismo,   55
ne mostrano il trucco, spiegano scientificamente quello che appare miracoloso, spesso rifanno l'esperimento per dimostrare che, conoscendo i   60
trucchi, tutti possono diventare maghi.

adattato da un articolo
di Umberto Eco
su *L'Espresso*

1 In coppia individuate nel testo le frasi che corrispondono a quelle date di seguito.

pronto a, incline (5-13): ....

non era una cosa reciproca (14-22): ....

darvi volentieri una mano (24-31): ....

una persona anziana (30-37): ....

cercano di scoprire (47-54): ....

grazie alla forza di (53-63): ....

2 Riformulate le frasi iniziando dalle parole date.

se proprio non è un bambino (21): ***a meno*** ....

dicendovi di aver individuato (26): ***vi dirà*** ....

di cui voi captate il pensiero (27): ***il cui*** ....

che le vedete accanto l'ombra (32): ***che accanto*** ....

di cui potete avere notizie (48): ***notizie*** ....

Cercando di non ripetere frasi del testo, rispondete alle domande con un massimo di 20 parole.

1. Cosa intende Eco quando dice "c'è sempre la statistica che lavora per voi"? ....
....

2. Perché il successo del primo esperimento è quasi garantito? ....
....

3. Com'è possibile "conoscere" la causa di morte di qualche parente? ....
....

4. Perché secondo Eco la credulità degli altri facilita le cose? ....
....

5. Perché il Cicap è un pericolo per i veggenti? ....
....

1 Dividetevi in due gruppi: avete 3 minuti a disposizione per trovare quante più parole possibili (verbi, aggettivi, sostantivi ecc., ma non participi passati) con la stessa radice delle parole date. Vediamo chi vince!

attività	....	caccia
certo	....	esperimento
collaborare	....	soffrire
verificare	....	mago

2 In questo parolone scoprirete i sinonimi o i contrari delle parole che seguono.

proficuopregiolietosparireaccertarevivodissuadereesigeresoccorso

apparire	pretendere	infelice ....
redditizio	convincere	dote ....
aiuto	defunto	verificare ....

1 **Nel testo abbiamo visto alcuni indefiniti** (altrui, certa, qualsiasi, qualcuno, nulla ecc.): **sono parole che possono confondere. Completate le frasi con cinque degli indefiniti dati sotto.**

ciascuno altrui chiunque qualsiasi diverso parecchio certo

1. Io non mi occupo mai dei fatti ...., ma se si tratta di Maria sono tutto orecchie!
2. Alla festa di Laura ho incontrato .... persone che non vedevo da anni.
3. .... volte è meglio stare zitti; Gianni, in particolare, più parla e peggio è!
4. .... uomo è responsabile delle proprie azioni, ma alcuni sono proprio irresponsabili.
5. Non vengo, ... cosa tu dica! Come, ci sarà anche Gina? A che ora ci vediamo?

2 **Completate il testo con gli elementi grammaticali mancanti**
(pronomi, preposizioni ecc.).

Wanna Marchi e altre sei persone sono state arrestate questa mattina .... (1) ambito dell'inchiesta su truffe ed estorsioni .... (2) danni dei clienti, che sarebbero state compiute attraverso trasmissioni televisive riguardanti le previsioni dei numeri del lotto.
.... (3) svelare i "metodi" della Marchi .... (4) confronti degli ignari clienti che telefonavano per un aiuto "paranormale", era stata "Striscia la notizia". Tutto è cominciato .... (5) la signora Fosca Marcon, invece di rivolgersi .... (6) polizia, ha chiamato direttamente il programma per denunciare l'inganno. Il mago brasiliano Nascimiento, collaboratore di Wanna Marchi, ... (7) aveva contattata dicendo .... (8) di averla sognata. Proprio .... (9), con nome e cognome, e con quattro numeri del lotto. Il mago era pronto a fornir........................ (10) per giocarli. Le sarebbe bastato pagare .... (11) cambio circa 150 euro.
Pagata la cifra, la donna ricevette a casa i numeri insieme .... (12) una bustina di sale. Giocò ma non ottenne nessuna vincita e ritelefonò al mago per riavere indietro la somma. "Colpa di un terribile malocchio - spiegò la segretaria di Nascimiento - provi a sciogliere il sale della bustina che .... (13) abbiamo mandato in un bicchiere d'acqua e se la sostanza resterà depositata sul fondo sarà un chiaro segnale che .... (14) è stato fatto un maleficio". .... (15) questo punto la donna ha denunciato la truffa e "Striscia" ha registrato e mandato .... (16) onda tutte le tappe della vicenda.

Scrivete una lettera al direttore di una rivista italiana per esprimere il vostro dispiacere per questo "mercato della speranza" che va dalle trasmissioni televisive alle inserzioni nelle riviste, sfruttando il dolore delle persone. Portate degli esempi per motivare le vostre tesi. (160 - 180 p.)

sottolineate le espressioni idiomatiche presenti nel testo.

Purtroppo non sono pochi quelli che cercano di imbrogliare la gente, di fare un bidone, di vendere fumo. Sono persone furbe che le sparano grosse. D'altra parte ci sono le vittime, pronte a farsi fregare, ad abboccare all'amo o a cadere nella rete (come i pesci), fidandosi a occhi chiusi di chi cerca di ingannarli. Per fortuna di solito viene l'ora della verità e gli imbroglioni finiscono al fresco (cioè in carcere), perché si sa che le bugie hanno le gambe corte (e quindi non vanno lontano).

PARLIAMO: se usate *La Prova orale 2*, vedete *Religione e ideologie* a p. 69 e *Dolore e gioia* a p. 110.
ASCOLTIAMO: se usate *Ascolto Avanzato*, vedete *Umberto Eco parla dell'editoria* a p. 30.

1. Prima di leggere

1 **Osservate le foto a destra e scrivete cinque parole che vi vengono in mente. Confrontate le vostre parole con quelle dei compagni.**

2 **Secondo voi, ci sono sport "da uomo" e "da donna"? Parlatene. Perché gli uomini si appassionano di più allo sport?**

RIVEDERSI E FARE GOAL

Come succede spesso quando una storia d'amore finisce, il bilancio diventa di colpo negativo in modo ingiusto e sconcertante. Almeno per quello dei due che ha deciso di rompere. A sentire la mia donna, anzi la mia ex, in quattro anni di vita comune io non ne avrei fatta una giusta.

L'ultima lite, quella definitiva, è nata durante i campionati del mondo di calcio. Lei era diventata sempre
5   più insofferente delle chiassose riunioni con gli amici in casa nostra, davanti alla tv, dei commenti prima, durante e dopo le partite, degli slanci e degli entusiasmi che, secondo lei, avevo solo per il pallone.

Da due anni non la vedevo ed ero convinto che di lei non m'importasse assolutamente più nulla. Per questo, quando l'ho vista domenica scorsa, mentre andavo alla partita, ho provato solo una blanda curiosità. Lei era con un uomo e io stavo disperatamente cercando un posteggio intorno allo stadio. Trovato il posto per
10 la macchina, ho raggiunto lo stadio a piedi e lì ho aspettato gli amici coi quali avevo appuntamento. Li stavo ancora aspettando quando ho visto con stupore che lei e il suo uomo prendevano i biglietti e si mescolavano alla folla che entrava. L'idea che proprio lei andasse alla partita mi sembrava incredibile. Ho ripensato a quando mi costringeva a vedere le telecronache in tv togliendo l'audio perché, anche senza guardare, la infastidiva la voce concitata del telecronista.
15 Quando sono arrivati gli amici ho raggiunto con loro i soliti posti in gradinata e, guarda caso, appena seduto, mi sono accorto che tre file più sotto c'era lei. Con tutto il pienone di quel giorno era finita proprio sotto i miei occhi. Non la vedevo da una vita e la incontravo due volte il giorno del derby.

La partita è stata una vera sofferenza per me. La mia squadra ha perso e ha giocato anche male. Non c'era nemmeno l'alibi della sfortuna o dell'arbitro parziale. Ma per me c'era anche una pena aggiuntiva: Luisa,
20 tre scalini più sotto, sembrava una persona completamente diversa da quella che avevo conosciuto: si comportava come la più esaltata degli ultras.

Ero sbalordito e non riuscivo a non guardarla mentre urlava, si sbracciava, si mordeva le mani. Al primo goal, che poi è stato anche l'ultimo, si è buttata tra le braccia del suo compagno e gli si è letteralmente appesa al collo, urlando dalla gioia. Io, che quando stava con me avrei dato dieci anni di vita per vederla una
25 volta perdere il controllo, mi sentivo ingannato. Come poteva essersi trasformata così?

Peccato che non sia riuscito io a trasformarla in tifosa. Penso che ci saranno ancora tanti mondiali di calcio e che avrei potuto vederli con lei, senza sentirmi in colpa per le urla dopo ogni goal.

adattato da Strano, stranissimo, anzi normale, *di Gianna Schelotto, A. Mondadori ed.*

2. Comprensione del testo

1 **Indicate le affermazioni giuste tra quelle suggerite.**

1. La coppia si è separata perché
a) sostenevano ognuno una squadra diversa
b) a lei erano antipatici gli amici di lui

c) secondo lei, lui l'amava meno del calcio
d) lei si è innamorata di un altro uomo

2. Il protagonista ha incontrato la sua ex
a) mentre lei stava parcheggiando la sua macchina
b) mentre erano entrambi in fila per entrare allo stadio
c) mentre lui ed i suoi amici compravano i biglietti
d) fuori dallo stadio, prima di una partita di calcio

3. Al protagonista è sembrato strano il fatto che
a) dopo due anni sentisse ancora qualcosa per lei
b) lei andasse ad una partita di calcio
c) lei fosse insieme ad un suo vecchio amico
d) lei ormai sostenesse la sua stessa squadra

4. Il protagonista non poteva credere
a) che la sua ex si comportasse in quel modo
b) che la sua squadra avesse perso in quel modo
c) che il compagno della sua ex fosse un ultra
d) che la sua ex fosse ancora così bella

5. Ciò che dava fastidio al protagonista era che lei
a) sembrava essere cambiata in peggio
b) con lui non era mai stata così spontanea
c) era diventata tifosa di un'altra squadra
d) aveva trovato la scusa del calcio per lasciarlo

2 Date al testo un titolo alternativo. Quale dei titoli proposti vi piace di più?

3. RIFLETTIAMO SUL TESTO

Individuate nel testo frasi e parole che corrispondono a quelle date sotto.

all'improvviso (1-4) ....
qualcosa di positivo (3-6) ....
si era seduta davanti a me (15-18) ....
la scusa (19-22) ....
sostenitore fanatico di una squadra (21-24) ....
colpevole (24-27) ....

4. LAVORIAMO SUL LESSICO

1 Il calcio è indubbiamente lo sport più popolare in Italia, ma non è certo l'unico. Abbinate le parole alle immagini.

____ salto in alto   ____ pallavolo   ____ pallacanestro   ____ corsa   ____ scherma

____ salto in lungo   ____ nuoto   ____ equitazione   ____ pugilato   ____ ciclismo

2 In coppia completate le frasi con le parole adatte. Conoscete le parole non utilizzate?

1. Mario è proprio un tipo ....: quando c'è una .... di calcio in tv non la perde mai.
   ultra   partita   squadra   gara   sportivo   atleta

2. I .... del Milan ce l'hanno con l'..................... della squadra e ne chiedono la sostituzione.
   arbitro   allenatore   tifosi   teppisti   allenamento   campioni

3. Essere atleti .... significa guadagnare molto ma anche .... due volte al giorno.
   professionisti   segnare   dilettanti   allenarsi   giocatori   giocare
4. Non solo ha vinto la .... d'oro, ma ha stabilito anche un nuovo .... mondiale.
   medaglia   classifica   primato   scudetto   finale   tempo
5. C'è chi va in .... non per mantenersi in ...., ma solo per fare conoscenze...
   fisico   palestra   stadio   tribuna   dieta   forma

5. LAVORIAMO SULLA LINGUA

1   Nel testo abbiamo visto il verbo 'infastidire' (15): **in questo caso si usa un prefisso per formare un'altra parola. A coppie usate i due prefissi che seguono e gli aggettivi e sostantivi dati alla rinfusa per formare dei verbi. Attenzione all'ortografia!**

> *brutto* ✓   amore   bello   debole   bottiglia   bottone   *sicuro* ✓
> passione   *vecchio* ✓   largo   grande   nervoso   profondo   *vicino* ✓

in-   imbruttire   invecchiare   ....

a-   assicurare   avvicinarsi   ....

2   **Completate il testo con i verbi sotto indicati al tempo e al modo giusti.**

> 1. essere, 2. fare, 3. dire, 4. esagerare, 5. offendersi, 6. pretendere, 7. Fare, 8. trasformare

Non crediamo che il famoso *fair-play*, tanto magnificata norma non scritta di ogni disciplina sportiva, ... (1) qualcosa di irraggiungibile da parte di noi comuni mortali. Quindi, se volete essere un "vero sportivo" .... (2) così:
«Sono molto più numerosi quelli che sanno vincere di quelli che sanno fare buon uso della propria vittoria», ... (3) Polibio: nello sport come in guerra, chi vince non si esalti, non .... (4), né umili lo sconfitto con commenti e prese in giro;
Chi perde non .... (5), non si lamenti, non accampi scuse, non .... (6) a ogni costo la rivincita;
.... (7) sport quando volete, ma non abusatene come unico argomento di conversazione. Niente è triste e noioso quanto il resoconto della partita di calcio, l'esposizione dettagliata dei benefici dell'aerobica per rassodare gli addominali... Non .... (8) ogni riunione di amici nel *Processo del lunedì* e soprattutto, non cercate mai di indurre gli indifferenti a condividere i vostri entusiasmi.

6. SCRIVIAMO

Scrivete un riassunto del testo introduttivo. (120 - 140 p.)

7. RIFLESSIONI LESSICALI

Perché la Nazionale italiana delle varie discipline sportive viene chiamata "Squadra azzurra"? Ovviamente a causa della divisa azzurra che portano i suoi atleti, cosa che avvenne per la prima volta nel 1911: allora la Nazionale italiana di calcio indossò la maglia azzurra come omaggio allo sfondo dello stemma di casa Savoia, allora regnante in Italia. Successivamente, l'azzurro è passato alle Nazionali italiane degli altri sport.

PARLIAMO: se usate *La Prova orale 2*, vedete *Sport e teppismo* a p. 19 e *Sport, affari e adrenalina* a p. 95.
ASCOLTIAMO: se usate *Ascolto Avanzato*, vedete *In palestra* a p. 38.

1 Cosa vi fa capire la parola "single"? Come immaginate la loro vita? Scambiatevi idee.

2 Secondo voi, questa immagine corrisponde al contenuto del testo? Aiutatevi dal titolo. Alla fine, dopo aver letto l'intero articolo, verificate le vostre ipotesi.

Sono tanti. Arrabbiati. Ora passano al contrattacco.

L'UNIONE FA I SINGLE

Celibi, divorziati, zitelle, non coniugati, vedovi? Macché. Liberi di stato: così, gloriosi e pomposi, si chiamano ora allo stato civile tutti quei giovani e vecchi, signore e signorine che vivono da soli.
5 Liberi da che? Ma dai lacci e laccioli quotidiani, naturalmente, dai vincoli del matrimonio e della famiglia. Liberi di essere single, insomma. Per amore o per forza, per scelta, per caso, per necessità o per mille altre ragioni. Ma soli.
10 Un esercito che, nelle metropoli come nella provincia d'Italia, continua ad aumentare. Attenzione, però. Perché il single non è più solo quello smagliantissimo yuppie in carriera mitizzato negli anni Novanta, tutto lampada abbronzante, disco-
15 teca e Maldive. Ma è una realtà sociale nuova e molto composita, che come una forza organizzata rivendica diritti e denuncia discriminazioni.
Innanzitutto, avverte il sociologo Mario Abis, oggi è più corretto parlare di singletudine, di un
20 atteggiamento che percorre varie categorie e che si trova anche in chi non vive rigorosamente da solo. Già, perché accanto ai tradizionali single di andata, giovani che non si sono sposati e sempre più a lungo tendono a rimanere
25 con i genitori, e a quelli di ritorno, separati e divorziati che dopo un percorso di vita in coppia recuperano una dimensione in solitaire,
30 secondo Abis ci sono due nuovi profili: "I single in transito, quelli che rimangono soli per
35 segmenti di vita, e i single permanenti, interni alla famiglia". Se poi si aggiungono le centinaia di migliaia di persone che il lavoro tiene fuori casa l'80 per cento 40 della giornata, ecco che "si arriva a una dimensione da single che riguarda quasi la metà della popolazione".
Tutti soli, insomma. E tutti felici e contenti? Non si direbbe. Anzi, a guardarla bene, vacilla pauro- 45 samente l'immagine del single consumatore smaliziato e accorto, come un divoratore di libri e di giornali, come un instancabile viaggiatore, come un felice abitante di una dolce casa piena di coloratissimi mega-frigoriferi e futuristici forni a mi- 50 croonde. Visti da vicino, i single di oggi sembrano piuttosto dei nevrotici consumatori di tecnologie individualistiche. Come il telefonino, accessorio principale del single o il computer. Secondo Tonino Cantelmi, psichiatra dell'università Gre- 55 goriana di Roma, la cyber-intossicazione, ossia l'intossicazione da Internet che negli Stati Uniti affligge migliaia di utenti, in Italia colpisce vittime ben precise. Che in comune hanno l'età (30-40 anni), una buona cultura e l'essere single. 60
Altro che vita alla grande, spericolata. Al contrario, invece, l'esercito dei single si sente discriminato. Tanto che, per difendere i propri diritti hanno dato vita a un sindacato: l'Anis (l'Associazione italiana singles). In coro denunciano di es- 65 sere emarginati come soggetto sociale. Per esempio, dalla fecondazione assistita, i single sono stati esclusi a priori. Ancora, ai single non è consentito adottare bambini. "Chiediamo che la procreazione assistita e l'adozione siano riconosciute 70 a tutti, non solo alle famiglie. Noi single siamo una larga fetta della popolazione e vogliamo avere gli stessi diritti".

adattato da L'Espresso

1 Indicate le affermazioni giuste tra quelle suggerite.

1. I single sono una realtà
a) del tutto nuova per l'Italia
b) diversa rispetto al passato
c) preoccupante, secondo alcuni sociologi

2. Secondo il sociologo Mario Abis,
a) la maggior parte dei single sono giovani
b) ci sono in tutto due profili di single
c) tante persone sono o vivono come single

3. Le principali categorie di single sono
a) celibi e separati
b) coniugati e divorziati
c) giovani e solitari

4. Rispetto al passato i single oggi
a) si sentono molto più soli
b) hanno una cultura migliore
c) sono meno felici

5. I single rivendicano
a) il riconoscimento del loro sindacato
b) gli stessi diritti delle coppie sposate
c) assicurazione e assistenza sociale

2 In coppia date sottotitoli ai cinque paragrafi del testo; confrontateli poi con quelli delle altre coppie.

A quali parole o frasi del testo corrispondono quelle date di seguito? Lavorate in coppia.

per prima cosa (18-24) ....
vivono di nuovo da soli (26-33) ....
per brevi periodi (30-38) ....
uno che ama molto leggere (45-50) ....
massa, grande quantità (59-64) ....
hanno fondato (60-66) ....
tutti insieme (62-67) ....

1 Completate le frasi con alcune delle parole date. Usate un dizionario per le parole che non conoscete.

| scapolo | divorziato | alimenti | adottare | divorzio | celibe | zitella | vedova | coniugi | lasciato |

1. Da quando si è .... con la sua fidanzata, Dino non esce affatto. Se continua così rimarrà ....
2. Sembrava una coppia modello, due .... felici, invece un giorno lei ha chiesto il ....!
3. È rimasta .... molto giovane e, invece di risposarsi, ha deciso di .... un bambino.
4. Sai, mi pento molto di aver ....; non è che mi manca lei, è che gli .... sono altissimi...

2 Tra le parole date a fianco troverete sinonimi delle parole in blu e contrari di quelle in rosso. Lavorate in coppia.

difendere ....
consentire ....
preciso ....
permanente ....

composito ....
contento ....
principale ....
recuperare ....

esatto	proteggere
temporaneo	lieto
secondario	vietare
semplice	riprendere

1 **Nel testo abbiamo visto la frase** "tendono a rimanere" (27)**; come sapete l'uso delle preposizioni crea difficoltà a chi impara l'italiano (spesso anche agli italiani stessi). Qua ci occupiamo della forma** *verbo + preposizione + infinito*: **in coppia completate opportunamente le frasi che seguono.**

Sei **riuscito** .... arrivare in tempo?

Quando **cominci** .... lavorare?

Ha finalmente **smesso** .... fumare.

Continua .... dire le stesse cose.

Ha invano **tentato** .... convincermi.

Devi **evitare** .... incontrarla di nuovo.

Prova .... scrivergli una lettera.

Spero .... rivederti presto.

Nessuno ti **costringe** .... studiare.

A 80 anni ha **deciso** .... risposarsi.

2 **Completate il testo scegliendo la parola giusta tra quelle suggerite.**

Addio senza rancore. Gli italiani si sposano sempre di meno e divorziano sempre di più, ma in .... (1) hanno imparato a separarsi meglio. Lo dicono i numeri resi noti dalla Cassazione. Le .... (2) di separazione consensuale, quelle cioè in cui i coniugi arrivano in tribunale con un accordo già .... (3), sono ormai il doppio di quelle giudiziali, vale a dire quelle in cui i partner si fanno la guerra davanti a un magistrato.

Ma davvero si può archiviare un matrimonio col sorriso sulle .... (4)? "Il clima sociale è profondamente cambiato e la separazione, ... (5) rare eccezioni, non è più vissuta come un trauma" risponde l'avvocato Baffi. "Soprattutto tra i più giovani. Nella fascia tra i 30 e i 40 anni, la più "divorzista", c'è una .... (6) a vivere i rapporti personali in modo disinvolto e meno .... (7). Si è abbassata la soglia della tolleranza e quando le cose non funzionano, nessuno è .... (8) a sacrificarsi. Le nostre mamme magari resistevano in nome della famiglia, ma oggi la gente è diventata più egoista.

1. più, compenso, aggiunta, passato	5. fuori, soprattutto, oltre, tranne
2. proposte, possibilità, richieste, coppie	6. tendenza, moda, decisione, tradizione
3. raggiunto, stipulato, fatto, deciso	7. dinamico, libero, legato, responsabile
4. labbra, bocche, facce, teste	8. disponibile, volenteroso, sicuro, disposto

Avete ricevuto una lettera da un vostro caro amico (o amica) che, separato dopo una lunga relazione (e convivenza), si sente molto deluso. A voi che, da un po' di tempo avete scelto di vivere come single, chiede dei consigli su questo stile di vita più libero. Scrivete una lettera per consolarlo e per presentare in breve i punti positivi e negativi della vita da single. (160 - 180 p.)

sottolineate le espressioni idiomatiche presenti nel testo.

Ci sono persone che non vanno mai a nozze, magari perché preferiscono aspettare il principe (o la principessa?) azzurro. Altri, una volta sposati, decidono, per un motivo o per un altro, di liberarsene, di spezzare le catene e avere il campo libero. Purtroppo c'è anche chi rimane solo al mondo, non per scelta sua, ma per volontà di Dio. Comunque sia, la vita continua con i suoi alti e bassi...

PARLIAMO: se usate *La Prova orale 2*, vedete *Genitori a tutti i costi* a p. 81 e *Il matrimonio* a p. 112.
ASCOLTIAMO: se usate *Ascolto Avanzato*, vedete *Agenzia matrimoniale* a p. 42.

1. PRIMA DI LEGGERE

frequentare, bar, orologio, stranieri, regole, cappuccino, latte, lunga conservazione: sono alcune parole chiave del brano; basandovi solo su queste parole cercate di immaginare di che cosa tratta il testo. Dopo aver letto il testo per intero verificate chi si è avvicinato di più alla realtà.

LA PASTICCERIA GRAZIA

La mattina successiva al nostro stressante arrivo ci siamo messi in strada senza indugio alla ricerca del bar pasticceria del paese, non solo per consolarci con il lato più piacevole della situazione, ma anche per fare una piccola ricognizione e saggiare il terreno. È questa un'abitudine che raccomando caldamente a tutti gli stranieri che pensano di venire a vivere in Italia: frequentate il vostro bar, meglio se
5   bar pasticceria; frequentatelo assiduamente, persino religiosamente.
Occhio però all'orologio. Come regola generale, se volete ordinare il cappuccino con la brioche, fareste bene ad arrivare prima delle 10.30. Certo, si possono ordinare le stesse cose anche più tardi, ma sarebbe come sbandierare in pubblico il vostro passaporto straniero. E se agli italiani di solito piacciono gli stranieri, gli stranieri più graditi sono quelli che conoscono le regole, quelli che hanno capitolato ammet-
10 tendo che il modo italiano di fare le cose è migliore in assoluto. Perché questo è un popolo orgoglioso e profondamente tradizionalista, e potrete constatarlo voi stessi osservando attentamente come si ordina al bar. Ed è un popolo profondamente omogeneo per certi aspetti. Come fanno gli italiani a sapere d'istinto, senza neppure uno sguardo all'orologio firmato, che è giunta l'ora di passare all'aperitivo? E quanti sorrisetti di sufficienza spuntano sui volti italiani quando, dopo pranzo, il tedesco e l'inglese ordinano il
15 cappuccino invece del caffè, rovinando con quel latte il pasto appena consumato. Ed ecco un particolare curioso: l'espresso va sempre bene, 24 ore al giorno, e persino corretto con la grappa, mentre il cappuccino ha un suo orario preciso e inderogabile: dalle 8 alle 10.30. Dettagli banali? No, sono tutte tappe di una formazione indispensabile.
Avvertimento. Se il primo sorso del vostro cappuccino vi avverte che è stato usato latte a lunga conser-
20 vazione, cambiate subito bar prima di dedicare troppo tempo a quel locale. L'uso del latte a lunga conservazione indica o che vi siete sperduti nelle più remote zone rurali, dove le delizie urbane del cappuccino non sono mai state apprezzate, oppure che quello è un bar dove i clienti (di sesso maschile) ordinano soprattutto la grappa o il vino, e se ordinano il caffè ci aggiungono la grappa o il vino, certamente non il latte. La conferma tipica che vi trovate proprio in questo genere di bar viene dal barista, che al
25 vostro italiano - sciolto o esitante che sia - risponde in un dialetto così stretto da sfidare la vostra comprensione. Per quanto vi possa sembrare caratteristico questo bar a lunga conservazione, pittoresche le sue seggiole di legno, le coppe di ciclismo e i trofei di caccia lungo i muri e i suoi anziani clienti stagionati che borbottano attorno al tavolo delle carte, la verità è che voi non avete nulla da spartire con loro e non entrerete mai a far parte di quel mondo, malgrado tutta la vostra buona volontà. La vostra presen-
30 za non farà altro che gettare un'ombra di disagio su quella compagnia di brave persone.

adattato da *Italiani*, di Tim Parks, Bompiani ed.

2. RIFLETTIAMO SUL TESTO

Individuate nel testo frasi o parole che corrispondono a quelle date di seguito.

bisogna stare attenti (4-7): ....
è consigliabile (6-9): ....
mettere in mostra, esibire (7-10): ....

sotto alcuni punti di vista (10-13): ....

vi fa capire (17-21): ....

sia che parliate bene o meno (23-26): ....

niente in comune (26-29): ....

dare fastidio (27-30): ....

3. COMPRENSIONE DEL TESTO

Leggete il testo e indicate le informazioni veramente presenti.

1. L'autore è arrivato in un paese in cui non era mai stato.
2. In Italia il cappuccino viene servito fino alle 10.30 di mattina.
3. La maggior parte degli stranieri non conosce le regole dei bar.
4. Se uno conosce le tradizioni italiane è probabile che piacerà di più agli italiani.
5. Si deve diffidare dei bar che non usano latte fresco.
6. Nei bar dei piccoli paesi di campagna si può gustare il caffè migliore.
7. Per gli abitanti dei piccoli paesi il dialetto e il caffè sono molto importanti.
8. In questi bar gli stranieri sono in realtà, anche se non lo sentono, degli estranei.

4. LAVORIAMO SUL LESSICO

1 **Vediamo quante cose sapete sul caffè: abbinate le parole alle foto. Due parole sono superflue.**

1. grappa   2. chicchi di caffè   3. caffè macinato   4. tazzina da caffè
5. tazza   6. caffettiera automatica   7. caffettiera   8. caffè ristretto
9. caffè macchiato   10. caffellatte   11. caffè lungo   12. freddo

2 **Dividetevi a coppie: vince quella che riesce a trovare quante più parole della stessa radice con quelle date** (sostantivi, verbi, aggettivi, avverbi, contrari ecc.).

presenza	....	corretto
consumare	....	frequentare
osservare	....	preciso

3 Abbinate tra loro i contrari.

stretto   piacevole   banale   indispensabile   successivo   vicino

sgradevole	superfluo	largo ....
precedente	remoto	originale ....

5. LAVORIAMO SULLA LINGUA

1 Nel testo abbiamo visto espressioni come 'in assoluto' e 'in pubblico'. Alcune delle parole date di seguito possono formare espressioni con la preposizione *in*; completatele, lavorando in coppia.

...... solito / ...... effetti / ...... nuovo / ...... fondo / ...... grado / ...... particolare / ...... solo
...... genere / ...... giorno / ...... realtà / ...... forza / ...... occasione / ...... favore / ...... sicuro

2 Inserite nel testo i verbi che seguono al modo e al tempo giusti.

1. nascere, 2. produrre, 3. nascere, 4. accelerare,
5. sciogliersi, 6. combinarsi, 7. accennare, 8. occorrere

Si narra che l'espresso .... (1) dalla collaborazione tra un signore napoletano innervosito dalla lentezza della sua "caffettiera napoletana" ed un ingegnere milanese, il sig. Bezzera, che, infatti .... (2) la prima macchina espresso nel 1901. Al di là dell'aneddoto questo metodo di preparazione del caffè .... (3) per ovviare alla lentezza o perdita di aromi dell'infuso già caldo in attesa del consumo, ... (4) il passaggio dell'acqua attraverso la dose di caffè macinato a mezzo di una maggiore pressione.
È una bevanda straordinaria, una meraviglia di ingegneria chimica e fisica, aromatica, dal gusto pieno e vellutato. Aromatica perché la pressione degli oli presenti nel caffè libera l'aroma che .... (5) nell'acqua calda, cerca di fuggire, ma è immediatamente intrappolato dalla schiuma.
La preparazione di un espresso è un vero e proprio rituale in cui arte e scienza .... (6). E come ogni rituale ha le sue regole a cui...................... (7) qui di seguito:
- .... (8) una miscela composta in grande percentuale di caffè arabica in grado di garantire un gusto armonico ed equilibrato, un aroma ricco e fragrante.
- Una macchina in grado di riscaldare l'acqua fino a 90° C ed esercitare una pressione di 9 atmosfere, macchina che continuamente deve essere curata e pulita.

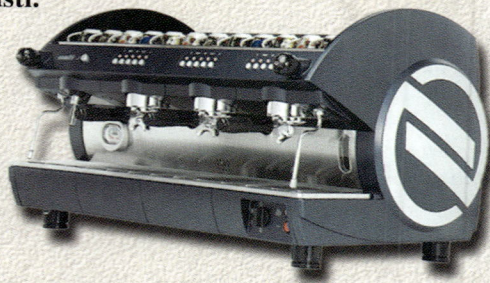

6. SCRIVIAMO

Scrivete un riassunto del testo introduttivo (160-180 p.); ricordate di includere tutti i punti centrali.

7. RIFLESSIONI LINGUISTICHE: Vediamo alcune parole che possono creare confusione:

Bar - caffè: sono praticamente la stessa cosa: in entrambi si beve in piedi, al banco, o al tavolino. La parola *bar* (inglese) significa "sbarra", appunto perché il pubblico è diviso dal personale dietro il banco.
Bevanda - bibita: derivano tutti e due dal latino *bíbere*, "bere", ma *bevanda* (letteralmente "cosa da bersi") è qualsiasi liquido che si possa bere, magari anche soltanto acqua fresca; la *bibita* è invece lavorata in modo che sia dolce o gassata o comunque gradevolmente dissetante.
Caffellatte - cappuccino: il *caffellatte* si prepara a casa, aggiungendo latte al caffè espresso. Il *cappuccino*, invece, si beve a casa o al bar e si prepara aggiungendo all'espresso schiuma di latte. È così detto perché il colore del caffè ricorda quello dell'abito dei frati cappuccini.

PARLIAMO: se usate *La Prova orale 2*, vedete il compito n. 25 a p. 104 e *La cortesia* a p. 109.

1 Descrivete in breve le foto di questa pagina.
2 Agopuntura, omeopatia, fitoterapia, chiropratica, shiatzu sono alcune delle terapie alternative; cosa sapete di queste terapie e cosa ne pensate? Scambiatevi informazioni e idee.

MA LA MEDICINA ALTERNATIVA FUNZIONA?

A. Perché non funziona

Non funziona perché non rispetta la legge di guarigione totale. Infatti, secondo la legge, "una terapia è valida quando la patologia è guarita totalmente nella totalità dei casi." Non esistono patologie cu-
5 rate globalmente dalle medicine alternative. Globalmente significa "tutti i pazienti che hanno quella patologia con la cura del caso guariscono". Le medicine alternative riferiscono guarigioni, ma sono sempre singole, non esiste mai la certezza che
10 invece fornisce la medicina tradizionale, almeno su un numero ormai vasto di malattie. Se siete in preda ad un attacco di appendicite, preferite utilizzare un prodotto erboristico o farvi operare e dopo pochi giorni essere in piedi? Se andate in piscina e
15 vi prendete un banale fungo, preferite curarvi con l'omeopatia con il rischio di non guarire o prendete una pomata e dopo una settimana la fastidiosa irritazione è scomparsa?
Occorre sottolineare l'ingratitudine dell'alternativo
20 verso il tradizionale. Se fossero ancora diffuse patologie come la tubercolosi, il tifo, la difterite, non ci sarebbe tempo per occuparsi di patologie minori e le medicine alternative non esisterebbero. L'alternativo esiste solo perché le grandi conquiste della
25 medicina hanno reso la vita dell'uomo migliore; ovviamente la medicina tradizionale ha anche colpe, in particolare il delirio di onnipotenza che ha portato all'abuso di farmaci inutili e a un rapporto medico/paziente spesso frettoloso.

B. Perché sembra funzionare

Di solito il terapeuta alternativo è molto disponibile 30
e sa gestire molto bene il rapporto con il paziente.
Ciò è un grosso supporto psicologico che rassicura
il paziente e gli fa credere che veramente l'alternativo possa curare tutto, dal semplice raffreddore
alle forme più terribili di tumore. Se fosse vero che 35
una terapia o un farmaco guariscono totalmente
una malattia, in brevissimo tempo tutti userebbero
i nuovi rimedi. Se per esempio pensate che la medicina orientale sia meglio di quella occidentale,
meditate sul concetto che in Oriente la vita media 40
non è superiore a quella in Occidente.
Molte terapie alternative si diffondono sfruttando
l'effetto risultato: chi (a ragione o per caso) ne ha
avuto giovamento diffonde la notizia, mentre chi
non ha ottenuto nulla se ne sta zitto, vergognandosi 45
anche un poco di aver sprecato tempo e soldi in
qualcosa di inutile. Per fare un esempio tragico
possiamo citare molte terapie anticancro che pretendevano di curare la malattia. Di alcune di esse si
occupò a lungo la cronaca in seguito al migliora- 50
mento temporaneo di alcuni pazienti. Si propagò la
notizia non del loro miglioramento, ma della validità totale della terapia, creando un mucchio di false speranze. 55
È ovvio che in presenza di qualche guarigione ampiamente pubblicizzata, migliaia di altri insuccessi sono 60
stati passati sotto silenzio.

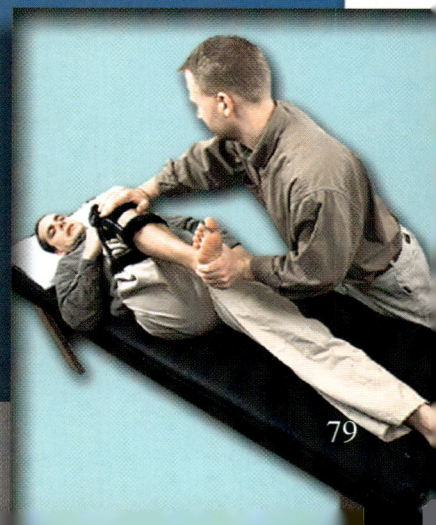

Leggete i due testi e abbinate le informazioni sottoelencate al testo relativo (A o B).

	A	B
1. I media riportano spesso notizie relative alle terapie alternative.		
2. I risultati di un intervento chirurgico sono più sicuri di una terapia alternativa.		
3. Anche la medicina tradizionale ha dei punti negativi, non solo quella alternativa.		
4. Non ci sono prove concrete che le medicine alternative allunghino la vita.		
5. Si tende a credere che le terapie alternative possano curare totalmente una malattia.		
6. Si discute molto di più dei successi che degli insuccessi della medicina alternativa.		
7. La medicina alternativa cura alcuni casi di una patologia ma non tutti.		
8. La medicina tradizionale è riuscita a curare molte malattie gravi.		
9. Il medico tradizionale dedica di solito poco tempo ai suoi pazienti.		
10. I terapeuti alternativi sanno convincere i pazienti dell'efficacia delle cure.		

1 Le parole e definizioni che seguono corrispondono ad altre presenti nel testo; potete individuarle?

recupero della salute (1-6): ....   provvisorio (47-52): ....

mancanza di riconoscenza (17-23): ....   si diffuse (51-56): ....

mania, passione collettiva (24-30): ....   grande quantità (52-56): ....

2 Riscrivete nel quaderno le frasi iniziando con le parole date.

Se siete in preda ... in piedi? (11-14): **Se foste...**

Se andate in piscina ... una pomata (14-17): **Se andaste...**

Se fosse vero ... nuovi rimedi (35-38): **Se fosse stato...**

1 Abbinate le parole alle foto. Potete spiegare in breve quando si usano questi oggetti?

COMPRESSA   CEROTTO   SIRINGA   GESSO   TERMOMETRO   STETOSCOPIO

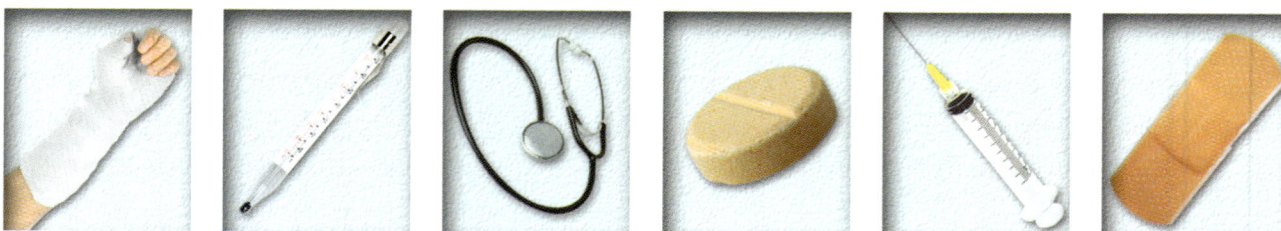

....

2 Da chi andare se...? Abbinate casi e sintomi alle specialità. Delle parole in blu due sono superflue.

medico generico / veterinario / chirurgo / fisioterapista / pediatra / oculista / dietologo / dentista

...abbiamo mal di denti? ....dobbiamo fare un piccolo intervento? ....

...abbiamo problemi di vista? ....abbiamo la febbre e la tosse? ....

...il bambino è malato? ....il gatto deve essere vaccinato? ....

3 Completate le frasi con le parole adatte. Se necessario, usate un dizionario.

1. - Mi scusi, signore, questi .... non si possono vendere senza la .... del medico.

rimedi   medicinali   punti   terapia   ricetta   prognosi

2. Molti politici non vengono ricoverati in .... pubblici, ma in .... private.
   ambulanze   cliniche   ospedali   ambulatori   pronti soccorsi   sale operatorie
3. - Signora, si calmi, è una semplice ...., non c'è bisogno di fare delle ....
   cnalisi   radiografie   visite   epidemia   infezione   influenza

5. LAVORIAMO SULLA LINGUA

1 **Nel testo abbiamo visto la frase "prendere una pomata"** (15). **Nelle frasi che seguono sostituite il verbo *prendere* con i verbi in blu. Notate che entrambe le espressioni si possono dire, però meno ripetiamo alcuni verbi e maggior accuratezza e ricchezza lessicale dimostriamo.**

prendere il ladro   prendere un leone   assumere   catturare
prendere un diploma   prendere la responsabilità   guadagnare   arrestare
prendere una medaglia   prendere i soldi in banca   prelevare   conseguire

2 **Completate il testo con gli elementi grammaticali mancanti** (preposizioni, pronomi, indefiniti, dimostrativi, particelle ecc.).

A ognuno di noi è capitato .... (1) leggere le "istruzioni per l'uso" delle medicine. Risultato? Il più .... (2) volte non si capisce niente. Proprio per .... (3) un gruppo di specialisti della Asl* di Torino ha messo a punto il *Farmadizionario*, un libro nel .... (4) potete trovare la spiegazione di .... (5) le parole che compaiono sui foglietti illustrativi dei medicinali.

«Saper leggere queste istruzioni è molto importante» spiega Gian Paolo Caprettini, direttore della facoltà di Scienze della formazione dell'Università di Torino. «Molti errori si potrebbero evitare se venissero rispettate le indicazioni .... (6) foglietti. E questo vale soprattutto per i farmaci di automedicazione, ... (7) che curano piccoli disturbi e si acquistano senza la ricetta medica». I dubbi non riguardano solo i termini medici. «Spesso sono .... (8) chiare anche le indicazioni generali, che contengono parole come posologia o eccipienti, tanto per citar............. (9) un paio».
Ben venga allora il *Farmadizionario*. Che potete richiedere direttamente alla Asl 3 di Torino, tel. 0114393843. Oppure, da dicembre, scaricare .... (10) sito Internet che la stessa Asl sta mettendo a punto.

* Azienda Sanitaria Locale

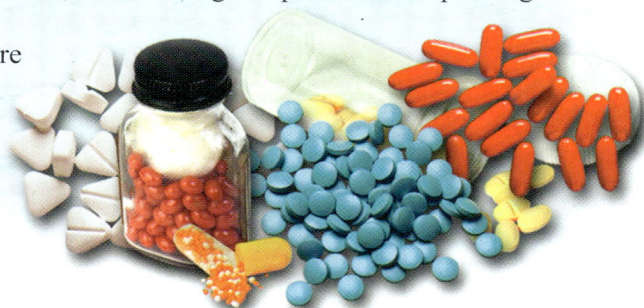

6. SCRIVIAMO

Su una rivista italiana si è aperto un dibattito sulle medicine alternative: alcuni lettori le esaltano, altri le criticano severamente. Scrivete una lettera in cui riassumete gli aspetti positivi e negativi di queste terapie in confronto a quelle tradizionali, riferendo magari esperienze di familiari o amici vostri. (140 -180 p.)

- Torna all'università a studiare medicina:
non sei assolutamente portato per questo lavoro!

7. RIFLESSIONI LINGUISTICHE

Ecco alcune parole che possono confondere: il *dentista* è il medico laureato che cura i denti (è quindi specializzato nella *odontoiatría*, la "cura dei denti"). Da questo vocabolo greco proviene il - più formale - titolo professionale *odontoiatra*. L'*oculista* è il medico che cura gli occhi, mentre l'*ottico* è il tecnico che fabbrica, oppure che vende strumenti ottici (occhiali, eccetera).

PARLIAMO: se usate *La Prova orale 2*, vedete *Salute* a p. 53.

1. PRIMA DI LEGGERE

Leggete solo il primo paragrafo del testo, e in coppia scrivete due domande che vorreste fare su quanto è accaduto a Pompei. Dopo aver letto l'intero testo verificate se avete trovato risposta alle vostre domande.

POMPEI, LA CITTÀ SEPOLTA

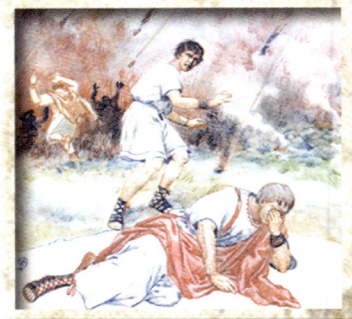

L'eruzione del Vesuvio

Il giorno 24 agosto del 79 d.C. si annunciò con uno splendido sole e i pompeiani tutti presi dal loro lavoro e dalla vita frenetica che si svolgeva nella città non sapevano che quel sole meraviglioso lo avrebbero visto per l'ultima volta.

5   Poche ore dopo "una nube si levava, con una forma simile a quella di un pino". È la descrizione dell'apocalittica immagine del Vesuvio, fino ad allora ritenuto un monte florido, che si presentò agli occhi dei terrorizzati abitanti. La descrizione si deve a Plinio il Giovane che, in due sue lettere, narra della fine di suo zio, Plinio il Vecchio. "Continue e prolungate scosse della terra scuotevano l'abitazione - scrive nella sua prima lettera - quasi

10 l'avessero strappata dalle fondamenta". Plinio il Vecchio fu trovato cadavere sulla spiaggia di Stabia; non è chiaro se per le esalazioni venefiche di gas o per le conseguenze di un maremoto che, probabilmente, interessò il golfo di Napoli durante l'eruzione.

Quel pomeriggio di agosto il "tappo" di lava che copriva la sommità del vulcano fu spezzato da una note-
15 vole pressione di gas. Il boato fu assordante e al tempo stesso terrificante! Seguì una lunga pioggia di lapilli, completata da una caduta di cenere, che si depositò per un raggio di circa 70 Km.! Pompei fu sepolta da una coperta di lapilli spessa circa quattro metri. La caduta di materiale vulcanico durò ben quattro giorni, durante i quali frequenti scosse di terremoto provocarono crolli di edifici e scarse possibilità di scampo per gli abitanti che, secondo stime, dovevano essere circa 10.000.

20 Prima del seppellimento e dei crolli la morte dei pompeiani fu provocata dalle esalazioni di gas venefico. Alcune scene di morte sono giunte a noi grazie ai calchi in gesso effettuati dagli archeologi. Secondo questa tecnica si ricavava il "volume" e la forma dei corpi versando gesso liquido nei vuoti lasciati nello strato di cenere dalla decom-

25 posizione della carne.

Il giorno dopo

Da Napoli fino a Stabia ogni forma di vita era stata cancellata: non c'erano più case, strade, alberi. L'imperatore Tito si recò di persona nelle località colpite dall'eruzione e decise di non intraprendere alcuna opera per recuperare Pompei ed Ercolano irrimediabilmente sepolte. Nessuna forma di vita rinacque sul sito di
30 Pompei. La gente cercò rifugio altrove abbandonando per sempre quei luoghi, ormai inospitali. Da allora calò l'oblio su Pompei.

La scoperta di Pompei

Era il XVI secolo e, durante i lavori di bonifica nella valle del fiume Sarno, furono trovati alcuni edifici con pareti decorate. Nessuno sospettò allora di aver scoperto un'intera città sepolta. Pompei ritrova la sua iden-
35 tità molti anni dopo, grazie a un'iscrizione trovata durante gli scavi archeologici.

2. COMPRENSIONE DEL TESTO

1   Rispondete, con parole vostre, alle domande (con un massimo di 20 p.).

1. Quale fu il primo segno dell'imminente catastrofe? ....
....

2. Quali fenomeni naturali provocò l'eruzione del Vesuvio? ....
....

3. Quanto furono gravi le conseguenze dell'eruzione? ....
....

4. Perché Pompei fu dimenticata? ....
....

5. Quando e come fu ritrovata? ....
....

2 Scegliete un titolo per il secondo ("Poche..."), il terzo ("Quel...") e il quarto ("Prima...") paragrafo.

I tesori artistici   Una testimonianza tragica   Una scoperta incredibile

Immagini dal passato   La ricostruzione della città   Una catastrofe incredibile

3. RIFLETTIAMO SUL TESTO

1 A quali parole e frasi del testo corrispondono quelle sottoelencate?

terribile, tragica (5-9): ....
come se (9-13): ....
rumore forte (14-16): ....
zona, area (15-17): ....
fu dimenticata (30-34): ....

2 Come direste più semplicemente queste parole e frasi?

vita frenetica (2): ....
scarse possibilità di scampo (18): ....
si recò (28): ....
irrimediabilmente (29): ....
ritrova la sua identità (34): ....

4. LAVORIAMO SUL LESSICO

1 Pompei è uno degli innumerevoli tesori archeologici e artistici che si trovano in Italia (il 75% dell'intero patrimonio artistico mondiale!). In coppia abbinate opportunamente le parole alle foto. Conoscete queste opere? Potete capire dove si trovano?

1. mosaico, 2. ponte, 3. affresco, 4. statua, 5. tempio,
6. fontana, 7. palazzo, 8. campanile, 9. anfiteatro,
10. arco

2 Formate coppie di sinonimi o contrari con queste parole.

florido   realizzare   ricordo   intraprendere   cima   considerevole
terminare   fiorente   insignificante   sommità   oblio   effettuare

....

5. LAVORIAMO SULLA LINGUA

Completate il testo con le parole mancanti (usate una sola parola).

Le terme

A Roma le residenze dei cittadini bene-
stanti erano dotate di .... (1) corrente e di bagni privati. La maggior
.... (2) delle persone doveva però
fare ricorso ai bagni .... (3), ossia
agli edifici termali, dove in ogni stagione
.... (4) adeguatamente curare
l'igiene del corpo e svolgere ....
(5) sportive in ampie palestre.

Le Terme di Caracalla

Le grandi .... (6) dei Romani si distinguevano dalle moderne .... (7) sportive essendo con-
cepite per favorire non solo l'.................... (8) fisico ma anche gli interessi culturali di coloro .... (9)
le frequentavano. Erano infatti dotate di biblioteche, di .... (10) idonei per le rappresentazioni musicali, e di .... (11) d'arte, al punto che divennero presto anche veri e .... (12) musei pubblici. Questo fece delle terme anche .... (13) di svago e di ritrovo mondano.
Le terme .... (14) aperte nelle ore pomeridiane, tra mezzogiorno e il tramonto, ... (15) di
mattina venivano eseguite le operazioni preparatorie, ... (16) il riscaldamento dell'acqua e degli
ambienti, e le pulizie.

6. SCRIVIAMO

1 Continuate la lettera di Plinio il Giovane, immaginando le prime ore dopo l'eruzione e come è riuscito a
   salvarsi. (120 - 160 p.)
2 I tesori artistici di un paese sono, oltre che redditizie attrazioni turistiche, la storia viva di un Paese. Eppure
   molto spesso gli passiamo accanto senza riflettere sulla loro importanza, spesso sono i turisti del nostro Paese a conoscerli meglio e a rispettarli più di noi, mentre c'è anche chi li riempie di scritte e graffiti. Esprimete le vostre riflessioni in proposito. (160 - 200 p.)

7. RIFLESSIONI LINGUISTICHE:

sottolineate i modi di dire presenti in questo testo.

Potete immaginare lo stupore degli abitanti di Pompei? Sicuramente all'inizio non
potevano credere ai loro occhi, rimasero a bocca aperta, senza fiato. Pian
piano lo stupore si trasformò in paura, si sentirono gelare il sangue
nelle vene. Chi potrebbe dargli torto?

PARLIAMO: se usate *La Prova orale 2*, vedete *Arte e patrimonio artistico* a p. 27.
ASCOLTIAMO: se usate *Ascolto Avanzato*, vedete *Moda e arte* a p. 14.

1. PRIMA DI LEGGERE

1 Osservate le foto e scrivete cinque aggettivi che vi vengono in mente; poi confrontateli con quelli dei vostri compagni.

2 Quale di questi posti vorreste visitare e perché? Discutetene con il vostro compagno.

3 Leggete solo la prima riga di ogni paragrafo: di cosa tratta il testo, secondo voi?

NOVECENTO

Una volta chiesi a Novecento a cosa diavolo pensava, mentre suonava,
e cosa guardava, sempre fisso davanti a sé, e insomma dove finiva, con la testa, mentre
le mani gli andavano avanti e indietro sui tasti. E lui mi disse: "Oggi son finito in un paese bellissimo, le donne avevano i capelli profumati, c'era luce dappertutto ed era pieno di tigri". Viaggiava,
5 lui.
E ogni volta finiva in un posto diverso: nel centro di Londra, su un treno in mezzo alla campagna,
su una montagna così alta che la neve ti arrivava alla pancia, nella chiesa più grande del mondo, a
contare le colonne e guardare in faccia i crocefissi. Viaggiava. Era difficile capire cosa mai potesse
saperne lui di chiese, e di neve, e di tigri e... voglio dire, non c'era mai sceso, da quella nave, proprio
10 mai, non era una balla, era tutto vero. Mai sceso. Eppure, era come se le avesse viste, tutte quelle cose.
Novecento era uno che se tu gli dicevi "Una volta son stato a Parigi", lui ti chiedeva se avevi visto i
giardini tal dei tali, e se avevi mangiato in quel dato posto, sapeva tutto, ti diceva "Quello che a me
piace, laggiù, è aspettare il tramonto andando avanti e indietro sul Pont Neuf, e quando passano le
chiatte, fermarmi e guardarle da sopra, e salutare con la mano".
15 "Novecento, ci sei mai stato a Parigi, tu?" "No." "E allora..." "Cioè... sì." "Sì cosa?" "Parigi."
Potevi pensare che era matto. Ma non era così semplice. Quando uno ti racconta con assoluta esattezza che odore c'è in Bertham Street, d'estate, quando ha appena smesso di piovere, non puoi pensare che
è matto per la sola stupida ragione che in Bertham Street, lui, non c'è mai stato. Negli occhi di qualcuno, nelle parole di qualcuno, lui, quell'aria, l'aveva respirata davvero. Il mondo, magari, non l'aveva
20 visto mai. Ma erano ventisette anni che il mondo passava su quella nave: ed erano ventisette anni che
lui, su quella nave, lo spiava. E gli rubava l'anima.
In questo era un genio, niente da dire. Sapeva ascoltare. E sapeva leggere. Non i libri, quelli son buoni
tutti, sapeva leggere la gente. I segni che la gente si porta addosso: posti, rumori, odori, la loro terra, la
loro storia... Tutta scritta, addosso. Lui leggeva, e con cura infinita, catalogava, sistemava, ordinava...
25 Ogni giorno aggiungeva un piccolo pezzo a quella immensa mappa che stava disegnandosi nella testa, immensa, la mappa del mondo, del mondo intero, da un capo all'altro, città enormi e angoli di bar, lunghi
fiumi, pozzanghere, aerei, leoni, una mappa meravigliosa. Ci viaggiava sopra da dio, poi, mentre le dita
gli scivolavano sui tasti, accarezzando le curve di un ragtime.

tratto da *Novecento*, di Alessandro Baricco, Feltrinelli ed.

2. COMPRENSIONE DEL TESTO

1 Leggete il testo e indicate l'affermazione corretta tra quelle proposte.

1. Novecento era
a) marinaio
b) capitano di una nave
c) pianista su una nave
d) sassofonista su una nave

2. Novecento
a) aveva girato il mondo con la fantasia
b) aveva viaggiato molto da giovane
c) aveva viaggiato sia in nave che in aereo
d) aveva visitato alcuni dei luoghi descritti

3. Quando si discuteva di città e viaggi Novecento
a) faceva mille domande
b) mostrava indifferenza
c) dava l'impressione di sapere tutto
d) dava l'impressione di mentire

4. Chi parlava con Novecento
a) pensava che fosse matto
b) si meravigliava dei suoi racconti
c) dopo un po' si stufava
d) a sua insaputa, gli insegnava qualcosa

5. Tutte quelle cose che conosceva Novecento le ha imparate
a) leggendo numerosi libri
b) "leggendo" chiunque incontrasse
c) viaggiando in tutto il mondo
d) ascoltando le discussioni degli altri

2 Vi è piaciuto questo testo? Se sì, che cosa in particolare? Scambiatevi idee. Sarebbe un'ottima idea poter leggere l'intero libro (62 pag.): lo potete comprare in una libreria italiana, oppure ordinarlo su Internet (ad es. www.internetbookshop.it **o qualsiasi altra libreria on-line).**

3. RIFLETTIAMO SUL TESTO

1 Volgete le frasi dal discorso diretto al discorso indiretto (1, 3) **e viceversa** (2). **Lavorate in coppia.**

1. "Oggi son finito in un paese bellissimo, le donne avevano i capelli profumati, c'era luce dappertutto ed era pieno di tigri". *Novecento ha detto che...*
2. ...lui ti chiedeva se avevi visto i giardini tal dei tali, e se avevi mangiato in quel dato posto... "...
3. "Quello che a me piace, laggiù, è aspettare il tramonto andando avanti e indietro sul Pont Neuf, e quando passano le chiatte, fermarmi e guardarle da sopra...". *Novecento diceva che...*

2 Le frasi che seguono corrispondono ad altre presenti nel testo; quali?

viaggiava in molti luoghi (3-6): ....
per filo e per segno (14-17): ....
cercava di conoscere (18-21): ....
non c'è dubbio (21-24): ....
con molta attenzione (24-27): ....
suonava la musica (25-28): ....

4. LAVORIAMO SUL LESSICO

1 Conoscete questi strumenti musicali? Come si chiamano?

2 Formate dei verbi (v), aggettivi (a) e sostantivi (s) usando le parole date. Lavorate a coppie.

mondo (a): ....   neve (v): ....   raccontare (s): ....
salutare (s): ....   respirare (s): ....   meraviglioso (v): ....
spia (v): ....   estate (a): ....   genio (a): ....

3 Tra le parole date a fianco troverete sinonimi di quelle in blu e contrari di quelle in rosso. Due parole sono superflue.

matto ....   enorme ....   rumore ....
diverso ....   semplice ....   ragione ....
odore ....   avanti ....   tramonto ....

silenzio	limitato	alba
pazzo	motivo	indietro
complicato	gigantesco	
dietro	uguale	profumo

5. LAVORIAMO SULLA LINGUA

Inserite nel testo i verbi sotto indicati al modo e al tempo giusti.

1. raccontare, 2. incominciare, 3. sembrare, 4. girarsi,
5. fermarsi, 6. capire, 7. essere, 8. sapere, 9. capire, 10. fare

Ora, nessuno è costretto a crederlo, e io, a essere precisi, non ci crederei mai se me lo .... (1), ma la verità dei fatti è che quel pianoforte .... (2) a scivolare, sul legno della sala da ballo, e noi dietro a lui, con Novecento che suonava, e non staccava lo sguardo dai tasti, ... (3) altrove, e il piano seguiva le onde e andava e tornava, e .... (4) su se stesso, puntava diritto verso la vetrata, e quando era arrivato a un pelo .... (5) e scivolava dolcemente indietro, dico, sembrava che il mare lo cullasse, e cullasse noi, e io non ci .... (6) un accidente, e Novecento suonava, non smetteva un attimo, ed .... (7) chiaro, non *suonava* semplicemente, lui lo *guidava*, quel pianoforte, capito?, coi tasti, con le note, non .... (8), lui lo guidava dove voleva, era assurdo ma era così. E mentre volteggiavamo tra i tavoli, sfiorando lampadari e poltrone, io .... (9) che in quel momento, quel che stavamo .... (10), quel che *davvero* stavamo facendo, era danzare con l'Oceano, noi e lui, ballerini pazzi, e perfetti, stretti in un torbido valzer, sul dorato parquet della notte.

6. SCRIVIAMO

Una sera, nel salone della nave che vi porta in Italia, conoscete Novecento, una persona insolita, che vi parla della sua vita straordinaria. Scrivete una lettera ad un amico nella quale raccontate la storia, così strana e affascinante, di questo uomo. (160 – 180 p.)

7. RIFLESSIONI LINGUISTICHE: sottolineate i modi di dire presenti in questo testo.

È bello *viaggiare*, forse di più andare alla ventura, cioè mettersi in viaggio senza una meta o un programma preciso. C'è addirittura chi fa più miglia di un lupo a digiuno, cioè chi viaggia continuamente, come appunto il lupo affamato che percorre lunghe distanze per trovare da mangiare. Per chi viaggia costantemente diciamo che gira come il sole (o come il girasole). Il viaggio della speranza, infine, si diceva in senso figurato per gli emigranti che espatriavano sperando di trovare lavoro all'estero...

PARLIAMO: se usate *La Prova orale 2*, vedete *Vacanze e turismo* a p. 9 e il compito n. 4 a p. 100.
ASCOLTIAMO: se usate *Ascolto Avanzato*, vedete *Navigatori italiani* a p. 18.

1. PRIMA DI LEGGERE

1 Quanti di voi leggono il loro oroscopo e quanto spesso? Chi di voi non ci crede
per niente? Parlatene.

2 Guardate il titolo: cosa credete intenda dire l'autore? Scambiatevi idee. Secondo
voi, l'autore crede all'oroscopo o no? Dopo aver letto il testo saprete come la pensa.

LO ZODIACO NON SI TOCCA

Durante un noto varietà televisivo, il conduttore ha fatto per parecchie puntate la parodia dell'oroscopo. Con faccia triste annunciava disastri, epidemie, aziende in fallimento e corna multiple, distribuendole equamente fra pesci, ariete, capricorno, gemelli, bilancia eccetera. E la gente moriva dalle risate. Un marziano che in quel momento fosse entrato nel Salone Margherita, sede dello spettacolo, avrebbe detto tra

5   sé: «Ma guarda come sono esenti da superstizione questi terrestri, come si è felicemente liberata da ogni tradizione medioevale questa gente che non crede più alle stupidaggini servite ogni giorno da televisioni e rotocalchi».

Invece no. All'oroscopo la gente crede. L'anno scorso l'oroscopo fornito dalla Telecom ha avuto sedici milioni e mezzo di chiamate. Gli abbonati si sono mostrati più interessati alle interpretazioni dei maghi

10 delle stelle, che al servizio Borsa dei maghi delle finanze. Dicono i sociologi che la gente ha disperato bisogno di certezze perciò ci si affida alle stelle. Difficilmente riusciamo a fare una interurbana senza che cada la linea, ma la fede nello zodiaco non cade mai.

Oggi consultano l'oroscopo e vanno dal mago finanzieri incerti se investire in Borsa o in immobili, allenatori perplessi sulla formazione della squadra, ragazze dubbiose sulla sincerità dello spasimante, politi-

15 ci indecisi tra un sottosegretariato e la presidenza di una banca.

Nel Medioevo, prima di fondare una città, si consultavano le stelle, papi e imperatori avevano l'astrologo di fiducia. Vogliamo noi essere da meno? Il mensile «Astra» vende 150.000 copie e tocca il mezzo milione col numero di gennaio, che fornisce le previsioni per tutto l'anno. Il boom dell'astrologia risponde al bisogno di dare un perché alle incognite della vita, sperare che domani le cose vadano meglio di

20 oggi, così ci si affida all'irrazionale, all'occulto, mandando al diavolo la ragione, che resta sempre la meno usata delle facoltà umane.

Al mattino, l'oroscopòfilo, composto un certo numero, si sente sollevato, se una voce gli promette: «Acquario, buone possibilità di progresso negli affari». Ricevuta questa dose di ottimismo, si fa la barba, fischiettando allegro. Dopo mezz'ora il postino gli recapita qualche brutta notizia. Maledizione. Ma non

25 protesta contro l'oroscopo. Anzi, per merito suo ha passato mezz'ora felice. L'oroscopo della Telecom si preoccupa anche della nostra salute: «Capricorno, state in casa, riposatevi», «Sagittario, cautela nei cibi». Sono consigli che vanno bene per tutti, non fanno male a nessuno. Mai un oroscopo che dica «verso sera avrete un incidente d'auto, prognosi trenta giorni salvo complicazioni».

Tutto questo ci ricorda i medici di un tempo che ordinavano al malato ingordo di medicine dieci gocce di

30 acqua *fontis* (di fontana: pochi allora, come oggi, conoscevano il latino) in mezzo bicchiere d'acqua pura. Non serviva a niente, ma l'altro aveva l'illusione di sentirsi meglio. E senza le illusioni, che cosa sarebbe mai la vita?

adattato da *Quando l'Italia ci fa arrabbiare*, di Cesare Marchi, Rizzoli ed.

2. COMPRENSIONE DEL TESTO

1 Indicate l'affermazione giusta tra le quattro proposte.

1. Se un marziano entrasse nel Salone Margherita
a) probabilmente proverebbe sorpresa
b) sicuramente morirebbe dalle risate
c) comincerebbe a credere all'oroscopo
d) conoscerebbe le tradizioni terrestri

2. L'oroscopo fornito dalla Telecom
a) ha avuto lo stesso successo con il servizio Borsa
b) ha avuto un successo strepitoso
c) ha spesso avuto dei problemi tecnici
d) non ha più il successo che aveva un tempo

3. Il bisogno di conoscere il futuro
a) è una moda nata da pochi anni
b) riguarda persone che sanno ragionare
c) alla fine interessa di più agli uomini
d) riguarda tutte le classi sociali

4. Di solito la gente
a) crede ciecamente all'oroscopo
b) attribuisce all'oroscopo ogni sua disgrazia
c) ascolta l'oroscopo anche per sentirsi bene
d) non prende sul serio le previsioni

5. La conclusione dell'autore è che l'oroscopo
a) in realtà non serve a niente
b) almeno ci dà un po' di ottimismo
c) è solo un'illusione inutile
d) è peggio di una malattia

2 Date al testo un titolo alternativo. Quale dei titoli proposti vi piace di più?

3. RIFLETTIAMO SUL TESTO

1 Osservate le parole che seguono: quale dei sinonimi dati rende meglio il significato che hanno nell'articolo? Poi sottolineatele a matita nel brano e dal testo verificate le vostre risposte.

varietà (1) molteplicità, show, diversità
servite (6): messe in tavola, fornite, aiutate
abbonati (9): soci, clienti, membri

interpretazioni (9): traduzioni, spiegazioni, recitazioni
linea (12): collegamento, riga, bordo
ragione (20): causa, giustizia, logica

2 In coppia individuate nel testo frasi o parole che corrispondono a quelle date di seguito.

avrebbe pensato (3-7): ....
astrologi (8-12): ....
si ha fiducia nell'oroscopo (8-12): ....
inferiori, meno importanti (13-17): ....
grande successo (17-20): ....
grazie a (22-25): ....
problemi imprevisti (25-29): ....

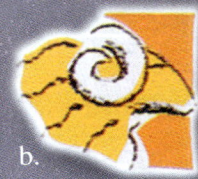

a.
b.

4. LAVORIAMO SUL LESSICO

1 Vi interessi o meno l'oroscopo, è spesso utile poterne discutere. Nel parolone di sotto scoprite i segni e abbinateli alle immagini.

c.
Capricorno
d.
e.
f.
g.

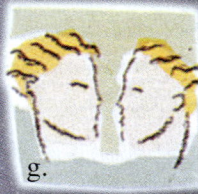

SAGITTARIOCANCROLEONEVERGINEPESCIBILANCIAARIETESCORPIONEGEMELLICAPRICORNOACQUARIOTORO

h.
i.
l.
m.
n.

2 Dimmi il tuo segno e ti dirò chi sei. Dividetevi a coppie, se possibile di compagni di segno diverso. Dalla lista di aggettivi che vi diamo sceglietene tre o quattro che, secondo voi, corrispondono meglio al vostro carattere; se necessario, aggiungetene altri vostri. Alla fine confrontate gli aggettivi scelti con quelli delle altre coppie. Quali sono gli aggettivi usati più volte?

ambizioso	fedele	serio	pessimista	timido	distratto	sensibile	simpatico
amichevole	coraggioso	impaziente	irrazionale	puntuale	organizzato	paziente	
stabile	calmo	modesto	abile	insicuro	fantasioso	affascinante	indeciso
romantico	socievole	geloso	testardo	generoso	sicuro di sé	ottimista	

5. LAVORIAMO SULLA LINGUA

Completate il testo con gli elementi grammaticali mancanti (pronomi, preposizioni, particelle ecc.).

Mia moglie ha la mania degli oroscopi. .... (1) volte è veramente insopportabile: non .... (2) passa giornale per le mani, quotidiano, mensile o settimanale, in .... (3) non vada a cercare previsioni per il suo futuro e per .... (4) del prossimo. La settimana scorsa ha letto che avrei ritrovato un vecchio amore e .... (5) ha immediatamente comunicato: "Stai attento. Vedrai che incontri Giulia". Giulia è stata molto importante per .... (6) e ancora oggi, nonostante .... (7) consideri una storia finita, ne ho un ricordo doloroso. Da anni non .... (8) so più nulla, qualcuno mi ha detto che .... (9) è sposata.

Dopo quel primo oroscopo, ... (10) moglie ha trovato un settimanale che, per i nati sotto il segno dell'Ariete, ribadiva il concetto: ritroverete un vecchio amore. E dopo le prime considerazioni, ... (11) io ritenevo scherzose e ironiche, ha cominciato .... (12) martellarmi: "Allora, è successo?".

La litania quotidiana di mia moglie mi ha .... (13) qualche modo condizionato. Io che non credo negli oroscopi e, anzi, ... (14) sono addirittura infastidito, ho cominciato a domandarmi se per caso non .... (15) sia qualche fondamento nelle previsioni astrali. Poco a poco .... (16) sono convinto che avrei davvero incontrato Giulia...

adattato da Strano, stranissimo, anzi normale, di G. Schelotto, A. Mondadori ed.

6. SCRIVIAMO

«Avrei dovuto dare più retta all'oroscopo quella mattina: "Problemi in vista; state attenti ad una conoscenza che inizialmente sembra interessante"». Continuate voi la narrazione. (160 - 180 p.)

7. RIFLESSIONI LINGUISTICHE

Da dove deriva la parola *zodiaco*? Vi ricorda qualche altra parola? *Zodiakòs kyklos* (ciclo) per i greci antichi significava "cerchio con piccoli animali, con figurine": così era chiamata la zona della sfera celeste entro cui vedevano comparire il sole, la luna e le dodici costellazioni, paragonate, per la loro forma, ad animali. Allora, forse la parola zodiaco vi ricorda zoo, zoologia ecc., che hanno la stessa radice.

PARLIAMO: se usate *La Prova orale 2*, vedete *La speranza* a p. 114.
ASCOLTIAMO: se usate *Ascolto Avanzato*, vedete *Oroscopo* a p. 13.

28

1. PRIMA DI LEGGERE

1 Osservate queste immagini; per ogni immagine scrivete la prima parola che vi viene in mente.
2 Date una velocissima (30") occhiata al testo: potete abbinare ogni foto al paragrafo relativo?

ITALIANI

1 Sono nato quando gli uomini portavano il cappello e in ogni casa c'erano il macinino da caffè e la macchina da cucire Singer. Quando la mia famiglia da Pianaccio si trasferì a Bologna, dove mio padre aveva trovato un lavoro, il trasloco dei pochi mobili venne fatto con un biroccio trainato dai muli. Il viaggio durò due giorni.

2 Sono andato a Washington con il Concorde, durata della traversata, da Parigi, due ore e quaranta. Il tempo di servire il pranzo: usavano posate d'argento, ma hanno dovuto ripiegare su metalli meno nobili quando si sono accorti che tra i ricchi ci sono troppi collezionisti.

3 Il Censis ci informa di ogni cambiamento: io ho posseduto una radio a galena. La rete del letto faceva da antenna e, a ogni movimento, dalla mia cuffia spariva la voce. C'è oggi chi vive con quattro televisori: bagno, soggiorno, studio, cucina. Che ossessione: e c'è chi vorrebbe un giorno ogni settimana senza immagini. Ma non è già stato inventato il pulsante?

4 La bistecca era una conquista, non una consuetudine. Adesso la "fettina", come la chiamano a Milano, è una regola: con gli steroidi, probabilmente, che aiutano a soddisfare il bisogno di carne e di praticità e che provocano qualche variazione del sesso. Ma nessuno è perfetto.

5 La famiglia era certamente più unita, perché legata dal bisogno, e l'autorità del padre indiscussa. Più reddito ha significato anche più indipendenza. Due guerre hanno reso la donna libera: è entrata nelle fabbriche, negli uffici, si mantiene con il suo lavoro e se resta sola provvede anche ai figli. Beneficia di due invenzioni straordinarie che hanno inciso sulla sua condizione: la lavatrice e la pillola.

6 Ci sono meno discriminazioni: di *status*, di guadagno, tra maschi e femmine. La televisione ha fatto per la nostra unità più di Garibaldi e di Cavour: ci ha dato un linguaggio e un costume comuni. Il grande sviluppo economico non ha coinciso con altrettanto progresso morale: siamo scontenti della classe dirigente, diffidiamo di quella politica. Mentre il Nord si avvicina sempre di più alla Svizzera e alla Germania, tre regioni del Meridione sono umiliate dal degrado e dal crimine e sembra che appartengano a un altro Paese.

7 Una rivista è andata a chiedere a quasi novanta preti che cosa raccontano i cosiddetti "penitenti". La maggioranza va a confidare scappatelle, rapide evasioni o insistenti corna. Nessuno, spontaneamente, parla di tasse evase, di ricevute fiscali non rilasciate, di bustarelle date o ricevute: rubare ai grandi magazzini è addirittura considerato un esercizio sportivo. Trattare male i dipendenti, sfruttare la politica per il proprio interesse, mentre all'elettore (qualche volta anche gli onorevoli si inginocchiano e chiedono l'assoluzione) sono sbagli o cadute che non vengono neppure presi in considerazione.

tratto da *I come italiani*, di Enzo Biagi, Rizzoli ed.

1   Indicate l'affermazione corretta tra le tre proposte.

1. I responsabili del Concorde non si aspettavano
a) che i passeggeri ricchi rubassero le posate
b) che i passeggeri ricchi mangiassero tanto
c) che i passeggeri ricchi non fossero nobili

2. Secondo l'autore, ormai la carne
a) si mangia troppo spesso
b) non è della stessa qualità di un tempo
c) è una conquista per tutti

3. La famiglia non è più tanto unita perché
a) la vita della donna è diventata più facile
b) ci sono meno problemi economici
c) i genitori non sono tanto severi

4. Secondo Biagi, l'Italia moderna è un Paese
a) di grandi contrasti
b) europeo al 100%
c) di discriminazioni sociali

5. Dalla ricerca di una rivista emerge che gli italiani
a) commettono molti peccati e di ogni tipo
b) amano confessare i loro peccati ai preti
c) considerano peccati quelli relativi alla vita privata

2   Lavorando in coppia trovate nel testo un esempio di:

○ **informazione** (qualcosa che non sapevate prima)
○ **umorismo** (qualcosa che vi ha fatto sorridere)
○ **opinione o commento** (il punto di vista dell'autore)

1   Individuate nel testo le frasi che corrispondono a quelle date di seguito.

hanno scoperto (¶ 2): ....
serviva come (¶ 3): ....
vive grazie a (¶ 5): ....
gode di (¶ 5): ....
hanno influito su (¶ 5): ....
non è stato analogo (¶ 6): ....

2   Lavorando a coppie, riformulate le frasi che seguono senza ripetere le parole in blu.

il trasloco **venne** fatto (¶ 1): ....
c'è **chi** vive (¶ 3): ....
come **la** chiamano a Milano (¶ 4): ....
qualche volta (¶ 7): ....
non **vengono** presi in considerazione (¶ 7): ....

1   Per ogni parola vi diamo due sinonimi e due contrari; individuate questi ultimi lavorando a coppie e, se necessario, con l'aiuto del dizionario.

ricco: facoltoso, misero, benestante, scarso
sviluppo: regresso, incremento, crescita, calo

straordinario: eccezionale, naturale, insolito, comune
interesse: distacco, cura, attenzione, indifferenza

2 Usate le parole date a fianco per formarne altre adatte ad ogni frase.

1. Probabilmente Colombo non fu il primo ad .... l'atlantico.
2. È in .... di alcuni documenti molto importanti.
3. Paola è finalmente riuscita a trovare un lavoro ....
4. Siccome sono nuovo c'è chi mi guarda con ....
5. La Guardia di Finanza lo accusò di .... fiscale.
6. La situazione è urgente, quindi bisogna agire ....

traversata
possedere
reddito
diffidare
evadere
rapido

5. LAVORIAMO SULLA LINGUA

Completate il testo con gli elementi grammaticali mancanti (preposizioni, pronomi ecc.)**.**

ROMA - Qualche apprezzamento pesante e subito è esplosa una rissa, con tanto di bastoni ed ombrelli, tra un gruppo di giovani romani e un .... (1) di coetanei napoletani. La maggior parte dei giovani (una dozzina tra i .... (2) quattro minorenni ed alcune ragazze), sono finiti .... (3) ospedale Sant'Eugenio per contusioni guaribili entro al massimo una settimana. A quanto .... (4) è appreso dalla polizia, verso le 17.30 in viale Europa quattro romani, ... (5) bordo di un'auto, hanno preso .... (6) giro ed espresso apprezzamenti pesanti .... (7) confronti delle ragazze di un gruppo di otto napoletani. Dalle parole .... (8) mani il passo è stato breve: la dozzina di giovani, ... (9) un'età compresa tra i 17 ed i 21 anni, ... (10) è affrontata con ogni mezzo. I romani hanno tirato fuori .... (11) bastoni, mentre i napoletani hanno utilizzato gli ombrelli. La rissa .... (12) è conclusa solo con l'arrivo degli agenti del commissariato .... (13) hanno accompagnato prima tutti .... (14) ospedale e poi negli uffici di polizia.

6. SCRIVIAMO

Immaginate di far parte di un gruppo di studenti in una scuola estiva in Italia, composto da ragazzi provenienti da vari paesi. Ognuno deve scrivere una breve relazione sulle caratteristiche del proprio popolo, con i pro e i contro, le particolarità e qualsiasi altra informazione potrebbe interessare ad uno straniero. (160 - 180 p.)

7. RIFLESSIONI LINGUISTICHE: - proverbi

Lavorando a coppie completate i proverbi che seguono; potete spiegarne il significato?

vien mangiando / si vede dal mattino / vien per nuocere / fa per tre / c'è speranza
fa la forza /amicizia lunga / è mezzo perdonato / c'è di mezzo il mare / senza arrosto

non tutto il male ....
patti chiari ....
finché c'è vita ....
tra il dire e il fare ....
non c'è fumo ....

chi fa da sé ....
peccato confessato ....
l'appetito ....
il buon giorno ....
l'unione ....

PARLIAMO: se usate *La Prova orale 2*, vedete il compito n. 14 a p. 102 e *La morale* a p. 113.
ASCOLTO: se usate *Ascolto Avanzato*, vedete *L'Europa* a p. 11.

Date un'occhiata al titolo e alla prima frase del testo (Nel ... l'italiano) e discutete in breve: cosa sapete dei dialetti italiani? Secondo voi, è positivo o forse un problema per un Paese la presenza di dialetti oltre alla lingua nazionale? Come si è arrivati, secondo voi, ad una lingua comune per tutti gli italiani? Leggendo il testo per intero troverete risposta ad alcuni dei vostri dubbi.

DAI DIALETTI ALL'ITALIANO

Nel 1861, all'indomani dell'Unità, su circa 25 milioni di cittadini del Regno d'Italia meno di 200.000 padroneggiavano pienamente l'italiano; a questi andavano aggiunti circa 400.000 toscani e

5 200.000 romani, le cui parlate locali erano abbastanza vicine alla lingua italiana. Gli italofoni rappresentavano quindi una esigua minoranza della popolazione: tutti gli altri parlavano nei diversi dialetti.

10 La lingua italiana, e fiorentina in particolare, era fin dal Trecento la lingua letteraria, celebrata dai poeti e dagli intellettuali, ma paradossalmente non veniva usata se non da cerchie ristrette: le vicende storiche del paese, frammentato per secoli in en-

15 tità statuali diverse, avevano favorito il sorgere e il prosperare di una selva di dialetti fortemente diversi gli uni dagli altri. Inoltre, al momento dell'unificazione, quasi l'80% degli italiani era analfabeta, per cui non era mai venuto a contatto con

20 l'uso dell'italiano.

Nel 1861 si pose dunque il duplice problema dell'alfabetizzazione e dell'unificazione linguistica del paese, giacché le barriere linguistiche rappresentavano uno dei tanti ostacoli all'unificazione

25 culturale e sociale del paese. Il problema venne diversamente affrontato, dal punto di vista teorico, da molti studiosi. Alessandro Manzoni propose di individuare nel fiorentino parlato un modello unitario efficace e prestigioso, da estendere a tutta

30 l'Italia, sacrificando i dialetti: a questa concezione, che aveva trovato esemplare espressione nei *Promessi Sposi*, si sarebbero uniformati per un certo tempo la scuola, i libri di testo, i vocabolari. Giosué Carducci propose invece una soluzione

35 classicistica e aristocratica, fondata sull'utilizzazione della lingua letteraria cinquecentesca. Ma la questione fu risolta, sul piano teorico, da Graziadio Isaia Ascoli, grande studioso di linguistica e di dialettologia, secondo il quale l'unità lingui-

stica non poteva essere perseguita imponendo dall'alto un modello astratto e rigido, bensì sarebbe 40 stato il risultato di un lungo processo di diffusione della cultura a livello nazionale.

Nella pratica, la scuola ebbe, nei decenni successivi all'Unità, un ruolo fondamentale nel processo di diffusione della lingua comune in tutte le re- 45 gioni; importanti furono in questo senso anche le migrazioni interne e la crescente urbanizzazione della popolazione, che favorirono l'indebolimento degli idiomi locali a vantaggio dell'italiano. Un 50 altro fattore di diffusione dell'italiano derivò dall'unificazione amministrativa, che richiese la creazione di un corpo di funzionari del nuovo Stato, costretti ad abbandonare il loro dialetto d'origine nell'esercizio delle loro mansioni. Anche la 55 creazione di un esercito nazionale modificò le condizioni linguistiche del paese, perché il servizio militare obbligatorio, allontanando per un certo tempo i giovani dai luoghi d'origine, contribuì a indebolire le tradizioni dialettali. 60

La progressiva riduzione dell'analfabetismo influì poi sulla diffusione della stampa quotidiana e periodica, che a sua volta consolidò il possesso della lingua comune a scapito dei dialetti. Anche il cinema e la radio hanno agito potentemente nell'uni- 65 formare il linguaggio, specie a partire dal secondo dopoguerra; e ancora più efficace è stato l'avvento della televisione: i mezzi di comunicazione di massa hanno proposto nuovi modelli linguistici, innovando il lessico e semplificando la sintassi. 70

adattato da
Storia d'Italia,
Istituto
Geografico De
Agostini

2. COMPRENSIONE DEL TESTO

1 Leggete il testo e indicate le informazioni veramente presenti.

1. Subito dopo l'Unità d'Italia poche persone parlavano correttamente l'italiano.
2. La presenza di numerosissimi stranieri aggravò la situazione.
3. L'esistenza di tanti dialetti diversi era dovuta alla divisione politica del Paese.
4. L'analfabetismo era dovuto alla mancanza totale di scuole statali.
5. Senza unificazione linguistica non poteva esserci unificazione sociale e culturale.
6. Secondo Manzoni, l'italiano doveva basarsi sul dialetto fiorentino.
7. La posizione di Manzoni suscitò molte polemiche tra gli studiosi.
8. La lingua comune fu diffusa grazie alla scuola e a spostamenti della popolazione.
9. I meno giovani preferivano usare il loro dialetto anziché una lingua comune.
10. I mass media ebbero un ruolo fondamentale nella diffusione della lingua comune.

2 In coppia date al testo un titolo alternativo.
Quale dei titoli proposti vi piace di più?

Cartina dei dialetti italiani

3. RIFLETTIAMO SUL TESTO

1 A quali frasi e parole del testo corrispondono quelle date sotto?

idiomi, dialetti (1-8): ....

la nascita e la crescita (14-20): ....

un'importanza primaria (40-46): ....

nel loro lavoro (49-56): ....

a svantaggio (58-65): ....

hanno contribuito in modo decisivo (62-69): ....

2 Riformulate le frasi, mantenendo inalterato il loro significato, sostituendo le parole o le sillabe in blu. Lavorate in coppia.

le cui parlate locali (5): ....

non veniva usata se non da cerchie ristrette (12): ....

la questione fu risolta da Graziadio Isaia Ascoli (37): ....

allontanando per un certo tempo i giovani dai luoghi d'origine (58): ....
....

i mezzi di comunicazione di massa hanno proposto nuovi modelli linguistici (68): ....
....

4. LAVORIAMO SUL LESSICO

1 Usate i suffissi -ione, -zione e -mento per formare i sostantivi che derivano dai seguenti verbi.

indebolire ....   diffondere ....   unificare ....

innovare ....   rappresentare ....   consolidare ....

2 Aggiungendo le vocali mancanti alle 'parole' di sotto indovinerete i sinonimi delle parole in blu.

a. *grdl*   b. *rffrzr*   c. *pccl*   d. *sgnt*   e. *llrgr*   f. *dffclt*

a. progressiva ....   c. esigua ....   e. estendere ....

b. consolidare ....   d. successivo ....   f. ostacolo ....

1 È probabile che non abbiate mai sentito o letto qualcosa in dialetto, quindi vi presentiamo un pezzo di 'O sole mio, la più celebre canzone napoletana. In coppia cercate prima di capirla, poi cercate di mettere in ordine i versi della traduzione, dati a destra alla rinfusa, seguendo quelli originali.

'O sole mio (napoletano)

1 Che bella cosa 'na 'jurnata 'e sole,
2 n'aria serena doppo 'na tempesta!
3 Pe' ll'aria fresca pare già 'na festa;
4 che bella cosa 'na 'jurnata 'e sole.

5 Ma n'atu sole
6 cchiù bello, oi nè,
7 'o sole mio
8 sta 'nfronte a te!

Il mio sole (italiano)

1 *Che bella cosa una giornata di sole,*
..... *Ma un altro sole*
..... *è sulla tua fronte*
..... *l'aria serena dopo la tempesta!*

..... *Dall'aria fresca sembra già una festa;*
..... *che bella cosa una giornata di sole*
..... *più bello, oh ragazza,*
..... *il mio sole*

Forse non sapete che questa canzone è stata cantata in centinaia di versioni diverse in moltissime lingue. Perfino *It's now or never*, uno dei più grandi successi di Elvis Presley, è un adattamento di *'O sole mio!*

2 Individuate e sottolineate gli errori presenti in questo testo che parla di... errori! Poi scrivete nel vostro quaderno le forme corrette, indicando le righe relative. C'è almeno un errore in ogni riga.

Un appello dalle elementari per la difesa del congiuntivo

1 Giornalisti, speaker televisivi, parroci, panettieri: gli adulti non <u>sano</u> usare il congiuntivo e pronunciano
2 abitualmente frasi che perfino alle orechie di chi la grammatica italiana la sta apena imparando suonano
3 come eclatanti sgrammaticature. La denuncia arriva dai alunni di quinta elementare della scuola "Ciar-
4 di" del Milano. In una lettera-appello ai giornalisti e a quanti operano nella sistema delle comunicazioni
5 chiedono che sono rispettate le regole grammaticali e propongono di fondare il "Movimento per la dife-
6 sa di modo congiuntivo".
7 Ognuno dai venti difensori coraggiosi della lingua porta il suo esempio di erore grammaticale e se la
8 maggior parte arrivano dalla televisione ci sono anche chi fa notare gli errori delle persone che incon-
9 tra ogni giorno, dal panettiere al parroco. Implacabili in difesa della grammatica non ti lasciano sfug-
10 gire nemeno un dettaglio. Pregano poi chi la lingua italiana ha il compito di divulgarla correttamente di
11 smettere di sbagliare. "Quando ci accorgiamo di qualche errori, ci viene il mal di orecchi, - affermano
12 decisi - e non perdiamo l'occasione di sottolineare, se possibile, la forma coretta".

Scrivete un riassunto (80-100 p.) del testo intro-duttivo (Dai dialetti all'italiano) e un breve rias-sunto (30-40 p.) del testo di sopra (Un appello...). In entrambi ricordate di comprendere i punti più importanti in modo da permettere a chi non leggerà i testi originali di capirne l'intero contenuto.

PARLIAMO: se usate La Prova orale 2, vedete i compiti 4 a p. 100 e 26 a p. 104.

"È stata una grande sopresa quando abbiamo saputo che era dislessico. Pensavamo che imparasse il russo."

1. PRIMA DI LEGGERE

Leggete velocemente solo il primo paragrafo del testo e, in coppia, pensate a una o due cose che farà il dottor Niù, secondo voi. Alla fine, dopo aver letto l'intero testo, verificate le vostre ipotesi.

IL DOTTOR NIÙ

Avevo appena parcheggiato la macchina, quando un tizio con occhiali neri e capelli rasati mi viene incontro e si presenta: dottor Niù, consulente di aggiornamento tecnologico per famiglie. Ha sessant'anni ma ha il fisico di un quarantenne. Mi spiega che la sua è una new profession nata insieme alla new economy per una new way of life. Devo
5 solo avere un old conto corrente con un po' di old fashion money.

Travolto dal suo garbo e dal suo eloquio, firmo un contratto di consulenza. Diamoci subito da fare, dice il dottor Niù, la sua vita va ottimizzata e rimodernata. Cominciamo dalla sua auto, è un vecchio modello superato e ridicolo. Ma ha solo tre anni, dico io. Tre anni sono tre secoli nella new economy, spiega. La sua auto non ha il navigatore
10 satellitare, i vetri bruniti, le sospensioni intelligenti. Però funziona bene, dico io. Si vede che non guarda la pubblicità, ride il dottor Niù. Cosa vuole dire "funziona"? L'auto non è fatta per funzionare, ma per mostrarla, per esibirla, per parlarne con gli amici, il funzionamento è un puro optional. Insomma in meno di tre ore ho il nuovo modello di auto, una specie di ovolone azzurro a dodici posti. Peccato che in famiglia siamo in tre.

15 Il giorno dopo il dottor Niù piomba a casa mia per organizzare un new restyling. Per prima cosa dice che la mia porta in legno è roba medioevale. La sostituisce con un lastrone blindato d'acciaio che sembra la lapide di Godzilla. Al posto del glorioso vecchio forno, mette un microonde che cuoce il pollo solo con lo sguardo. Il tutto mi prosciuga il conto in banca, per cui obietto: cosa mi serve cucinare velocemente se poi
20 non avrò un cazzo da mangiare? Non si preoccupi, dice il dottor Niù, la nostra ditta fa prestiti rapidi, firmi qui e in trenta secondi avrà un mutuo con tasso al trenta per cento. Come in sogno, firmo.

L'indomani il dottor Niù si ripresenta. Cerco di telefonare a un fabbro perché intanto la new porta blindata si è bloccata col new alarm system, ma rapidissimo il dottor Niù mi
25 strappa il telefonino di mano. Ma non si vergogna, dice? Questo cellulare è un modello vecchissimo, non è di quarta generazione, non ha il comando vocale e i games. Ma l'ho comprato solo due mesi fa, mi lamento, e ci telefono benissimo. In due mesi, i telefonini hanno enormemente mutato le loro funzioni, dice Niù. Dopo che si sarà collegato alla rete, avrà mandato un fax, avrà riempito la rubrica con novecento nomi e avrà
30 comprato i biglietti della partita, pensa di avere ancora il tempo di telefonare? Forse ha ragione, dico io. Mi fornisce subito il nuovo telefonino, un biscottino nero con dei microtasti che ogni mio polpastrello ne prende quattro. Dopo dieci telefonate sbagliate, fortunatamente il mio cane Ricky lo ingoia e corre per tutto il giorno con l'ouverture del *Guglielmo Tell* in pancia, finché non si scarica la batteria.

adattato da *Dottor Niù*, di Stefano Benni, ed. Superbur

2. COMPRENSIONE DEL TESTO

1   Leggete il testo e indicate l'affermazione giusta tra quelle proposte.

1. Secondo il dottor Niù, l'auto del protagonista
a) è soprattutto molto lenta   b) non è all'avanguardia   c) non è abbastanza grande

2. Secondo il dottor Niù, una macchina serve
a) come status symbol
b) solo se funziona bene
c) se è molto sicura

3. Il protagonista compra poi una porta
a) molto più sicura di quella che aveva
b) molto più grande di quella che aveva
c) in legno, in stile medievale

4. Il dottor Niù prende il telefonino del protagonista
a) affinché non possa chiamare il fabbro
b) perché suona una musichetta fastidiosa
c) perché, secondo lui, va sostituito

5. Il problema del nuovo telefonino è che
a) non funziona bene
b) è troppo piccolo
c) si scarica subito

2 Lavorate in coppia. Quali sono, secondo voi, i punti/le frasi più divertenti del testo? Selezionatene uno o due e poi scambiatevi idee con le altre coppie, motivando le vostre scelte.

3. RIFLETTIAMO SUL TESTO

1 Le frasi che seguono corrispondono ad altre presenti nel testo; quali?

si avvicina a me (1-5): ....
cominciamo a lavorare (6-9): ....
il suo scopo non è (10-13): ....
un accessorio extra (11-15): ....
arriva inaspettatamente (15-18): ....
qualcosa di molto vecchio (15-19): ....
rimango senza soldi (17-21): ....
sono evoluti moltissimo (25-28): ....

2 L'autore usa molte parole inglesi (new profession, new economy, new way of life, old faschion money, optional, i games ecc.). Perché, secondo voi? Come si potrebbero dire in italiano? Scambiatevi idee.

3 Velocemente e senza guardare il testo completate le frasi con la preposizione giusta.

un'auto .... dodici posti	siamo .... tre	con tasso .... trenta per cento
strappare .... mano	.... meno di tre ore	diamoci .... fare

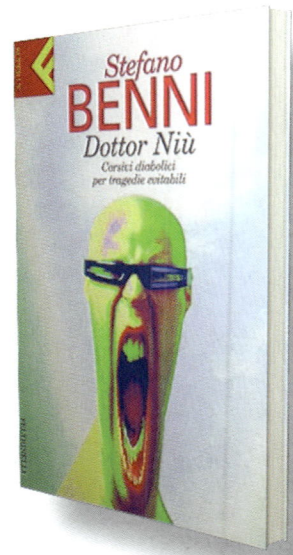

4. LAVORIAMO SUL LESSICO

1 Date gli avverbi che derivano dagli aggettivi.

perfetto ....
fortunato ....

puro ....
intelligente ....

veloce ....
facile ....

2 Tra le parole date a fianco troverete i sinonimi di quelle in blu, i contrari di quelle in rosso e anche tre parole che sono superflue.

mutuo ....
lentamente ....
riempire ....

esibire ....
superato ....
mutare ....

prestito	rapidamente	guardare
regalo	svuotare	esattamente
moderno	mostrare	cambiare

1 Nel testo abbiamo visto l'espressione 'diamoci da fare'. **Nelle frasi che seguono sostituite le parti in rosso con le espressioni idiomatiche date sotto; se necessario, usate un dizionario.**

- Anche se bocciato nove volte, Marco non si arrende!
- Io non bevo più: questo vino comincia a ubriacarmi.
- Non credi che il Rolex d'oro al mare colpisca un po'?
- Dino sta dicendo cose senza senso; mi preoccupo per lui.
- Mi vuole far credere che suo padre è ricco sfondato.

- Bravo, finché c'è vita c'è speranza.
- Meno male che è già finito!
- Ok, quando torniamo a casa lo tolgo.
- Guarda che io lo capisco benissimo!
- È vero: è il figlio di Bill Gates.

dare a bere	darsi per vinto	dare alla testa	dare i numeri	dare nell'occhio

2 **Inserite nel testo i verbi sotto indicati al modo e al tempo giusti.**

1. bastare - 2. lasciare - 3. finire - 4. ribellarsi - 5. pensare -
6. Estrarre - 7. apparire - 8. gridare - 9. distruggere - 10. pensare

Quando torno ritrovo il dottor Niù nel mio giardino, nervoso. Adesso .... (1), gli dico, non ho più una lira, mi .... (2) in pace! Va bene va bene, siete tutti irriconoscenti, risponde. Guarda il cielo, l'orizzonte e sbuffa. Cosa c'è che non va?, gli chiedo. Caro mio, risponde, questo mondo è un vecchio modello. Troppi boschi, pochi parcheggi. La Silicon Valley è senza elettricità, il petrolio sta .... (3), il traffico aereo è intasato, il clima .... (4), l'aria è irrespirabile. È un mondo sorpassato, non può più sopportare le esigenze della crescita tecnica, è una materia prima in esaurimento. E allora cosa .... (5) di fare?, ho chiesto. Questo, ha detto il signor Niù con un'espressione folle. .... (6) una scatola nera con un pulsante, ha premuto e all'orizzonte .... (7) la nube di un'esplosione, poi un'altra ancora. Come in un film americano, piovevano dal cielo camion, mucche e cabine telefoniche. La gente .... (8), l'aria era rovente. Disgraziato, ho detto, il mondo era un vecchio modello, ma avevamo solo quello. Adesso che lo .... (9), con cosa lo sostituirete? In effetti, ha detto il signor Niù, non ci .... (10)...

"Avevo appena pagato l'ultima rata del mio nuovo televisore (nuovo si fa per dire, visto che lo avevo comprato quattro anni fa). Eppure provavo un sentimento di tristezza, anziché di gioia. Forse il fatto che il mio conto fosse ormai vuoto mi pesava. Se solo, mi dicevo, non avessi..." Continuate voi la narrazione. (160 - 180 p.)

Dottore è chi ha una laurea (anche se per etimologia significa: "colui che insegna", derivato dal latino *doctor*, dal verbo *docére*, "insegnare"); si può essere dottori in lettere, in legge, in economia e commercio, eccetera, e anche in medicina. Quest'ultimo è da secoli chiamato semplicemente *dottore*, mentre il termine professionale è **medico**. Quindi non tutti i dottori si occupano di salute.

PARLIAMO: se usate *La Prova orale 2*, vedete *Tempi moderni* a p. 15 e il compito n. 11 a p. 101.
ASCOLTIAMO: se usate *Ascolto Avanzato*, vedete *Pubblicità* a p. 29.

1. PRIMA DI LEGGERE

Osservate le foto di queste pagine; in coppia scrivete 8-10 parole che vi vengono in mente e poi confrontatele con quelle dei compagni. In seguito, durante la lettura, controllate quante parole presenti nel testo ha indovinato ognuno di voi.

2. COMPRENSIONE DEL TESTO

1   Indicate le affermazioni corrette tra le quattro proposte.

1. Le contrade
a) provengono da diciassette piccole città
b) sono in vera concorrenza tra loro
c) fanno una corsa a cavallo intorno alla città
d) cambiano nomi, simboli e bandiere ogni anno

2. Alla corsa partecipano
a) dieci contrade estratte a sorteggio
b) sempre le stesse contrade
c) alcune solo delle diciassette contrade
d) solo le contrade escluse la volta precedente

3. Grandi somme di denaro
a) vengono spese per motivi nobili o meno
b) vengono date alla contrada vincitrice
c) vengono pagate da chi vuole seguire la corsa
d) vengono spese per l'acquisto dei cavalli

4. Hanno diritto a partecipare alla corsa
a) sia uomini che donne
b) tutti gli abitanti di Siena
c) i provenienti da famiglie nobili
d) tutti, compresi turisti e visitatori

5. Il Palio di Siena
a) si svolge più di due volte all'anno
b) per i senesi va avanti senza interruzione
c) non si è mai interrotto dal Medioevo a oggi
d) è rimasto inalterato dal Medioevo a oggi

Il più celebre Palio del mondo
ha origini lontane e leggendarie

CONTRADAIOLI SI NASCE

1   Due volte all'anno, il 2 luglio e il 16 agosto, un'intera città dà fuori di testa; divisa in diciassette microrealtà - le contrade, ciascuna dotata di una sua struttura organizzativa e istituzionale - si ritrova a riempire la piazza principale della città (piazza del Campo); se ne capita l'occasione (e di regola capita sempre) dà corpo e sostanza alla sua identità primaria attraverso scontri niente affatto simulati fra chi vive ad appena due strade di distanza ma si identifica con differente simbolo, differente nome, differente bandiera; gioisce, soffre, esulta, si dispera per la corsa di dieci cavalli. Una corsa che, di regola, non dura più di 90 secondi.

2   Vi prendono parte dieci delle diciassette contrade cittadine scelte con il seguente meccanismo: hanno diritto a gareggiare le sette escluse la volta precedente, più altre tre estratte a sorteggio. La sera della vigilia le contrade che hanno acquisito il diritto a correre organizzano beneauguranti e rumorose cene all'aperto. Al fastoso corteo storico che precede la gara partecipano circa seicento figuranti, che sfilano fra i rulli dei tamburi, gli squilli delle trombette e il volteggiare delle bandiere.

3   Chi vince porta in contrada un "drappellone" dipinto (un tessuto di seta, un Palio appunto), il cui valore venale è pari a zero, ma per conquistare il quale ciascun contradaiolo si toglie dal portafogli cifre talvolta ragguardevoli, impiegate per pagare il proprio fantino e per tentare di

corrompere quelli delle altre nove contrade in gara. Questa è Siena; questi sono i Senesi; questo è il palio. Tutte e tre le cose messe insieme creano una delle più vistose anomalie che il panorama sociale, antropologico, culturale italiano possa offrire.

Due volte l'anno

A partecipare a questo stato di cose è tutta la popolazione, senza distinzione di sesso, di età, di ceto sociale o di grado di istruzione. Tutti purché siano nati fra queste mura (ovviamente, in senso figurato, poiché la città ha dilagato ormai ben oltre la cinta muraria quasi intatta del XIV e del XV secolo). 4

Due volte all'anno (ma due volte per quanto riguarda la manifestazione più eclatante e intensa: quella che, sola, in genere percepiscono turisti e visitatori, ma che è la punta appariscente di una attività che non si interrompe mai nel corso dell' anno) Siena squaderna il suo sentirsi città medievale. Eppure, il palio di Siena è tutt'altro che una manifestazione medievale. Affonda sì le sue radici nel Medioevo ma è elaborazione tutta dell'età moderna, conformatasi in questo aspetto non prima del XVII secolo. 5

adattato da *Medioevo*, mensile culturale, De Agostini ed.

2 A coppie selezionate, motivando le vostre scelte, un titolo adatto per ogni paragrafo del testo. Uno dei titoli è superfluo.

> UNA PICCOLA GUERRA CIVILE
>
> PIÙ CHE UNA GARA, UN MODO DI VITA
>
> UNA GARA DEMOCRATICA
>
> TUTTO SOLO PER LA GLORIA
>
> UN PALIO RIMASTO STORICO
>
> PRIMA SI FESTEGGIA, POI SI GAREGGIA

3. RIFLETTIAMO SUL TESTO

A coppie individuate nel testo parole e frasi che corrispondono a quelle date di seguito.

reali, autentici (¶ 1): ....

sistema, metodo (¶ 2): ....

uguale a (¶ 3): ....

spende (¶ 3): ....

ceto (¶ 4): ....

si è estesa (¶ 4): ....

durante (¶ 5): ....

risale a (¶ 5): ....

4. LAVORIAMO SUL LESSICO

1 Tra le parole date sotto troverete sinonimi di quelle in blu. Tre parole sono estranee.

semplice	gioire	tipo	finto	ricco
estrazione	classe	autentico	rinomato	

celebre ....   esultare ....

ceto ....   simulato ....

sorteggio ....   fastoso ....

2 Date gli aggettivi che derivano da queste parole. Avrete bisogno di più di un suffisso.

leggenda ....

occasione ....

organizzare ....

medioevo ....

rumore ....

istituzione ....

101

1 **Nel testo abbiamo visto l'espressione** 'prendere parte'. **Nelle frasi che seguono sostituite le parti in rosso con i modi di dire dati sotto.**

prendere...   *le distanze*   *una cotta per*   *sul serio*   *il toro per le corna*   *con le mani nel sacco*

1. La polizia ha sorpreso il ladro che, invece di scappare subito dopo la rapina, faceva la corte all'impiegata!
2. Non potendo far fronte alle spese eccessive di sua moglie, Lucio ha deciso di affrontare la situazione in modo drastico: le ha nascosto le carte di credito!
3. Mauro si è innamorato di un'amica di sua sorella; l'unico problema è che lui ha 12 anni e lei 20.
4. Quando ho visto che quelle ragazze si ubriacavano quasi ogni sera, ho deciso di allontanarmi.
5. Siccome tutti sanno che a Vito piace inventare storie, pochi hanno considerato vera la sua versione.

2 **Completate il testo con le parole mancanti (usate una sola parola).**

La **Regata Storica** è una delle innumerevoli feste popolari italiane che conservano vivo il .... (1) del Medioevo. È la più bella e la più .... (2) tra le feste veneziane che si compie .... (3) immutata da oltre seicento anni. Essa vede sfilare .... (4) il Canal Grande le imbarcazioni che hanno .... (5) la storia della città lagunare, per .... (6) rivivere, per un giorno dell'anno, la grandiosità .... (7) Serenissima Repubblica che ha dominato per .... (8) il mare Adriatico.
La regata è soprattutto una .... (9) tra imbarcazioni, che vede partecipare uomini e .... (10) che hanno vissuto da sempre con il remo .... (11) mano, che conoscono, amano e rispettano il ....
(12) e sono i portatori di una tradizione ....
(13) si perde nella notte dei tempi. Il .... (14)
Regata ha un'incerta derivazione; è comunque .... (15) che derivi da riga, cioè la disposizione .... (16) le imbarcazioni assumono per la partenza.

1 Fate un riassunto del testo introduttivo. (100 - 120 p.)
2 Scrivete una lettera ad un amico italiano il quale è molto interessato a tradizioni, feste (popolari o religiose) o usanze del vostro Paese. Ricordate di includere particolari che magari a voi sembrano banali, ma per uno straniero potrebbero essere interessanti. (140 - 180 p.)

Palium era per i Romani qualsiasi velo o coperta da indossare sopra la tunica (l'abito dei Romani). Durante il Medioevo era chiamato *palio* il prezioso "drappo" (tessuto pregiato) che veniva dato in premio al vincitore di uno spettacolare torneo. *Contrada* si forma da due parole latine: *cum* e *strata*, che significa la stessa strada o strade immediatamente vicine. Nelle altre zone d'Italia si usa la parola *rione* o semplicemente *quartiere*.

1. PRIMA DI LEGGERE

Date una velocissima (30") occhiata a questi testi, scritti da due persone diverse, e discutete in coppia: a) sono entrambi contro la televisione? e b) in quale testo troviamo idee più estreme? Scambiatevi idee con le altre coppie e verificate le vostre risposte leggendo l'intero testo.

NO ALLA TV!

A

Ho letto con vivo interesse della vostra associazione. È da tempo che mi chiedevo se non ci fosse l'esigenza di contrapporsi a questo dominio culturale del mezzo televisivo; ma ho sempre pensato pessimisticamente che la tv è uno strumento troppo potente per chi gestisce il potere economico e politico, e per poter minimamente cambiare il ruolo che essa ha assunto occorre una vera e propria mobilitazione delle coscienze. Così mi ha fatto senz'altro piacere leggere della vostra iniziativa. Ora, dato che pur non essendo un teledipendente, la tv la guardo anch'io, più che sconsigliare drasticamente l'uso del mezzo, proporrei un uso intelligente. Secondo me, è quasi impossibile evitare di vedere la televisione; semmai è importante il cosa si vede. Attualmente la tv è un mezzo di manipolazione della coscienza collettiva, di creazione di tendenze, miti, valori che ovviamente serve per renderci docili, obbedienti, fidati animali da consumo. Tuttavia, nel marasma di spot pubblicitari, film di nessun valore, valanghe di parole e di varietà, qualcosa da salvare c'è. Occorre quindi selezionare, e cercare di indirizzare l'utente verso i programmi giusti. Ora, mi accorgo che questo è un problema legato ai gusti e alle idee di ciascuno; ognuno ha i propri "programmi giusti". Tuttavia un'area di accordo penso che si possa facilmente trovare.

B

Vi sto scrivendo per avere ulteriori informazioni e per associarmi dal momento che sono convinto dell'"assurdità" del mezzo televisivo e dell'abuso che ne fanno tutti, ma soprattutto i giovani e i giovanissimi. Non vedo la televisione mai. A casa mia non l'abbiamo. Con mia moglie siamo perfettamente d'accordo sull'inutilità più assoluta del mezzo per non parlare della sua nocività fisica e psichica. Abbiamo anche una bambina che naturalmente non vede quasi mai la tv; con lei giochiamo e parliamo molto, siamo soddisfatti, nessun senso di colpa se non abbiamo visto il telegiornale o il documentario sull'animale "esotico", per non parlare delle buffonate ingannapopolo dei vari spettacoli di varietà. Insomma, si dovrebbe puntare, secondo me, sulla mentalità della gente che si chiude sempre di più in casa dinanzi all'apparecchio televisivo e non si accorge che sta diventando schiava. La gente deve allontanarsi dalla tv perché la tv è un mezzo volgare, kitch, in mano al potere e alla pubblicità, in poche parole deve rendersi conto che è un'invenzione inutile, un'invenzione che addormenta! Perché non andare al cinema, o leggere, o chiacchierare, o passeggiare, o giocare con i figli, o semplicemente oziare come si faceva un tempo (soltanto qualche decennio fa)? Tutti davanti alla partita o all'incontro storico tra i leader... non si creano forse così i fanatismi di ogni tipo?

1 Abbinate le informazioni sottoelencate al testo relativo.

A   B

1. La televisione è perfino pericolosa.
2. Chi scrive non è tanto d'accordo con l'idea di abolire del tutto la tv.
3. Bene o male non si può non guardare la televisione.
4. Purtroppo la televisione ha sostituito molti dei passatempi del passato.
5. Secondo la persona che scrive, la televisione non serve a niente.
6. La maggior parte dei programmi è di qualità scadente.
7. Non perdiamo niente non guardando la televisione, anzi.
8. La persona che scrive ammette di guardare la televisione, ma pochissime volte.
9. Non è possibile opporsi alla potenza della televisione.
10. Chi scrive preferisce impiegare diversamente il suo tempo anziché guardare la tv.

2 Date un titolo alle due lettere; confrontate poi i vostri titoli con quelli dei compagni.

3 Chi credete sia il destinatario di queste lettere? Scambiatevi idee.

1 A quali parole o frasi del testo corrispondono quelle date sotto?

invece di (12-19): ....
di qualità molto scadente (20-26): ....
mi rendo conto che (24-29): ....
non ci pentiamo affatto (36-42): ....
nel passato (51-57): ....

2 Costruite nel quaderno frasi vostre con cinque delle espressioni date di seguito. Lavorate in coppia.

senz'altro (10)   *dato che* (11)   *pur non essendo* (11)   *più che* (12)   *semmai* (15)

dal momento che (30)   *per non parlare* (36)   *insomma* (43)

1 Completate opportunamente il testo con alcune delle parole date sotto.

> telecomando satellitare teledipendente telenovela via satellite varietà
> mass media statale telespettatore zapping spot pubblicitario canale
> trasmissione abbonamento puntata schermo televisione in onda
> videoregistratore protagonista privato televisore parabolica

I miei genitori sono dei veri ....: passano ore su ore davanti al ...., non perdono quasi niente. Cominciano con le stupide ...., quelle che vanno avanti per decenni, si trovano alla .... n. 5.692 e ormai i .... hanno 70 anni! Poi guardano altrettanto stupidi .... in cui non si fa altro che cantare, ballare e gridare. Recentemente hanno fatto installare anche un'antenna ...., per ricevere anche .... satellitari e a pagamento, pagando ovviamente l'.................... relativo. Come se ciò non bastasse, usano il .... per quelle trasmissioni che vanno .... mentre guardano altri programmi! Ma la parte più divertente è quando c'è la partita di calcio: allora mio padre nasconde il .... e mia madre comincia le pulizie, proprio davanti al televisore!

2 Cos'è un...? In coppia cercate di dare in breve (10 p.) una definizione delle trasmissioni che seguono.

VARIETÀ   TELEFILM   DOCUMENTARIO   TELENOVELA   TALK SHOW   TELEGIORNALE

3 Spiegate oralmente cosa significano le parole che non avete utilizzato nell'attività 4.1.

5. LAVORIAMO SULLA LINGUA

Completate opportunamente il testo inserendo negli spazi numerati la parte mancante scegliendola tra quelle sottoelencate. Una sola è la scelta possibile mentre due frasi sono superflue.

Forse la vostra vita è un fantastico insieme di attività, amicizie, cene, palestra e divertimento. La mia no. E .... (1), sprofondati nel divano, a guardare la TV, dà gusto. Pensateci bene. Oltre al piacevolissimo effetto anestetizzante dei suoi raggi, ... (2). Come andrebbe avanti la conversazione, in coda all'ufficio postale, ... (3) della trasmissione della sera prima! E come potrebbero gli studenti far perdere tempo ai prof .... (4) dell'ultima puntata del telefilm del momento? E i vicini di casa o i conoscenti? Che dire una volta .... (5) e il tempo che fa? Parlare di TV è fantastico: non siamo noi .... (6), quindi nessuno si fa male o si offende durante le conversazioni. I grandi eventi TV affratellano tutti: *Sanremo*, *Miss Italia*, le partite di calcio, ... (7)... o a una presa di posizione. Tutti ne parlano, ... (8)? La TV ha anche profondi effetti curativi sulla nostra autostima. Ci fa sentire meglio, ... (9) potrebbe sfondare in TV. Basta vedere l'affollamento di mezze calzette che c'è. Qualunque ragazzina seminuda può fare la velina e .... (10). Qualunque ex parrucchiere può diventare conduttore di un programma pomeridiano. Tutti noi viviamo TV. Respiriamo TV. Per questo, io ce l'ho.

a) la TV ha un sacco di altri effetti positivi
b) perché chiunque di noi
c) se non potessero amabilmente chiacchierare
d) impossibile sfuggire a un commento
e) guardare per ore infinite la tv
f) responsabili della qualità dei programmi

g) esauriti gli "a casa tutto bene?"
h) perché noi dovremmo stare zitti
i) staccare la spina dopo una giornata di lavoro
l) diventare un personaggio da rotocalco
m) se non si potesse parlare di chi era ospite
n) finite le trasmissioni

6. SCRIVIAMO

Tutti la criticano, pochi ci rinunciano: questa è la tanto amata - odiata televisione. Che, bene o male, fa parte della nostra quotidianità, della nostra cultura, che ci influenza in modo più o meno diretto e il cui avvento ha cambiato il mondo. Quali sono le caratteristiche di questo mezzo così potente e così ambiguo, quali i suoi punti positivi e negativi? Esprimete le vostre considerazioni in proposito. (180 - 200 p.)

PARLIAMO: se usate *La Prova orale 2*, vedete *Televisione e pubblicità* a p. 21.
ASCOLTIAMO: se usate *Ascolto Avanzato*, vedete *Raffaella Carrà* a p. 33.

- Come sarebbe a dire, Fabrizio, di portare la cena?! Questo è il telegiornale del mattino!

1. PRIMA DI LEGGERE

1 Leggete solo la prima frase del racconto (1-3) e in coppia discutete: perché, secondo voi, Agnese ha lasciato il protagonista? Per quali motivi una donna lascia un uomo?

2 Confrontate le vostre ipotesi con quelle delle altre coppie e, dopo aver letto l'intero testo, verificatele.

NON APPROFONDIRE

Pur camminando, secondo un mio vizio, un lastrone sì e uno no del marciapiede, cominciai a domandarmi che cosa avessi potuto farle, ad Agnese, perché avesse a lasciarmi con tanta cattiveria, dopo due anni di matrimonio, quasi con l'intenzione dello sfregio. Per prima cosa, pensai, vediamo se Agnese può rimproverarmi qualche tradimento, sia pure minimo. Subito mi risposi: nessuno. Già non ho mai avuto
5   molto trasporto per le donne, non le capisco e non mi capiscono; ma dal giorno che mi sono sposato, si può dire che cessarono di esistere per me. A tal punto che Agnese stessa mi stuzzicava ogni tanto domandandomi: "Che cosa faresti se ti innamorassi di un'altra donna?". E io rispondevo: "Non è possibile: amo te e questo sentimento durerà tutta la vita." Adesso, ripensandoci, mi pareva di ricordarmi che quel "tutta la vita" non l'aveva rallegrata, al contrario: aveva fatto la faccia lunga e si era azzittita.
10   Passando a tutt'altro ordine di idee, volli esaminare se, per caso, Agnese mi avesse lasciato per via di quattrini. Ma anche questa volta, mi accorsi che avevo la coscienza tranquilla. Soldi, è vero, non gliene davo che in via eccezionale, ma che bisogno aveva lei di soldi? Ero sempre là io, pronto a pagare. E il trattamento, via, non era cattivo: giudicate un po' voi. Il cinema due volte la settimana; al caffè due volte e non importava se prendeva il gelato o il semplice espresso; un paio di riviste illustrate al mese e il
15   giornale tutti i giorni; d'inverno, magari, anche l'opera; d'estate la villeggiatura a Marino, in casa di mio padre.
Questo per gli svaghi; venendo poi ai vestiti, ancora meno Agnese poteva lamentarsi. Quando le serviva qualche cosa, fosse un reggipetto o un paio di scarpe o un fazzoletto, io ero sempre pronto: andavo con lei per i negozi, sceglievo con lei l'articolo, pagavo senza fiatare. Lo stesso per le sarte; non c'è
20   stata volta, quando lei mi diceva: "Ho bisogno di un cappello, ho bisogno di un vestito," che io non rispondessi: "Andiamo, ti accompagno." Del resto, bisogna riconoscere che Agnese non era esigente: dopo il primo anno cessò quasi del tutto di farsi dei vestiti. Anzi, ero io adesso, a ricordarle che aveva bisogno di questo o quest'altro indumento. Ma lei rispondeva che aveva la roba dell'anno prima e che non importava; tanto che arrivai a pensare che, per quest'aspetto, fosse diversa dalle altre donne e non
25   ci tenesse a vestirsi bene.
Dunque, affari di cuori e denari, no. Restava quello che gli avvocati chiamano incompatibilità di carattere. Ora mi domando: che incompatibilità di carattere poteva esserci tra di noi se in due anni una discussione, dico una sola, non c'era mai stata? Stavamo sempre insieme, se questa incompatibilità ci fosse stata, sarebbe venuta fuori. Certe serate che passavamo al caffè o in casa, a malapena apriva bocca,
30   parlavo sempre io.

tratto dai Racconti romani, di Alberto Moravia, Bompiani ed.

2. COMPRENSIONE DEL TESTO

1 In base a quanto letto e con parole vostre rispondete alle domande (massimo 20 p.).

1. Perché il protagonista esclude che il motivo della separazione sia il tradimento? ....
....
2. Perché esclude che il motivo sia stato di natura economica? ....
....

3. Cosa faceva il protagonista quando Agnese aveva bisogno di qualcosa? ....
....
4. Perché, secondo lui, non si tratta di incompatibilità di carattere? ....
....
5. Perché, secondo voi, Agnese ha lasciato il protagonista? (25 p.) ....
....

2 Confrontate e motivate le vostre risposte all'ultima domanda.

3. RIFLETTIAMO SUL TESTO

1 Riscrivete le frasi, senza alterarne il significato, iniziando con le parole date.

non ho mai... mi capiscono (4): **ha detto che** ....

che cosa faresti... donna? (7): **che cosa avresti** ....

non è possibile... vita (7): **ha detto che** ....

ho bisogno di... vestito (20): **mi diceva che** ....

2 Individuate nel testo frasi o parole che corrispondono a quelle che seguono.

anche se (2-6): ....

non le aveva fatto piacere (6-10): ....

solo in occasioni speciali (12-15): ....

non chiedeva molto (21-24): ....

si sarebbe manifestata (27-30): ....

con difficoltà (27-30): ....

4. LAVORIAMO SUL LESSICO

1 Completate le frasi con parole della stessa radice di quelle date a fianco.

1. Non dimentico mai un viso, ma nel Suo caso, signore, farò un'........................!

2. È un ragazzo molto ....; non ha mai sentito un no dai suoi.

3. Non è mai contento di niente, è un tipo ...., quasi insopportabile.

4. Non sono io ad essere ....; sei tu che non soddisfi tutti i miei desideri.

5. Amore, ti giuro, non si tratta di ....: l'ho incontrata solo un paio di volte!

ECCEZIONALE

VIZIO

LAMENTARSI

ESIGERE

TRADIRE

2 In coppia abbinate le parole alle definizioni, tratte dal dizionario DISC (© Giunti ed.). Poi trovate le parole nel testo e dal contesto verificate le vostre risposte. Se aveste cercato queste parole nel dizionario, avreste capito cosa significano? Scambiatevi idee.

cattiveria (2)   capacità dell'uomo di riflettere su se stesso e di attribuire un significato ai propri atti

svago (2)   ciò che si pensa, si desidera fare per raggiungere un dato fine

intenzione (3)   discordanza tra termini, cose, persone, tale per cui uno non ammette l'altro

coscienza (12)   attitudine a offendere, a far del male

incompatibilità (28)   allontanamento temporaneo da un lavoro o da un'attività a scopo di distensione

3 Nel testo abbiamo visto parole composte come *marciapiede* e *reggipetto*; a quante altre parole composte potete pensare? Lavorate in coppia.

1 Continuate il racconto - riflessione di Alfredo, il protagonista, arrivando magari a delle conclusioni sul perché della separazione. (120-160 p.)
2 Immaginate di essere Agnese: scrivete una lettera ad Alfredo spiegando i motivi per cui lo avete lasciato: cercate di essere sinceri, ma senza ferirlo. (140-160 p.)

6. LAVORIAMO SULLA LINGUA

1 **Nel testo abbiamo visto alcune congiunzioni come** a tal punto che, anzi, dunque, al contrario**; collegate le seguenti frasi usando alcune delle congiunzioni date di seguito. Poi costruite frasi vostre con le congiunzioni che non avete utilizzato.**

perché, poiché, quindi, eppure, a patto che, perciò, mentre, a meno che, benché

anch'io credo che sia difficile - dobbiamo fare un tentativo
Giorgia finirà tardi - ci incontrerà davanti al cinema
la nostra proposta non gli interessa - non offriamo uno stipendio più alto
lei vuole una casa grande - a me bastano due camere
è un'attrice molto famosa in Italia - abbia girato solo un film
l'ho chiamata per farle gli auguri - credevo fosse il suo compleanno

2 **Completate il testo con gli elementi grammaticali mancanti** (pronomi, preposizioni, articoli ecc.).

Mia madre disse: "Sapevo che ti piace, l'ho fatto fare apposta per .... (1)."
"Buono, buono," dissi e mi rovesciai sul piatto .... (2) enorme porzione.
Non potei fare .... (3) meno di pensare .... (4) continuava così la commedia del figliol prodigo. Tutto ad un tratto scoppiai .... (5) una risata. Mia madre domandò allarmata: "Perché ridi?"
Risposi: "................ (6) sono ricordato di aver letto in qualche luogo una divertente parodia della parabola del figliol prodigo, sai, quella del Vangelo."
"E cioè?"
"................ (7) parabola il figliol prodigo ritorna a casa e il padre .... (8) accoglie con tutti gli onori e uccide per lui il vitello grasso. Nella parodia, invece, il vitello grasso fugge spaventato, appena il figliol prodigo ritorna, ben sapendo qual è il .... (9) destino. Allora .... (10) aspettano. Il vitello grasso .... (11) fa aspettare un bel po' e quindi si decide a tornare. Al colmo della gioia, il padre, per festeggiare il ritorno del vitello grasso, ammazza il figliol prodigo e .... (12) dà in pasto."

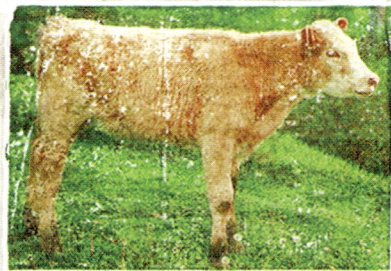

da *La noia*, di Alberto Moravia, Bombiani ed.

7. RIFLESSIONI LINGUISTICHE - ATTIVITÀ

Completate questo breve riassunto del testo introduttivo con le espressioni che seguono.

all'altare - fare le corna - fulmine a ciel sereno - a occhi chiusi - al settimo cielo - piantare in asso

Agnese ha abbandonato Alfredo, lo ha .... Per lui è stata una grande sorpresa, un ....; non poteva credere che la donna che lui aveva portato .... se n'era andata così, senza una parola. Ma soprattutto non poteva capire il perché. Che Agnese credeva che lui le ....? Impossibile: sapeva che di Alfredo poteva fidarsi .... Secondo lui, Agnese avrebbe dovuto essere felice, quasi .... Ma le donne sono così, ingrate...

PARLIAMO: se usate *La Prova orale 2*, vedete il compito n. 16 a p. 102 e *L'amore* a p. 108.

1 **A coppie discutete in breve di qualche personaggio famoso di cui i mass media del vostro paese si sono occupati recentemente; poi riferite alla classe le informazioni ricevute.**

2 **In genere vi interessano le notizie sulla vita privata degli altri? Leggete il testo per vedere se gli italiani hanno una mentalità simile alla vostra o meno.**

LO SCHELETRO NELL'ARMADIO

Da qualche anno le trasmissioni più seguite sono i telegiornali: vogliamo essere informati di quello che succede attorno a noi, e questo è molto bello. Sapere come vanno le cose in questa piccola palla che gira
5 incessantemente nell'universo è indice di coscienza civile e di maturità. Anche se leggiamo poco, non siamo proprio tagliati fuori dalla grande corrente della storia. Le considerazioni positive, però, a questo punto finiscono: perché la "qualità" delle nostre
10 informazioni non si può considerare delle migliori. Ciò che più ci interessa è il pettegolezzo, la chiacchiera da cortile.

Di uno scienziato o di un grande personaggio della politica non ci interessa sapere se abbia fatto un'im-
15 portante scoperta destinata a rivoluzionare il nostro futuro o se abbia creato le premesse per un costante miglioramento delle nostre condizioni di vita. Quelli che realmente ci importano sono i retroscena della sua vita privata. Se ha l'amante; se a scuola era il
20 primo o l'ultimo della classe; se il sabato sera si ubriaca.

Non ci credete? Eppure basterebbe dare un'occhiata ai rotocalchi per rendersi conto che siamo un popolo di curiosi: e la nostra è la curiosità un po' morbosa
25 di chi vuole frugare nelle pieghe più nascoste della vita di chiunque sia uscito dall'anonimato. Lo testimonia il successo di quelle riviste, che raggiungono tirature da primato. Che cosa cambia, nella vita dell'uomo della strada, se viene a sapere che la tale principessa aspetta un figlio, oppure che quel divo 30 dello schermo – che ama farsi vedere in giro al braccio di splendide ragazze – in realtà ha gusti un po' "diversi"? Queste trasgressioni dovrebbero interessare soltanto ai familiari, al massimo agli amici più intimi. Invece tutti dobbiamo conoscere, anche se 35 poco ce ne importa, quei malinconici dettagli di vita privata. A nulla serve non acquistare le riviste e guardare il meno possibile la televisione: i pettegolezzi sono gridati a ogni ora del giorno e ci aggrediscono dalle locandine delle edicole. 40

I paparazzi tendono i loro agguati, a volte con la complicità delle stesse "vittime", che li hanno informati sulle loro mosse. Non date loro retta quando si lamentano: senza i pettegolezzi si sentirebbero morire, sono i termometri della loro popolarità. Ma non 45 è di loro che intendiamo parlare. I veri responsabili del pettegolezzo siamo noi, con la nostra curiosità e la nostra voglia di sapere "che cosa c'è dietro". Le versioni ufficiali non ci convincono. Sappiamo che ogni casa è piena di armadi e che in ogni armadio c'è 50 uno scheletro. Quel leader di partito che sorride a trentadue denti, che scheletro nasconde nel suo armadio? Non occorre nemmeno andare tanto in alto. Di quella bella attrice che in pochi mesi ha conquistato la celebrità vogliamo sapere tutto: le storie 55 di letto, i compromessi. "Privacy", è per noi una parola senza senso. A meno che non si tratti della nostra "privacy": anche se non siamo famosi ci infuriamo se qualcuno cerca di scoprire qualcosa sul nostro conto. Come se non avessimo anche 60 noi il nostro scheletro nell'armadio. Ma, mentre ci sentiamo autorizzati a ficcare il naso nelle faccende altrui, non tolleriamo che qualcuno lo infili nei fatti nostri.

adattato da un articolo di Giovani Lovera
in *Enigmistica*

Indicate l'affermazione corretta tra le quattro proposte.

1. Secondo l'autore,
a) ultimamente i telegiornali riportano solo notizie buone
b) la televisione in genere non ci offre niente
c) la qualità delle informazioni che riceviamo è scadente
d) la televisione italiana è di pessima qualità

2. Agli italiani
a) interessano più gli attori che i politici o gli scienziati
b) non interessa molto il lavoro dei politici e degli scienziati
c) interessa solo che migliorino le loro condizioni di vita
d) non interessano molto le chiacchiere e il pettegolezzo

3. I pettegolezzi sui vip
a) si sanno anche senza comprare le riviste che le riportano
b) sono quasi sempre esagerati e, spesso, falsi
c) ci fanno acquistare più riviste e guardare di più la tv
d) sono spesso relativi ai familiari dei personaggi in questione

4. I paparazzi
a) sono spesso loro stessi "vittime" di queste storie
b) spesso si mettono d'accordo con le "vittime"
c) si lamentano perché vengono accusati
d) sono in fondo persone molto curiose

5. Secondo l'autore, moltissime persone
a) non capiscono la parola "privacy"
b) amano rendere pubblica la loro vita privata
c) amano indagare sugli altri, ma non il contrario
d) non hanno niente da nascondere

3. RIFLETTIAMO SUL TESTO

1 **Sottolineate a matita queste parole nell'articolo (vi diamo la riga esatta) e dal testo cercate di capire cosa significano. Poi indicate quale delle due definizioni date corrisponde meglio al significato che hanno in questo specifico contesto.**

indice (5)	catalogo	segno		*morbosa* (24)	anomala	esagerata
premessa (16)	presupposto	introduzione		*intendere* (46)	capire	avere intenzione
retroscena (18)	quinta/parte del teatro	segreto		*ufficiale* (49)	detto pubblicamente	formale

2 **A quali frasi o parole del testo corrispondo quelle date di seguito?**

isolati, senza contatto (1-8): ....
chi è diventato noto (22-29): ....
un altissimo numero di copie (26-33): ....
non prestate attenzione a loro (42-49): ....
su di noi, relativo a noi (55-62): ....
occuparsi degli altri, essere curiosi (58-65): ....

4. LAVORIAMO SUL LESSICO

1 **Nel testo abbiamo visto parole come** leader, privacy, flop; **lavorando in coppia abbinate le parole straniere che seguono, usate spesso in italiano, al loro equivalente in rosso; quale preferite usare?**

hostess ....
film ....
manager ....
sandwich ....

hobby ....
chauffeur ....
meeting ....
leader ....

autista   riunione
assistente di volo   capo
pellicola   dirigente
panino   passatempo

2 **In coppia cercate di spiegare, attraverso esempi orali o scritti, la differenza tra queste parole che possono confondere. Confrontate poi le vostre frasi con quelle dei compagni.**

a. **personaggio   persona   personale   personalità**
b. **famoso   popolare   rinomato   importante**
c. **sapere   conoscere   imparare   venire a sapere**

3 Completate le frasi con le parole date sotto; due parole sono superflue.

mondanità   violata   diva   scandali   stampa rosa   notorietà   intervista   curiosità

1. La grande .... ha rilasciato un'...................... esclusiva alla rivista *Chi*.
2. La .... si occupa spesso dell'attore, protagonista più spesso di .... che non di film.
3. I VIP godono di grande ...., però vedono spesso .... la loro privacy.

5. LAVORIAMO SULLA LINGUA

1 Completate il testo mettendo i verbi che seguono, presentati in ordine, al tempo e modo giusti.

1. spiare, 2. presentare, 3. individuare, 4. sfuggire, 5. nascondere, 6. respirare, 7. utilizzare, 8. fermarsi

Un milione di telecamere ci .... (1) nella vita di tutti i giorni fuori da ogni regola. Lo denuncia il Garante per la Privacy, che segue i problemi della videosorveglianza e ieri .... (2) i risultati di una prima indagine a campione: .... (3) ben 726 occhi elettronici nel centro di Roma, 213 a Milano, 120 a Napoli. Ma tanti altri .... (4) a questa ricerca perché a volte la telecamera è mimetizzata tra le foglie di un rampicante, oppure .... (5) dentro un buco della parete di una caserma. È una vera moda, quella delle telecamere, incentivata dal fortissimo bisogno di sicurezza che .... (6) in Italia. Molti cominciano però a lamentarsi: i vip che frequentano i negozi di via Montenapoleone a Milano, ad esempio, l'hanno fatto capire ai negozianti. Claudio Manganelli, uno dei saggi dell'Authority, segnala: «Nei supermercati spesso le tele-camere .... (7) per studiare i comportamenti dei clienti. Dove .... (8) più spesso, cosa attira di più la loro attenzione ecc.. La rapida diffusione di queste tecnologie è una costante erosione della privacy personale e delle libertà civili».

2 Date un titolo a questo testo; poi confrontate e motivate le vostre scelte.

6. SCRIVIAMO

1 Immaginate di essere giornalisti di una rivista scandalistica; scrivete un articolo (160 - 180 p.) su un divo del cinema, in base a queste indicazioni: *locale - sorpresi - abbracciati - moglie - accorgersi - arrabbiarsi*.
2 Immaginate di essere il personaggio protagonista dell'articolo di prima; scrivete una lettera (160 - 180 p.) al direttore della rivista per smentire la notizia e protestare per l'invasione della vostra vita privata. Nella prossima lezione fate un riassunto orale della vostra lettera ai compagni e tutti insieme votate le storie più originali!

7. RIFLESSIONI LINGUISTICHE

La parola 'paparazzo' è, come potete immaginare, di origine italiana e, per essere più precisi, di 'invenzione Felliniana'! Il grande Federico Fellini è stato il padre di questo termine: nel famoso film *La dolce vita* (1960), il protagonista (Marcello Mastroianni) è un giornalista che scrive per un rotocalco scandalistico; il suo amico fotoreporter nel film si chiama Paparazzo, cognome inventato dal regista. Da allora, e dato il successo mondiale de *La dolce vita*, questo termine è diventato internazionale.

PARLIAMO: se usate *La Prova orale 2*, vedete *Divismo e privacy* a p. 37.
ASCOLTIAMO: se usate *Ascolto Avanzato*, vedete *La stampa rosa in Italia* a p. 44.

1 Quanto è importante per voi la qualità degli alimenti che consumate? Quali cibi/prodotti considerate "di qualità" e quali no? Motivate le vostre risposte.

2 Leggete il testo per vedere se questi due prodotti dispongono delle caratteristiche di cui avete parlato.

LA QUALITÀ È SERVITA

A. Dal Medioevo, una intatta virtù

Il Parmigiano-Reggiano è un inno alla tradizione. A differenza di altri blasonati formaggi, infatti, non può essere 'fabbricato' industrialmente, 'lo si fa' solo con le mani esperte del formaggiaio, nello stesso modo artigianale dei tempi che furono. L'unica differenza rispetto ad un Parmigiano-Reggiano del XIII secolo è nel controllo qualità che, grazie al Consorzio di tutela preposto a questo pregiatissimo DOP*, assicura il rispetto delle rigide regole di produzione.

Forse i vastissimi pascoli di un tempo non ci sono più; ma alle mucche da latte 'preposte' al Parmigiano-Reggiano è riservata una dieta regale: solo foraggi di zona selezionati, profumatissimi e ricchi di elementi vitali, primo elemento di spicco che contraddistingue la qualità di questo formaggio. La lavorazione del latte segue un preciso iter (mai chiedere una visita guidata a mezzogiorno: si parte sempre di buon mattino!). Dopo l'aggiunta di caglio (elemento assolutamente naturale - nessun altro componente vi prende parte), il formaggio viene immesso in un bagno di acqua salata, dove elimina la sua acqua in eccesso e assorbe dolcemente una leggera quantità di sale. In seguito giunge negli spettacolari magazzini di stagionatura, dove riposerà fino a 24 mesi. Verso il 12° mese gli ispettori del Consorzio lo controllano: se presenta tutte le caratteristiche di idoneità, verrà marchiato. Cosa succede nel frattempo? Il Parmigiano-Reggiano continua a maturare. A differenza di altri formaggi, la totale assenza di conservanti non 'blocca' i naturali processi di trasformazione. Ciò consente al Parmigiano-Reggiano di arrivare a maturità con una ricchezza di sostanze, di aromi e di profumi di qualità incomparabile.

B. Vento fino, aria del buon mattino

L'aria prevalentemente è fine, viene dal mare, attraversa una zona che sa di querce, faggi e castagni, e si 'allarga' proprio in vista della pianura. Qui si trova un luogo ormai famosissimo: Langhirano. Qui ha patria il prosciutto più famoso del mondo, il Prosciutto di Parma. Oggi tutte le fasi della produzione sono regolate da rigidi protocolli, tutelati dal Consorzio del Prosciutto di Parma DOP: sono allevati esclusivamente maiali 'pesanti', italiani di nascita e di allevamento, macellati non prima del 9° mese di età e non prima di aver raggiunto i 140 kg.

Se è dolce, è quello di Parma

Il 'dolce' di Parma deriva dall'ottimale equilibrio fra parti grasse e parti magre delle cosce e dalle peculiarità del clima che, grazie al suo non eccessivo tenore di umidità, consente una salagione molto leggera. Dopo 12 lunghi mesi di riposo naturale, durante il quale è eliminata l'acqua in eccesso (il nome stesso 'prosciutto' significa 'prosciugato'), arriva la prova definitiva. Con un esame rigoroso, la "spillatura", un ispettore darà il verdetto. Verifica maturità e qualità del prosciutto con un ago d'osso in 5 precisi punti: solo se passa il difficile test, meriterà il marchio della Corona Ducale e sarà sempre pronto ad offrirsi all'ospite in sottili fette, per una alimentazione sana, naturale, altamente nutriente e digeribile.

La produzione del Prosciutto di Parma, in fondo, è una scommessa sul valore: su ciò che è così pregiato da meritar un anno di attenzione e un secolo d'esperienza e più di 2.000 anni di storia.

tratti da *www.stradadelprosciutto.it*

* DOP: Denominazione di Origine Protetta

2. COMPRENSIONE DEL TESTO

1 **Abbinate le informazioni sottoelencate al testo relativo.**

1. È possibile seguire da vicino alcune fasi della produzione.
2. Questo sapore particolare non si può ottenere altrove.
3. Tutto comincia con l'alimentazione giusta degli animali.
4. Il suo nome deriva da una fase della sua produzione.
5. Subito dopo essere marchiato può essere venduto e consumato.
6. Un prodotto molto simile si consumava anche nell'antichità.
7. La marchiatura non è l'ultima fase della produzione.
8. Non tutti i prodotti simili si producono nello stesso modo.

A   B

2 **Che cosa hanno in comune i due prodotti? A coppie scrivete o sottolineate nel testo questi elementi; in seguito confrontate la vostra lista con quelle delle altre coppie.**

a.

b.

c.

d.

3. RIFLETTIAMO SUL TESTO

A quali parole o frasi del testo corrispondono quelle date di seguito?

da re (¶ 2): ....

all'alba (¶ 2): ....

ciò che è di troppo (¶ 3): ....

ha il profumo (¶ 5): ....

severe regole (¶ 5): ....

un test rigido (¶ 6): ....

e.

f.

g.

h.

4. LAVORIAMO SUL LESSICO

1 **Riconoscete questi piatti (a-l)? Scrivete nel quaderno come si chiamano; inoltre scrivete se sono antipasti (A), primi piatti (PP), secondi (SP), contorni (C) ecc..**

2 **Abbinate le parole (1-17) alle immagini. Lavorate a coppie.**

i.

l.

1. patate, 2. pere, 3. ciliege, 4. mele, 5. funghi, 6. melone, 7. fragole, 8. anguria, 9. arance, 10. lattuga, 11. banane, 12. uva, 13. pomodori, 14. limoni, 15. cipolle, 16. carote, 17. cavolfiore

3 Completate le frasi con le parole adatte.

1. La dieta .... è considerata una delle più sane e l'olio di oliva è tra i suoi .... di base.
   ingrediente   naturale   mediterranea   cibo   leggera   alimentare

2. Il latte fresco è meglio di quello a lunga ...., basta consumarlo entro la data di ....
   produzione   conservazione   stagionatura   scadenza   marchiatura   allevamento

3. Mario è un .... giurato: non mangia che frutta e ....
   insalata   cibi transgenici   vegetale   verdura   buongustaio   vegetariano

4. Più .... ha un cibo e più .... è, specialmente se si mangia ....
   nutriente   vitamine   profumo   fresco   conservanti   freddo   acerbo

5. L'uomo può riconoscere quattro sapori diversi: dolce, acido, ... e ....
   amaro   piccante   grasso   salato   squisito   saporito

5. LAVORIAMO SULLA LINGUA

Costruite un testo collegando e sviluppando gli appunti che seguono.

- Snack? - No, grazie - bambini - scegliere - cibi genuini
- pizza - cibi fatti - casa - passioni - bambini - tavola - amano
- aiutare - genitori - preparazione - alimenti - rivela - indagine
- bambini - dimostrare - apprezzare - golosità casalinghe
- piuttosto - moderni snack industriali - dedicare - però
- poco tempo - pasti - due bambini su tre - impiegare
- colazione - 5 minuti - fretta - puntuali - scuola - 60 per cento
- riserva - pranzo - meno - mezz'ora - ben - 30 per cento
- consumare - colazione - da solo - oltre 50 - mangiare - Tv

Snack? No, grazie. I bambini scelgono i cibi genuini...

6. SCRIVIAMO

Immaginate di essere il responsabile di una rubrica di corrispondenza della rivista "Alimentazione e salute" e rispondete (200 - 220 p.) a questa lettera:

"Io e mia moglie litighiamo spesso quando si tratta di scegliere cosa mangiare: a me piace la carne rossa e la pasta; detesto il pesce o le verdure e ama cucinare lei; inoltre, mi piace ordinare la pizza o prepararla io, surgelata, ovviamente. Poi in ufficio mangio ciò che capita, spesso vado al fast-food. Intanto, ammettiamolo, è uno dei piaceri della vita. I bambini sono d'accordo con me, è mia moglie che parla continuamente di alimentazione sana, cucina leggera e roba del genere. Non crede che lei stia esagerando?"

7. RIFLESSIONI LINGUISTICHE

Il *carpaccio* è un famoso piatto italiano a base di carne cruda. Questo piatto è stato inventato negli anni '50 dal proprietario dell'*Harry's bar* di Venezia, un bar frequentato da molti vip. Secondo la leggenda, una cliente dell' *Harry's bar* amava molto la carne non cotta. Il proprietario, allora, pensò di servirle sottilissime fette di carne cruda. Siccome in quel periodo a Venezia c'era una mostra sul pittore Carpaccio, il piatto appena inventato prese il nome del pittore. Il piatto ebbe molto successo e il suo nome è usato come sinonimo di «cibo crudo».

PARLIAMO: se usate *La Prova orale 2*, vedete *Alimentazione e biotecnologia* a p. 97.
ASCOLTIAMO: se usate *Ascolto Avanzato*, vedete *Italiani e fast food* a p. 12 e *Prosciutto, ma non di Parma* a p. 39.

Il brano che leggerete tratta di telefonini e, in particolare, dell'uso che ne fanno gli italiani. In coppia pensate a due o tre punti che, secondo voi, vengono riferiti. Poi scambiatevi idee con le altre coppie. Dopo aver letto l'intero testo, verificate se avete indovinato bene i punti che commenta l'autore.

"QUELLI DEL TELEFONINO"

C'è sempre un oggetto che rappresenta gli italiani nel mondo. L'oggetto di questo decennio – non ci sono dubbi – è il telefono cellulare. In Europa siamo ormai «quelli del telefonino». L'associazione tra telefono cellulare e cittadino italiano è uscita dal campo delle statistiche, ed è entrata nella storia del costume. Se un tedesco vede un tipo che parla da solo per strada, tiene

5 la mano destra sull'orecchio e gesticola con la sinistra, non ha dubbi: è un italiano. La sigla GSM, in città come Parigi o Londra, ha assunto un nuovo significato: Gridare Senza Motivo.

Gli aeroporti sono diventati gabbie grandi. Subito dopo l'atterraggio, i passeggeri accendono febbrilmente il cellulare e iniziano trilli, squilli, melodie, motivetti, sfrigolii. Cosa facevamo prima che la TIM (Terribile Insidiosa Macchinetta) fosse inventata? Probabilmente riflettevamo sul fatto che la parola «Transfer» rias-

10 sume bene il significato dell'esistenza. Oggi siamo donnole impazzite. Corriamo avanti e indietro con le borse a rotelle. Maneggiamo biglietti e tagliandi, seguiamo cartelli ipnotici, ascoltiamo annunci surreali e, soprattutto, gridiamo nel telefono ogni sorta di informazioni: personali, familiari, finanziarie, sanitarie, sentimentali, sessuali. Le intercettazioni telefoniche, in Italia sono tempo sprecato. Basta che i servizi segreti piazzino dieci agenti tra Linate, Malpensa e Fiumicino, e sanno quello che succede.

15 Rientrando dall'estero, non c'è più bisogno di cercare l'uscita del volo per l'Italia: è l'unica dove tutti parlano al cellulare. Cosa dobbiamo dirci? Be', dobbiamo annunciare alla moglie «Guarda che sto arrivando»; dobbiamo spiegare al figlio dove siamo stati, e chiedere alla figlia dov'è stata; dobbiamo dire ad amici e parenti «Indovina da dove chiamo», che è un giochetto sciocco, ma ci piace da morire. Se in qualche angolo del cosmo viene tenuto il Grande Tabulato Universale con la registrazione di tutte le telefonate cel-

20 lulari da e per l'Italia, risulterà chiaro: cinque su dieci erano superflue.

Gli scandinavi – è vero – possiedono più telefonini di noi in percentuale, ma nessuno ci batte nella speciale classifica della «estrazione». Nessuno tira fuori il cellulare quanto un italiano, nessuno lo mostra, lo maneggia, lo coccola e lo esibisce come noi. Il telefonino non viene tenuto nascosto, col pudore suggerito da un oggetto tanto invadente. Noi lo portiamo appeso alla cintura, lo sfoderiamo,

25 lo puntiamo al posto del dito indice. Siamo i pistoleri telematici dell'era moderna, e gli stranieri rimangono turbati.

Non c'è invece da scandalizzarsi: tutte le rivoluzioni attraversano una fase ludica. Sono certo che i proprietari delle prime automobili non dovevano andare da nessuna parte: giravano intorno all'isolato e suonavano il clacson. Il cellulare sta subendo la stessa sorte, da giocat-

30 tolo a strumento di vita e di lavoro. Chi ne diventerà schiavo, d'ora in poi, dovrà rimproverare soltanto se stesso (ma ricordiamoci che certa gente riesce a diventar schiava di tutto: calcio, politica e cioccolato al latte).

adattato da Manuale dell'imperfetto viaggiatore, di Beppe Severgnini, ed. Superbur

1 Indicate l'affermazione giusta tra quelle proposte.

1. Gli italiani si riconoscono per strada perché
a) parlano continuamente al cellulare
b) hanno un modo particolare di parlare al cellulare
c) parlano tra di loro gridando e gesticolando
d) mentre camminano parlano da soli

2. Subito dopo l'atterraggio di un aereo
a) decine di telefonini cominciano a squillare
b) tutti cercano l'uscita del transfer
c) tutti cercano l'uscita del loro volo
d) tutti gridano senza motivo

3. Al ritorno dall'estero gli italiani
a) chiamano i familiari per avvisare del ritardo
b) amano scherzare telefonando ai loro familiari
c) di solito telefonano per parlare di cose serie
d) amano usare il cellulare anche senza motivo

4. Rispetto ad altri popoli gli italiani
a) possiedono in media più cellulari
b) hanno di solito i telefonini più moderni
c) usano il cellulare con poca discrezione
d) sono meno esibizionisti

5. Secondo Severgnini, il telefonino
a) è una grande rivoluzione tecnologica
b) non si usa ancora in modo tanto "maturo"
c) è inutile nella maggior parte dei casi
d) è un'invenzione poco evoluta

2   In quale riga credete si trovi la risposta di ogni domanda? Scambiatevi idee con i vostri compagni.

3. RIFLETTIAMO SUL TESTO

1   Come andrebbero riformulate le frasi che seguono, se contenessero o iniziassero con le parole date?

se un tedesco vede ... dubbi (4) *vedesse* ....

basta che ... agenti (13) *bastava* ....

il telefonino ... nascosto (23) *si* ....

sono certo ... parte (27) *non sono* ....

2   Riflettete sulle parole che seguono: quale delle definizioni date corrisponde meglio al loro significato? Poi trovatele nel brano e verificate le vostre risposte.

costume (4)   usanza   tradizione

piazzare (14)   sistemare   mettere

indovinare (18)   scoprire   prevedere

battere (21)   colpire   superare

isolato (29)   blocco di case   allontanato

schiava (31)   dipendente   prigioniera

4. LAVORIAMO SUL LESSICO

1   Completate questo biglietto con alcune delle parole date a fianco. Conoscete tutte queste parole?

TESORO,
DEVO SCAPPARE, SONO IN RITARDO. ASPETTO CON ANSIA UNA TUA .... PRIMA DI USCIRE DI CASA, PER FAVORE CONTROLLA SE HAI CON TE IL MIO NUMERO .... MI PUOI CHIAMARE A QUALSIASI ORA AL ...., OPPURE AL TELEFONO ...., QUELLO DI CASA. SE PER CASO NON MI TROVI, LASCIA UN MESSAGGIO ALLA MIA .... TELEFONICA. SE NON TI È POSSIBILE TELEFONARE DALL'UFFICIO, FORSE POTRESTI USCIRE E TROVARE UNA .... TELEFONICA (TI LASCIO ANCHE LA MIA .... TELEFONICA). IO, COMUNQUE, HO CARICATO LA .... DEL MIO ...., E PENSO GIÀ AL DOLCE .... DELLA TUA TELEFONATA.
A PRESTO!
BACI, M.

P.S. SE VUOI, ... UN SMS, ANCHE BREVE.

di telefono   fisso
squillo   prefisso
batteria   cellulare
chiamata   scheda
senza filo   cornetta
mandare   ricevere
segreteria   canone
bolletta   interurbana
telefonino   cabina

2 Formate quattro coppie di contrari con queste parole date alla rinfusa; due parole sono superflue.

> oscuro gridare accendere sprecare risparmiare
> riflettere chiaro sussurrare sciocco spegnere

....

1 Nel testo abbiamo visto parole alterate come *telefonino, macchinetta, giochetto*. Usate questi suffissi per formare i diminutivi delle parole: *-ino, -etto, -otto, -ello*.

> ragazzo   casa   pacco   paese
> giovane   povero   storia   sorella

....

2 Completate il testo con le parole mancanti (usate una sola parola).

Tanti messaggi sul telefonino, uno dietro l'.................... (1). Spediti da una ragazza di cui non .... (2) conosce il volto, ma della quale, messaggio dopo .... (3), si comincia a conoscere il dramma. Fino a capire .... (4) un gesto estremo è vicinissimo e riuscire .... (5) bloccarlo in extremis. È stata salvata .... (6), Luisa, una ventunenne di Milano. Gli .... (7) l'hanno trovata sdraiata sul letto, con .... (8) flacone di *Lexotan* sul comodino.
Tutto comincia quando Luisa .... (9) di farla finita. Prima però decide di .... (10) il suo dramma a qualcuno. Prende il .... (11) e digita un numero a caso. L'sms .... (12) e arriva sul telefonino di un .... (13) di Bologna che, quando lo legge, non .... (14) preoccupa più di tanto. Pensa ad uno .... (15). Per curiosità risponde. Piano piano, il ragazzo .... (16) che la situazione è grave e realizza che Luisa sta veramente tentando di suicidarsi...

Continuate la notizia di cronaca di sopra. Potete anche raccontare la storia come se foste il ragazzo che riceve il messaggio di Luisa. Fate poi un breve riassunto orale delle vostre storie ai compagni e votate tutti insieme quella più originale. (160 - 200 p.)

Dividetevi in due gruppi e preparate due liste: una con i pro e una con i contro dei cellulari; il gruppo che riesce a trovare più punti (positivi o negativi che siano) vince. Attenzione: ogni punto deve essere approvato dai "concorrenti", quindi motivato, se necessario.

PARLIAMO: se usate *La Prova orale 2*, vedete i compiti 11 a p. 101, 27 a p. 104. o 31 a p. 105.
ASCOLTIAMO: se usate *Ascolto Avanzato*, vedete *Telefonini* a p. 47.

Nel 1849 l'italiano Antonio Meucci ideò e costruì un apparecchio capace di trasmettere a distanza la voce umana. Il brevetto relativo fu da lui depositato negli Usa solo nel 1871 e, per problemi economici, ceduto nel 1874. Due anni dopo l'inventore anglo-americano G. Bell presentò domanda di brevetto di un analogo apparecchio. Successivamente perfezionato, si diffuse con il nome *telephone*, parola composta dalle voci greche *tele*, cioè da lontano, a distanza e *phoné*, suono, voce. Recentemente anche il Congresso americano ha riconosciuto Meucci come il vero inventore del telefono.

"Stavo guidando e parlando al cellulare quando, ad un tratto, è suonato il mio secondo cellulare."

1. PRIMA DI LEGGERE

1 Tutti facciamo dei gesti mentre parliamo, altri di più,
   altri di meno: in coppia pensate a 2-3 gesti "internazionali", quelli che chiunque può capire. Poi scambiatevi
   idee con le altre coppie.
2 Potete pensare a qualche gesto "esclusivamente" italiano?
   (cercate di ricordare italiani che magari conoscete o che
   avete visto in qualche film ecc.). Scambiatevi idee.

I GESTI ITALIANI

I gesti italiani sono giustamente famosi. E, infatti, gli italiani se ne avvalgono più abbondantemente, con
maggiore efficacia e immaginazione di altri popoli. Si servono dei gesti per sottolineare o chiarire qualunque
cosa si dica, per lasciar capire parole e intenzioni che non è prudente esprimere esplicitamente, a volte solo
per comunicare qualcosa da molto lontano, là dove la voce non potrebbe giungere. Nel dinamico mondo
5 d'oggi, i gesti vengono impiegati sempre per risparmiare tempo. Gli automobilisti non rallentano più né perdono secondi preziosi per urlarsi a vicenda o ai pedoni insulti comprensibili e precisi. Si limitano a tendere,
senza rallentare, una mano nella direzione approssimativa della persona alla quale vogliono comunicare il
messaggio, una mano con tutte le dita piegate tranne l'indice e il mignolo. Il gesto lascia capire che l'altro
individuo porta, o porterà tra breve le corna, in altri termini sarà fatto becco dalla moglie, dalla fidanzata o
10 dall'amante, o dalla vita in genere. Alcuni gesti sono convenzionali quanto l'alfabeto dei sordomuti o il linguaggio a cenni degli indiani d'America. Quasi tutti, tuttavia, si basano su movimenti naturali e istintivi,
comuni alla maggioranza degli uomini, senza dubbio comuni a tutti gli uomini dell'Occidente, ma elaborati,
resi più espressivi, raffinati, trasformati in arte. Come tutte le grandi arti tradizionali, anche questa può essere
in genere compresa a prima vista anche dagli inesperti.
15 La mimica non è, come molti stranieri ritengono, sempre esagerata e drammatica, non consiste in enfatici
contorcimenti delle braccia e del corpo, nell'agitare le mani e le dita. Probabilmente fu la recitazione dei can-
tanti d'opera, una grossolana caricatura del gestire naturale degli italiani, a diffondere questa impressione er-
ronea. In realtà i gesti più efficaci sono spesso così economici da essere quasi impercettibili. È noto, ad
esempio, che i siciliani comunicano una vasta gamma di messaggi gravi e talora mortali senza servirsi delle
20 mani. Per loro, il mento alzato lentamente significa «Non lo so», o, più spesso, «Può darsi che lo sappia, ma
non parlo». È la risposta che ottiene sempre la gente quando interroga possibili testimoni di un assassinio
commesso alla presenza di centinaia di persone nell'affollata piazza di un mercato. È anche la risposta che
l'innocuo straniero ottiene da diffidenti contadini, quando domanda semplicemente qual è la strada per il vil-
laggio più vicino.
25 Le dita tese di una mano che si spostano lentamente avanti e indietro sotto il mento alzato significano: «Me
ne infischio. Non è affar mio. Non contate su di me». Questo è il gesto che fece nel 1860 il nonno del signor
O.O. di Messina, a una richiesta di Garibaldi. Il generale che aveva già conquistato l'isola con i suoi volontari e stava per passare sul continente gli disse: «Giovanotto, non vuoi prendere parte alla lotta per liberare
i fratelli nell'Italia meridionale? Come puoi dormire mentre il tuo paese ha bisogno di te?». Il giovanotto
30 aprì gli occhi, ascoltò e senza emettere un suono, fece quel gesto. Garibaldi spronò il cavallo e proseguì.

adattato da *Gli italiani, vizi e virtù di un popolo*, di Luigi Barzini, ed. Superbur

2. COMPRENSIONE DEL TESTO

1 **Rispondete, con parole vostre, alle domande (con un massimo di 20 p.).**

1. Per quali motivi gli italiani usano spesso i gesti? ....
   ....

2. In che modo è cambiato il comportamento degli automobilisti? ....
....

3. Che impressione hanno gli stranieri dei gesti italiani? ....
....

4. In quali occasioni un siciliano alzerebbe lentamente il mento? ....
....

5. Come rispose il giovane a Garibaldi? ....
....

2 **Il primo paragrafo del testo è abbastanza lungo (224 p.); in genere paragrafi troppo lunghi tendono a stancare il lettore, cosa che anche voi, scrivendo, dovreste tener presente. In quali punti lo potreste dividere per ottenere tre paragrafi più brevi (senza contare le parole ovviamente)? Lavorate a coppie. In seguito confrontate le vostre scelte con quelle dei compagni.**

3. RIFLETTIAMO SUL TESTO

1 Costruite delle frasi usando queste espressioni.

a vicenda (6)	*a prima vista* (14)	*in realtà* (18)
in altri termini (9)	*consiste in* (15)	*talora* (19)

2 A quali frasi o parole del testo corrispondono quelle date di seguito?

dire chiaramente (2-5): ....
presto (7-10): ....
idea sbagliata (16-19): ....
una grande varietà (19-22): ....
non me ne importa niente (25-28): ....
senza dire niente (27-30): ....

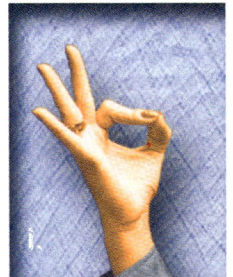

4. RIFLETTIAMO SUI GESTI

Osservate questi gesti: a coppie cercate di decifrarli e poi scambiatevi idee con i compagni. In seguito abbinate le immagini alle frasi che seguono.

____ "Quei due sono d'accordo"   ____ "Me ne frego"
____ "Come sono contento!"   ____ "Che rabbia!"
____ "Sei un cornuto!"   ____ "Io me ne vado"
____ "Era pieno così"   ____ Segno di scongiuro
____ "Eccellente!"
____ "Ma che vuoi?"
____ "Dai, ti prego!"
____ "Tutto bene!"

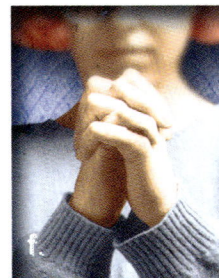

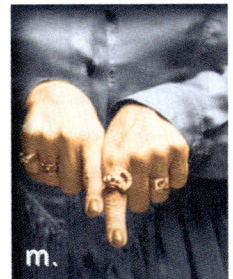
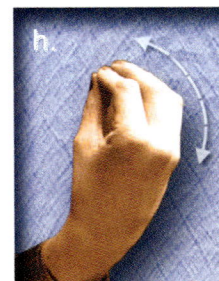

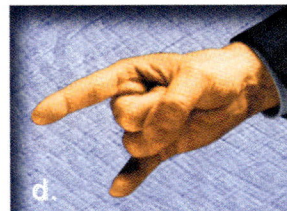
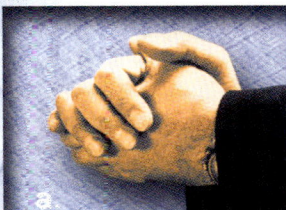

Provate a fare anche voi questi gesti; quali vi piacciono di più? Quali di questi gesti hanno lo stesso significato nel vostro paese?

5. LAVORIAMO SUL LESSICO

1 Date i sostantivi che derivano dai verbi. Lavorate in coppia.

richiedere ....   risparmiare ....   assassinare ....

insultare ....   piegare ....   diffidare ....

2 Formate coppie di sinonimi o di contrari con le parole date; quelle in blu si trovano nel testo.

> interrogare   rallentare   grossolano   innocuo   pregiato   domandare
> prezioso   delicato   sollecitare   spronare   accelerare   pericoloso

....

....

3 Collegate le parole al dito corrispondente. Vi serve una mano?

____ anulare   ____ mignolo

____ pollice   ____ indice   ____ medio

1.

2.

3.

4.   5.

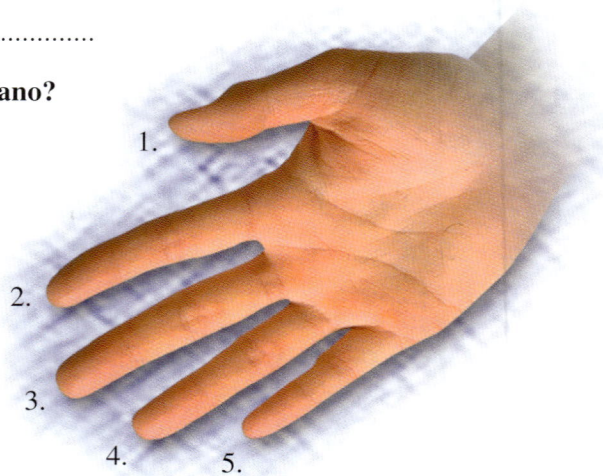

6. LAVORIAMO SULLA LINGUA

Correggete gli errori presenti nel testo.

1   Uno dei gesti siciliani più economici ed elo-
2   quenti <u>li</u> vidi un giorno, molti anni fa, all'in-
3   gresso dell'Hotel des Palmes, a Palermo. Un
4   tale entrai dalla strada. Voleva oviamente che
5   tutti sapessero all'istante, al di là di ogni dub-
6   bio, chi era un gentiluomo, un gran signore,
7   uno uomo facoltoso e autorevole, abituato per
8   comandare ed essere servito. Si guardò intor-
9   no come cercando un amico, si tolgò il cap-
10   potto, lo tenne a braccio teso per una frazione
11   di secondo, poi, senza darsi la pena di guar-
12   dare se al tuo fianco si trovasse un inserviente
13   a raccogliere, lo lasciò cadere. Un vero signo-
14   re ha sempre acanto qualcuno pronto a racco-
15   glierle il cappotto, quanto se lo toglie. Non è
16   affatto necessario che se ne accerti. Il cappo-
17   to, naturalmente non cadde a terra. Un fattori-
18   no era lì, pronto ad aferrarlo.

7. SCRIVIAMO

"Non ha detto niente, ma quel suo gesto era fin troppo chiaro...". Scrivete un racconto che inizi o che finisca con questa frase. (160 - 200 p.)

8. RIFLESSIONI LINGUISTICHE

Abbiamo visto il gesto che si fa quando si vuole scongiurare il maleficio. Tale gesto deriva proba-bilmente dagli antichi Romani i quali portavano spesso un anello portafortuna all'indice e al mi-gnolo.
Nel primo testo abbiamo visto anche la parola *assassino* che proviene dall'arabo *hashshiya* (fu-matore di hashish): si riferiva ad una gruppo di violenti guerrieri musulmani del XII secolo, i quali compivano le loro sanguinose follie solo sotto l'effetto della droga. La parola *assassino* compare per la prima volta nell'*Inferno* di Dante.

1. PRIMA DI LEGGERE

Leggete solo la prima riga di ogni paragrafo di questo racconto di Dino Buzzati, uno dei grandi scrittori della letteratura italiana del '900; a coppie scrivete una o due brevi note su che cosa sta succedendo, senza far vedere ai compagni le vostre idee. Quando avrete letto l'intero testo rivelate le vostre ipotesi; chi si è avvicinato di più alla verità?

QUALCOSA ERA SUCCESSO

Il treno aveva percorso solo pochi chilometri quando a un passaggio a livello vidi dal finestrino una giovane donna. Fu un caso, potevo guardare tante altre cose invece lo sguardo cadde su di lei che non era bella, non aveva proprio niente di straordinario, chissà perché mi capitava di guardarla. Si era evidentemente appoggiata alla sbarra per godersi la vista del nostro treno, superdirettissimo, espresso del nord,
5   simbolo, per quelle popolazioni incolte, di miliardi, vita facile, avventurieri, celebrità, dive cinematografiche, una volta al giorno questo meraviglioso spettacolo, e assolutamente gratuito per giunta.

Ma come il treno le passò davanti lei non guardò dalla nostra parte (eppure era là ad aspettare forse da un'ora) bensì teneva la testa voltata indietro badando a un uomo che arrivava di corsa dal fondo della via e urlava qualcosa che noi naturalmente non potemmo udire: come se accorresse a pre-
10   cipizio per avvertire la donna di un pericolo. Ma fu un attimo: la scena volò via, ed ecco io mi chiedevo quale affanno potesse essere giunto, per mezzo di quell'uomo, alla ragazza venuta a contemplarci. E stavo per addormentarmi al ritmico dondolio della vettura quando, per caso, notai un contadino in piedi su un muretto che chiamava verso la campagna facendosi delle mani portavoce. Fu anche questa volta un attimo perché il direttissimo filava, eppure feci in
15   tempo a vedere sei sette persone che accorrevano attraverso i prati, le coltivazioni, non importa se calpestavano l'erba, doveva essere una cosa assai importante. Venivano da diverse direzioni, diretti tutti al muretto con sopra il giovane chiamante. Correvano, accidenti se correvano, si sarebbero detti spaventati da qualche avvertimento inaspettato che li incuriosiva terribilmente, togliendo loro la pace della vita.
20   Che strano, pensai, in pochi chilometri già due casi di gente che riceve una improvvisa notizia, così almeno presumevo. Ora, vagamente suggestionato, scrutavo la campagna, le strade, i paeselli, le fattorie, con presentimenti ed inquietudini.

Forse dipendeva da questo speciale stato d'animo, ma più osservavo la gente più mi sembrava che ci fosse dappertutto una inconsueta animazione. Ma sì, perché quell'andirivieni nei cortili, quelle donne
25   affannate, quei carri, quel bestiame? Dovunque era lo stesso. A motivo della velocità era impossibile distinguere bene eppure avrei giurato che fosse la medesima causa dovunque. Forse che nella zona si celebravano sagre? Che gli uomini si preparassero a raggiungere il mercato? Ma il treno andava e le campagne erano tutte in fermento, a giudicare dalla confusione. E allora misi in rapporto la donna del passaggio a livello, il giovane sul muretto, il viavai dei contadini: qualche cosa era successo e noi sul treno
30   non ne sapevamo niente.

Guardai i compagni di viaggio, quelli nello scompartimento, quelli in piedi nel corridoio. Essi non si erano accorti. Sembravano tranquilli e una signora di fronte a me sui sessant'anni stava per prender sonno. O invece sospettavano? Sì, sì, anche loro erano inquieti, uno per uno, e non osavano parlare. Più di una volta li sorpresi, volgendo gli occhi rapidissimi, guardare fissamente fuori. Ma di che avevano
35   paura?

adattato da Il meglio dei racconti di Dino Buzzati, Oscar Mondadori ed.

2. COMPRENSIONE DEL TESTO

1 Indicate l'affermazione giusta tra le quattro proposte.

1. Il protagonista vide dal finestrino
a) una ragazza che stava ammirando il treno
b) una ragazza che stava aspettando il treno
c) una ragazza che voleva salire sul treno
d) una bella ragazza che lo stava guardando

2. Mentre il treno le passava davanti, la ragazza
a) stava urlando qualcosa di incomprensibile
b) si mise a correre verso il fondo della via

c) guardava un uomo che stava urlando
d) era come se stesse pensando a qualcosa

3. Più avanti il protagonista notò
a) alcune persone che correvano verso un giovane
b) un giovane che correva verso alcune persone

c) dei contadini che lavoravano nei prati
d) un contadino curioso che guardava il treno

4. Pian piano il protagonista cominciò a pensare che
a) qualcosa fosse effettivamente successo
b) tutto fuori fosse completamente normale

c) probabilmente fosse solo la sua fantasia
d) fosse la velocità a creare uno strano effetto

5. Osservando i suoi compagni di viaggio
a) capì che era l'unico a pensare queste cose
b) notò che condividevano la sua preoccupazione

c) capì il motivo della loro preoccupazione
d) si accorse che erano più tranquilli di lui

2 Cosa pensate dello stile dell'autore? Vi piace o no e perché? Quali punti in particolare?

3. RIFLETTIAMO SUL TESTO

1 Individuate nel testo parole ed espressioni che corrispondono a quelle date di seguito.

scomparse, svanì (9-12): ....

usando le mani per farsi sentire (12-15): ....

il treno correva (14-18): ....

creando in loro agitazione (17-22): ....

viavai, movimento continuo (22-26): ....

gli altri passeggeri (30-33): ....

2 Come direte con parole vostre le seguenti frasi?

fu un caso (2): ....

popolazioni incolte (5): ....

per mezzo di quell'uomo (11): ....

si sarebbero detti (18): ....

una inconsueta animazione (24): ....

4. LAVORIAMO SUL LESSICO

1 Completate le frasi con le parole giuste scegliendole tra quelle in blu.

> stazione, sconto, scompartimento, binario, capostazione, biglietteria, multa
> vagone letto, diretto, espresso, locale, Intercity, partenza, arrivo, passeggero
> vettura, seconda classe, rotaie, convalidare, controllore, ferrovie, tariffa

1. Meno male che ho chiesto al ...., altrimenti stavo ancora ad aspettare al .... sbagliato.
2. Il .... mi ha svegliato entrando nel mio .... gridando "biglietti!".
3. Le .... dello Stato hanno annunciato .... ridotte per i mesi estivi.
4. Ho preso una .... perché non avevo .... il mio biglietto prima della ....
5. Un .... ci mette meno di 5 ore per arrivare da Roma a Milano; un .... non ci arriva mai!

2 Le coppie di parole che seguono sono tra loro sinonimi (=), contrari (#) o proprio estranee (-)?

osare esitare	godersi gustarsi	medesimo diverso	scrutare ascoltare
straordinario splendido	togliere sottrarre	meraviglioso immenso	
badare interessarsi	presumere verificare	inconsueto solito	

5. LAVORIAMO SULLA LINGUA

1 Nel testo abbiamo visto alcune congiunzioni come invece, eppure, allora, bensì; collegate opportunamente le frasi che seguono con una congiunzione di vostra scelta, collocandola anche all'inizio della frase se volete.

l'affitto è abbastanza alto - non penso di cercare un altro appartamento
Maria ha fatto ottimi studi - trovare lavoro non è stato un problema per lei
Beppe non aveva studiato affatto - è stato giustamente bocciato
penso di venire con voi in discoteca - ci sia anche Davide che non sopporto proprio
ti sei arrabbiato - in questo caso non avevi ragione
Andrea è un testardo - dubito che ammetterà di avere torto

2 Completate opportunamente il testo inserendo negli spazi numerati la parte mancante scegliendola tra quelle sottoelencate. Una sola è la scelta possibile mentre due frasi sono superflue.

Un giovane al mio fianco, con l'aria di sgranchirsi, ... (1). In realtà voleva vedere meglio e si curvava sopra di me .... (2). Fuori, le campagne, il sole, le strade bianche e sulle strade carriaggi, camion, ... (3), lunghe carovane come quelle che traggono ai santuari nel giorno del patrono. Ma erano tanti, sempre più folti man mano .... (4). E tutti avevano la stessa direzione, scendevano verso Mezzogiorno, ... (5) mentre noi gli si andava direttamente incontro, a velocità pazza ci precipitavamo .... (6), la rivoluzione, la peste, il fuoco, che cosa .... (7)? Non lo avremmo saputo che fra cinque ore, al momento dell'arrivo, e forse .... (8).

Nessuno diceva niente. Nessuno voleva essere il primo a cedere. .... (9), come facevo io, nell'incertezza se tutto quell'allarme fosse reale o semplicemente un'idea pazza, allucinazione, ... (10) che infatti nascono in treno quando si è un poco stanchi.

a) poteva esserci mai
b) sarebbe stato troppo tardi
c) guardava la gente fuori dal finestrino
d) ciascuno forse dubitava di sé
e) per essere più vicino al vetro
f) che il treno si avvicinava al nord

g) uno di quei pensieri assurdi
h) verso la guerra
i) gruppi di gente a piedi
l) fuggivano il pericolo
m) si era alzato in piedi
n) salutava nella nostra direzione

6. SCRIVIAMO

1 Continuate il racconto di sopra ("Qualcosa era successo"). (140 - 180 p.)
2 "È stato un viaggio che, bene o male, non dimenticherò mai". Continuate la narrazione. (160 - 200 p.)

PARLIAMO: se usate *La Prova orale 2*, vedete *In guerra con la natura* a p. 85 e *La guerra* a p. 111.
ASCOLTIAMO: se usate *Ascolto Avanzato*, vedete *Concorso di narrativa* a p. 26.

1. PRIMA DI LEGGERE

1 Vi capita mai di dimenticare delle cose, momenti in cui la vostra memoria vi "tradisce"? A coppie parlatene, scrivendo 3-4 situazioni del genere e poi confrontatele con quelle dei compagni.

2 Che spiegazione potete dare a questi vuoti? Scambiatevi idee. Poi, leggendo il testo, vedrete i veri motivi di questi... scherzi della memoria.

CHE SCHERZI FA LA MEMORIA!

«Lo so, ce l'ho sulla punta della lingua...». Chissà quante volte sarà capitato anche a voi di inseguire una parola che si conosce benissimo ma che, in quel preciso momento, proprio non vi viene in mente.

5 Piccole amnesie che qualche volta impensieriscono anche un po', perché insinuano il dubbio che possano essere il preludio a chissà quali gravi disturbi della memoria. In realtà, se non riuscite a ricordare una parola o il nome di una persona che non vedete da

10 tempo, non è affatto il caso di preoccuparsi. Per capire quanto il fenomeno sia diffuso e universale, basti pensare che un ricercatore ha elencato in un recente saggio ben quarantacinque termini che, in lingue diverse, indicano queste innocue dimenticanze. Una ri-

15 prova del fatto che i vuoti di memoria capitano a tutti e in tutto il mondo.

Ma perché succedono questi strani scherzi della memoria? Lo abbiamo chiesto a Michele Miozzo, docente di psicolinguistica presso la Columbia Univer-

20 sity di New York.

Ricordi sospesi nel vuoto

«Le parole sono costituite da un intreccio di informazioni diverse che riguardano non solo il significato, ma anche la forma grammaticale e il suono. Tro-

25 vare un certo termine, quindi, è un processo piuttosto complicato, perché le singole informazioni vengono recuperate e selezionate in aree celebrali differenti, attraverso meccanismi diversi. Quando una parola ci sfugge, è semplicemente perché la complessa opera-

30 zione che serve per dare voce a un concetto non ha funzionato nel modo giusto, in quanto abbiamo rin-tracciato solo una parte delle indicazioni necessarie ad attivare il ricordo. Il termine che stiamo cercando resta sospeso nel vuoto, mentre il cervello continua la ri- 35 cerca».

Che cosa sto cercando?

Oltre che delle parole, a volte ci si può dimenticare anche di persone o di azioni che si vorrebbero compiere. Vi è mai capitato di incontrare al cinema il 40 vostro giornalaio e non riconoscerlo? O di alzarvi dal divano per andare a prendere un oggetto in un'altra stanza e, una volta lì, non sapere più che cosa stavate cercando? «Questi improvvisi vuoti dipendono dall'interferenza con altri processi mentali. Spesso non 45 ricordiamo qualcosa quando siamo stressati o particolarmente ansiosi, come prima di un esame. In altri casi invece questo avviene perché ci troviamo al di fuori del contesto al quale abitualmente associamo un ricordo». Così, quando vediamo il nostro giornalaio 50 nell'edicola non abbiamo, ovviamente, alcun problema di riconoscimento; ma se ci imbattiamo in lui in un ambiente diverso potrebbe benissimo capitarci di non riuscire a identificarlo. E quando andiamo in camera da letto per prendere un oggetto e non sappiamo 55 più perché ci troviamo lì? Se torniamo al "punto di partenza" è probabile che l'oggetto della nostra amnesia ci torni subito alla mente, proprio perché ci avevamo pensato in quel luogo particolare.

adattato da Vera

2. COMPRENSIONE DEL TESTO

1 Cercando di non ripetere le frasi del testo, rispondete alle domande (20 parole).

   1. Perché alcune persone spesso si preoccupano di amnesie istantanee?....................................
   ....

   2. Sono preoccupanti situazioni del genere o no e perché?..
   ....

3. Cosa succede quando non riusciamo a ricordare una parola? ....
......

4. Perché ci può capitare di non riconoscere un conoscente? ....
......

5. Come dobbiamo agire quando non ricordiamo cosa volevamo fare? ....
......

2 Selezionate un adeguato sottotitolo per ogni paragrafo. Uno dei titoli è superfluo.

Ricordi legati a contesti   Non succede solo a te
Come migliorare la memoria   Come ricordiamo

3. RIFLETTIAMO SUL TESTO

1 Riformulate queste tre frasi rendendole impersonali.

1. se non riuscite ... preoccuparsi (8-10)   2. Spesso non ... ansiosi (45-47)   3. Così, ... riconoscimento (50-52)

....
....
....

2 A quali parole e frasi del testo corrispondono quelle date di seguito?

preannuncio, inizio (6-12): ....
amnesie poco preoccupanti (13-21): ....
esprimere un pensiero (27-35): ....
bloccato, fermato (33-41): ....
quando ci siete arrivati (40-47): ....
se lo incontriamo (50-58): ....

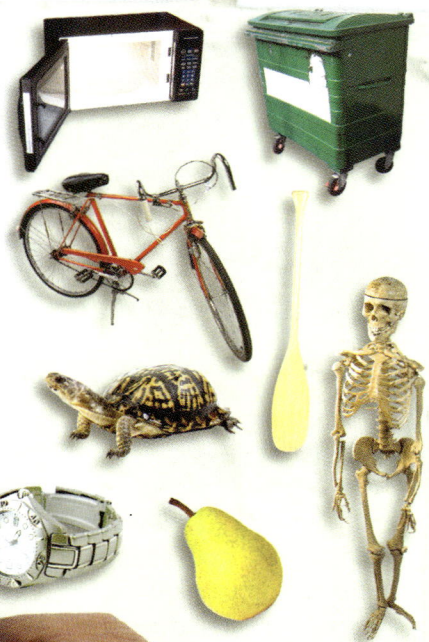

4. TEST DI MEMORIA

A coppie osservate questi oggetti, che abbiamo visto in testi precedenti: avete 30 secondi di tempo per scrivere nel quaderno tutte le parole che ricordate. Vediamo quanti di voi hanno una memoria di ferro.

Che memoria avete

Se avete scritto più di 25 parole, complimenti: non avete solo una memoria da elefante, siete degli elefanti proprio! Da 15 a 25 parole forse non avete una memoria di ferro, ma di alluminio senz'altro. Da 10 a 15 parole beh, qualche esercizio per rafforzare la memoria non vi farebbe male. Se avete scritto meno di 10 parole, pazienza: o siete tra quei tipi che spesso dimenticano perfino il loro nome, oppure, probabilmente, dovreste studiare un po' di più! Se, infine, avete scritto più di 30 parole, siete proprio dei geni! (visto che le parole erano 30 in tutto...)

5. LAVORIAMO SULLA LINGUA

1 Nel testo abbiamo visto l'espressione "dare voce"; nelle frasi che seguono sostituite le parti in blu con i modi di dire con il verbo dare.

1. Nonostante fossi nuovo in ufficio, il direttore mi ha dato completa fiducia, quindi la colpa è tutta sua...
2. Poco prima delle elezioni il governo ha fatto iniziare i lavori per un'opera annunciata alle elezioni precedenti...
3. Tesoro, presta ascolto a tuo papà: c'è tempo per gli amori, ora pensa solo alla tua laurea...
4. A volte il tuo egoismo mi infastidisce, specialmente quando non ammetti che ho sempre ragione io!
5. Il mio ex marito considerava certo che avrei abbandonato carriera e amici: ex marito, appunto...

dare...   retta   il via a   per scontato   carta bianca   ai nervi

2 Costruite un testo collegando e sviluppando opportunamente gli appunti.

- turista tedesco - 48 anni - 'dimenticato' - moglie - figlioletta - area - servizio
- autostrada A14 - vicino Falconara - ripartito - bordo - camper - rintracciarlo
- necessario - intervento - polizia stradale - quando l'uomo - arrivare - area
- servizio - moglie - figlia - dormendo - interno - camper - ripartito - breve assenza
- non accorgersi - mamma e figlia - scese - donna - attendere - marito - tornare
- prenderla - un'ora - intorno - 20 - aiuto - personale - distributore
- polizia stradale - pattuglia - attendere - camper - casello di Cattolica
- auto - già passata - fine - ignaro padre - arrivato - Cesena - rintracciato
- telefonata - cellulare - indietro - riprendersi - moglie e figlia

Un turista tedesco, 48 anni, ha 'dimenticato' la moglie e la figlioletta in un'area di servizio...

6. SCRIVIAMO

Sono sempre di più le aziende (ma anche scuole private, università ecc.) che sottopongono i loro candidati a dei test di I.Q., i cui risultati pesano spesso quanto gli studi. C'è chi critica questi metodi, sostenendo che così vengono premiate le persone dotate dalla natura e "punite" di conseguenza le altre che, nonostante gli sforzi e i sacrifici, avranno sempre meno opportunità. Si tratta forse di una nuova forma di razzismo? Esponete le vostre riflessioni in proposito. (140 - 180 p.)

7. RIFLESSIONI LINGUISTICHE

Dire che chi ha un'ottima memoria ha *una memoria da elefante* forse non è del tutto esatto. In effetti gli elefanti ricordano a lungo non tutto, ma soprattutto eventuali maltrattamenti subìti; quindi questa espressione è più adatta a chi non scorda eventuali offese. D'altra parte la fama degli elefanti si potrebbe spiegare non tanto con delle doti particolari di memoria, quanto con la loro longevità...

PARLIAMO: se usate *La Prova orale 2*, vedete il compito n. 27 a p. 104.

1. PRIMA DI LEGGERE

1 Osservate le foto di questa pagina e discutete in breve: quanto sono vicini alla realtà i vari film sulla mafia?

2 Cosa significa "mafia", secondo voi? Come la definireste? Ne avete tutti la stessa idea? Fate una breve discussione in classe confrontando le vostre opinioni su questo fenomeno mondiale. In seguito leggete il testo, scritto negli anni Sessanta: avete imparato qualcosa che non sapevate?

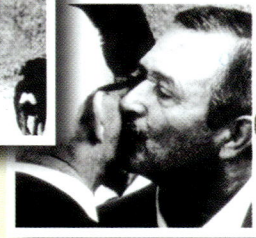

LA MAFIA

La mafia con la "emme" minuscola è uno stato d'animo, una filosofia della vita, una concezione della società, un codice morale tra i siciliani. Essi imparano sin dalla culla, o vengono al mondo sapendolo già, che debbono aiutarsi a vicenda, schierarsi con gli amici e combattere i nemici comuni, anche quando gli amici hanno torto e i nemici ragione; ognuno deve difendere la propria personale dignità a tutti i costi e non consentire mai che il minimo insulto o la minima offesa rimangano non vendicati; tutti devono mantenere i segreti e naturalmente diffidare delle autorità ufficiali e di tutte le leggi salvo quelle naturali. Questi princìpi, come è noto, sono condivisi da ogni siciliano e sono preservati con cura anche dai siciliani che risiedono altrove, nel resto d'Italia o all'estero. In effetti, il siciliano che non senta tali obblighi non potrebbe più considerarsi siciliano.

10 La Mafia, nella seconda e più specializzata accezione della parola, è l'organizzazione illegale nota in tutto il mondo. Essa domina soltanto in una parte della Sicilia: le sue minacce sono terrificanti a Palermo, a Trapani o ad Agrigento, ma vengono ignorate a Messina, a Catania e a Siracusa. È noto che non si tratta (come credono gli stranieri) di un'associazione organizzata rigorosamente, con gerarchie, statuti scritti, quartier generali, una élite dominante e un capo indiscusso. Si tratta di una formazione spontanea come un formicaio, un'accolta casuale di singoli individui e di gruppi eterogenei, nella quale ognuno ubbidisce alle proprie leggi entomologiche, ogni gruppo è sovrano nel proprio minuscolo dominio, indipendente, sottoposto soltanto alla volontà del suo capo, e ciascun gruppo impone localmente i propri rigidi princìpi di giustizia primitiva. Solo in rare situazioni di emergenza la Mafia mobilita e diviene una slegata e fluida confederazione.

20 Nessuno sa quanti mafiosi vi siano e chi siano i mafiosi. Soltanto una minoranza di siciliani possono essere considerati tecnicamente mafiosi, nel significato poliziesco della parola. Molti onestamente non sanno se lo sono o non lo sono. Gli abitanti delle province occidentali, per esempio, devono, di norma, intrattenere buoni rapporti con la «società» nei loro villaggi natii o nei quartieri cittadini; sono costretti a vivere lì, devono proteggere la famiglia, le proprietà o gli affari, e non vogliono guai; la Mafia è per loro una realtà della vita, una delle condizioni permanenti dell'esistenza, come il clima, la media delle piogge o il dialetto locale. Per questo, in molti casi è quasi impossibile tracciare una netta linea divisoria tra mafiosi e non mafiosi, tra chi si fa rispettare e chi rispetta, tra chi appartiene alla prima e alla seconda Mafia.

adattato da *Gli italiani, vizi e virtù di un popolo*, di Luigi Barzini, ed. Superbur

2. COMPRENSIONE DEL TESTO

1 **Indicate le affermazioni giuste tra quelle proposte.**

1. Secondo l'autore, mafia con la emme minuscola è
a) una mafia locale, più o meno una grande famiglia
b) una strategia comune contro nemici comuni
c) l'insieme di costumi e usanze siciliane
d) un modo di pensare particolare dei siciliani

2. Un vero mafioso
a) non può che vivere in Sicilia
b) difende la dignità degli amici
c) non tradisce amici e compagni
d) rispetta le tradizioni e le leggi

3. La Mafia con la emme maiuscola è
a) un'associazione organizzata molto bene
b) un'organizzazione che non esiste più
c) un insieme di gruppi autonomi
d) un'associazione con rigide leggi interne

4. Molti mafiosi
a) solo raramente si comportano come tali
b) non sanno bene a quale famiglia appartengano
c) solo indirettamente si possono considerare tali
d) appartengono a più gruppi mafiosi

5. Per i siciliani la Mafia
a) costituisce un grande problema quotidiano
b) fa semplicemente parte del loro mondo
c) è qualcosa di molto lontano e astratto
d) è qualcosa che condiziona la loro vita

2   Quali frasi vi hanno permesso di rispondere, correttamente o meno, alle domande? Parlatene.

3. RIFLETTIAMO SUL TESTO

1   A quali parole o frasi del testo corrispondono quelle date di seguito?

da quando sono bambini (1-5): ....
con qualsiasi mezzo (4-9): ....
un gruppo ristretto che ha il potere (10-14): ....
paesi di origine (20-24): ....
non desiderano avere problemi (21-25): ....
distinguere in modo chiaro (24-28): ....

2   Come direste più semplicemente, anche con più parole? Lavorate in coppia.

codice morale (2): ....
che risiedono altrove (8): ....
di norma (22): ....
nei quartieri cittadini (23): ....
chi si fa rispettare (27): ....

4. LAVORIAMO SUL LESSICO

1   Completate il testo, breve parodia di un fenomeno serio e triste, con le parole date.

delinquente   arresto   commettere   reato   delitto   accusare   crimine   rapina   ladro
rapinatore   processo   sequestro   omicidio   tribunale   omertà   malavita   pentito
armata   criminalità   giudice   giustizia   innocente   condannare   a morte   ergastolo
boss   **mafioso**   detenuto   carcere   legge   forzati   colpevole   banda   traffico

Io da grande voglio fare il *mafioso*, come mio zio Vito. Anche lui fin da piccolo era membro di una .... giovanile, sapete, furti e piccoli .... Poi a 20 anni è diventato membro della famiglia Capone. Loro non scherzano, parliamo di .... organizzata. Però, come mi diceva mio zio, in fondo sono persone buone: qualche .... di persona, un po' di .... di droga ecc.. D'altra parte però detestano gli ...., quindi non sparano quasi mai. Don Salvatore, il loro capo, è uno dei grandi .... mafiosi, o almeno era. Perché, come dice mio zio, non ha rispettato l'..................., cioè la legge del silenzio: dopo il suo .... e durante il .... ha rivelato i nomi di alcuni suoi 'colleghi'; da allora lo chiamano il " ....".
Anche zio Vito è in ....: è stato arrestato durante la .... alla Banca Nazionale. Aveva con sé solo un coltellino, eppure è stato .... di rapina a mano .... Il giudice lo ha .... a 20 anni di lavori ...., così quando esce sarà in ottima forma...

2 Completate la tabella con i sostantivi e gli aggettivi che derivano dai verbi.

	sostantivo	aggettivo (-oso, -ivo, -ante, -torio, -ente)
minacciare	....	....
rispettare	....	....
offendere	....	....
obbligare	....	....
dominare	....	....
diffidare	....	....

5. LAVORIAMO SULLA LINGUA

Completate il testo con le parole mancanti. Usate una sola parola.

All'inizio del XX secolo la camorra napoletana, nata nell'Ottocento e organizzata con ritua-
li e codici .... (1) a quelli di una società segreta, e .... (2) malavitose
analoghe sviluppatesi nel Mezzogiorno, dal controllo di .... (3) serie di attività
illegali (scommesse, prostituzione, estorsioni), erano giunte .... (4) infiltrarsi nella
pubblica amministrazione locale e talvolta .... (5), condizionando dei deputati e
controllando l'assegnazione di posti di .... (6) nella burocrazia.
Un'altra organizzazione criminale di forte radicamento .... (7) la mafia siciliana,
nata anche questa .... (8) inizi dell'Ottocento come polizia privata dei ....
(9) terrieri e dei notabili dell'isola per il .... (10) dei contadini. Col tempo i mafiosi si
.... (11) però dalla dipendenza dei baroni e dei .... (12) proprietari terrieri e cominciarono a imporre direttamente la .... (13) autorità nelle campagne siciliane. E un vero salto di
.... (14) sul piano organizzativo avvenne all'inizio del '900, ... (15) la mafia cominciò
a controllare parte dell'amministrazione periferica dello Stato, grazie a favoritismi e corruzione.

6. SCRIVIAMO

Tra rapine, omicidi, delitti vari e atti terroristici, la società moderna sta diventando sempre più violenta, molto
più che nel passato. Colpa dei mass media, del consumismo, dell'istruzione scadente, del fanatismo? Non è
facile rispondere. Fatto sta che se non si cambia qualcosa, la paura diventerà presto nostra compagna quotidiana. Esprimete le vostre considerazioni in proposito. (220 - 250 p.)

7. RIFLESSIONI LINGUISTICHE

Esistono molte teorie sull'origine della parola *mafia*: per altri deriva dal francese *mafler* "mangiare molto";
secondo altri dall'arabo *mohafat* "difendere"; forse dalle parole toscane *smaferi* "guardie", oppure *maffia*
"miseria". Altrettanto incerta l'origine della parola, ormai internazionale, *omertà*: forse deriva dal napoletano
umertà "umiltà", per indicare la sottomissione al capo della camorra; secondo altri deriva dallo spagnolo *hom-
bredad*, derivato di *hombre* "uomo", e sta per "comportamento da vero uomo".

PARLIAMO: se usate *La Prova orale 2*, vedete *Giustizia,
carceri e pene* a p. 61 e *Criminalità e violenza* a p. 89.
ASCOLTIAMO: se usate *Ascolto Avanzato*, vedete *Cinema
e criminalità* a p. 20 e *Rapina a mano armata* a p. 48.

*- È l'imputato l'assassino? È un membro della mafia?
È vero che ha compiuto tutti questi delitti? Chi è il suo
misterioso complice? Restate con noi per la Seconda
Parte, dopo l'intervallo.*

Test di verifica

I TEST DI VERIFICA
Testi 1 - 5

1. IL FILOBUS NUMERO 75
Completate le frasi con la parola adatta.

1. Il giocatore dell'Inter si è fatto male alla c......................
2. Domenico non sente nessuno, fa sempre di t...................... sua.
3. Non ti preoccupare, sarò puntuale, alle 9 in p...................... sarò sotto casa tua.
4. Il mio sogno? Conquistare la c...................... più alta dell'Everest; poi mi sveglierò!
5. Ha cominciato come semplice i...................... ed è diventato direttore in soli 40 anni...
6. Ma perché devi u......................, papà?! Va be', ti ho rovinato la macchina, ma almeno io sto bene!
7. È molto snob; pensa che perfino in edicola lo porta il suo a......................!
8. Ho messo da p...................... un po' di soldi e credo che fra 6 - 7 anni al massimo ci sposeremo...
9. Gli operai hanno deciso di p...................... in modo dinamico e hanno occupato l'autostrada.
10. Il direttore della banca è s...................... misteriosamente. Qualcuno l'ha visto in Brasile...

......../10

2. ESAMI: LA PAROLA ALLO PSICOLOGO
Completate le frasi con alcune delle parole ed espressioni date.

> ridurre   in precedenza   laurea   maturità   materia   facoltà
> mandare in bestia   sostenere   a vicenda   fallimento   giudizio
> mettere in evidenza   ansioso   panico   ripasso   passivo   sedentaria
> marinare la scuola   mandare all'aria   competitivo   considerevole   eccessivo

1. Non mi fido di Mauro; è capace di .... il nostro progetto con la sua stupidità.
2. Sembrava tutto molto spontaneo, invece Carla aveva preparato tutto ....
3. Che giornata, che sole, che bel tempo! Che ne dite di .... oggi, ragazzi?
4. Io non parlerei di .... totale, anche se nessun obiettivo è stato raggiunto.
5. Dino ha studiato molto tutto l'anno ma alla fine ha .... solo un esame.
6. Professore, sa, ho sentito che lo studio .... può essere nocivo...
7. Mi mancano solo otto esami per laurearmi, che sono tutte le .... che detesto.
8. Dagli esami di .... dipende se passerai l'estate al mare o alla biblioteca comunale; ok?
9. Luca non studia adesso, ma pensa di fare un buon .... poche ore prima dell'esame.
10. Non è vero che faccio una vita ....! Sai quanto dista il televisore dal frigorifero?!

......../10

3. DOVE VIVONO I BARBONI D'INVERNO?
1 Date i sinonimi delle parole.

sfiorare ....   ripararsi ....
spargere ....   accogliere ....
attendere ....

2 Completate opportunamente le frasi con alcune di queste espressioni.

> *fare i conti / avere alle spalle / fare da sé / mi tocca*
> *fare a meno / a malapena / farci caso / fare schifo*

1. Domani è un giorno difficile: .... accompagnare mia madre al mercato e portare tutta la spesa...
2. È facile criticare gli altri, ma bisogna considerare che ognuno .... una storia diversa.
3. Marta è incinta di otto mesi?! È così magra che non ....!
4. Nonostante i problemi di salute, mio zio non può .... di fumare due pacchetti al giorno.
5. Ero talmente stanco che .... ho potuto salire le scale e andare a letto.

........../10

4. COSA NON DICONO GLI UOMINI
1 Completate le frasi con un derivato dei verbi dati a fianco alla rinfusa.

1. Ora che ci penso, ultimamente il suo .... era un po' strano.
2. - Com'è il tuo nuovo lavoro? - Direi perfetto: non c'è .... con quello precedente.
3. Gentili signori, rimaniamo in attesa di una vostra .... prima di proseguire.
4. Prima di esprimere qualsiasi ...., vorrei conoscere a fondo tutti i fatti.
5. Il suo gesto è stato interpretato come una .... di vera amicizia.

dimostrare
confermare
giudicare
paragonare
comportarsi

2 Completate opportunamente le espressioni, con una o più parole.

1. Devo superare a tutti .... questo test, altrimenti niente discoteca questo sabato.
2. Anche se hai ragione, quello che dici non ha niente a .... con la nostra discussione.
3. Dovevi avere il coraggio di dirmi .... ciò che pensavi di me, invece di parlare alle mie spalle.
4. Come hai potuto dire a me una cosa del ....? Non ti voglio vedere mai più!
5. Anna mi ha detto chiaro .... che non mi vuole rivedere...

........../10

5. IL GRANDE TOTÒ
1 Completate le frasi con le parole o le espressioni adatte.

avaro   nei miei confronti   rivelazione   generoso   sconosciuto   bravura   su misura   amaro   noto

1. A Michele non piace spendere, nonostante guadagni bene; credo che sia un po' ....
2. Voleva sposare un vip, ma alla fine ha sposato un tipo del tutto ....
3. Non so con gli altri, ma almeno .... si è comportato sempre bene.
4. La giovane cantante è stata la grande .... dell'ultima edizione del Festival di Sanremo.

2 Completate le frasi con la parola adatta.

1. Ieri sera abbiamo visto in tv una .... con Alberto Sordi; che risate!
2. Per questa sua .... ha preso l'Oscar come migliore attrice protagonista.
3. Il nuovo film di Roberto Benigni esce stasera in 30 .... cinematografiche.
4. Il .... ha litigato con il regista ed ha abbandonato il set.
5. Federico Fellini, con la sua ...., ha influenzato il cinema mondiale degli anni '60.
6. Un produttore investe in un film pensando soprattutto agli ....

........../10

TOTALE: ..../.........,

II TEST DI VERIFICA
Testi 6 - 10

6. ADESSO SUL LETTINO SI STENDE FIDO
1 Come si chiamano questi animali?

2 Completate le frasi con la parola adatta.

> ironia   diffidente   abitudine   aggressivo   scarso   sufficiente   specie   fiducioso
> addestramento   socievole   introverso   ausilio   tradizionale   alterato   calmo   esito

1. Stefania non è molto ....: preferisce stare in compagnia di poche persone.
2. Ho fatto di tutto per convincerlo, ma è ancora un po' .... e ci vuole pensare su.
3. Il mio cane è molto tranquillo, ma se qualcuno si avvicina al suo piatto diventa ....
4. È una questione di ....: se non faccio colazione non posso funzionare.
5. Non sono contrario all'...................... dei cani, basta non far soffrire affatto gli animali.

........./10

7. FUMO
1 Completate le frasi con la parola o l'espressione adatta.

> *entrare in azione   a testa   mea culpa   tornare alla ribalta   ultimatum   di recente   in aumento   ex novo*

1. È un buon ristorante, ma è carissimo; l'altra volta abbiamo pagato 40 euro ....
2. Purtroppo, secondo le statistiche, sono .... gli incidenti stradali.
3. Scusa, ma questa non è una proposta, è proprio un ....
4. Solo .... la gente ha cominciato a preoccuparsi seriamente del fumo passivo.
5. Quando ho visto che nessuno aveva intenzione di fare qualcosa, ho deciso di ....

2 Completate le frasi con le parole adatte.

1. Mio zio è un fumatore a......................: vive per fumare, ma se va avanti così...
2. Ci siamo spaventati molto, ma per fortuna la d...................... del medico è stata positiva.
3. Nonostante gli altissimi r...................... che pagano, le aziende di tabacco hanno enormi guadagni.
4. Chi più, chi meno, ognuno ha i propri v...................... e le proprie passioni.
5. Se non mi date indietro i miei soldi, io vi d......................! È chiaro?

........./10

8. FIGLI DI MAMMA A VITA
1 Completate le frasi con le espressioni adatte.

> andare sul sicuro   degno di   andare a monte   godere di   andare a fuoco
> a tempo pieno   in grado di   andare a finire   pur essendo   andare a ruba

1. Anche se ha 80 anni, mio nonno .... ottima salute.
2. Sono veramente curioso, voglio vedere come .... questa storia.

3. .... molto ricco, vive una vita abbastanza normale, senza sprechi ed esagerazioni.
4. Non perdere tempo perché i biglietti per il concerto di Jovanotti stanno ....
5. Meglio non litigare con il vicedirettore, perché è .... di farti la vita molto difficile.

2 Completate le frasi con un derivato delle parole date.

specializzarsi piacere professione sistemare inferno economia commercio confortare

1. Secondo me, in quella situazione non ti sei comportato per niente in modo ....
2. Ho passato una settimana quasi ....: abbiamo ospitato cinque nipoti di mia moglie.
3. È stato un grande .... sentire che, nonostante l'incidente, Dario stava bene.
4. Lidia ha appena finito la .... e pensa già di aprire un ambulatorio.
5. Non è stato molto .... scoprire che avevo sbagliato tutte le risposte al test.

......../10

9. BREVE STORIA DELLA PASTA
1 Come si chiamano i cibi e gli oggetti raffigurati nelle foto?

....

2 Completate le frasi con la parola adatta.

1. La scoperta della pasta forse .... alla preistoria.
2. Il formaggio deve essere .... sulla pasta calda.
3. È meglio non .... la frutta, perché così si perde gran parte delle vitamine.
4. Ormai a Natale è una tradizione mangiare il tacchino ....
5. La pasta fresca si fa con .... di grano tenero, acqua e uovo.

......../10

10. TURISMO RESPONSABILE
Completate le frasi con le parole adatte.

1. La crescente quantità di r...................... urbani che produciamo è un grosso problema per il pianeta.
2. Se gli oceani sono i......................, è colpa delle industrie e delle grandi petroliere.
3. L e..... .... serra è quello che provoca il riscaldamento della Terra.
4. Sotto casa mia ci sono due bidoni di spazzatura per la raccolta d......................
5. Secondo gli scienziati, in futuro è possibile che molte zone floride diventino a......................
6. La tartaruga Caretta - Caretta è una delle s...................... in via di estinzione.
7. Lo sfruttamento s...................... delle risorse naturali porterà, prima o poi, al loro esaurimento.
8. A quanto pare non c'è attività umana che non abbia qualche i...................... sull'ambiente.
9. L'aridità non influenza solo l'uomo, ma anche tutta la f...................... e la flora.
10. Molti di noi continuano a s...................... l'acqua perché non hanno capito quanto sia preziosa.

......../10

TOTALE: ..../.........

III TEST DI VERIFICA
Testi 11 - 15

11. QUELLA CHIOCCIOLA ANTICA INVENTATA DAGLI ITALIANI
1 Completate le frasi con un derivato delle parole date.

> inventare consentire significare accogliere navigare
> dimostrare fiorire arrivare accettare tracciare

1. Veramente non mi aspettavo una .... tanto calorosa, soprattutto dopo quel litigio.
2. Dopo sei ore di .... in Internet, Silvio, per riposarsi, ha giocato con un nuovo videogioco.
3. Prima dell'..................... dei nuovi vicini tutto era tranquillo nel nostro palazzo...
4. Mario è troppo rispettoso di sua madre e non fa mai niente senza il suo ....
5. Secondo me, senza le soap - opera la televisione sarebbe rimasta un'..................... inutile...

2 Completate le frasi scegliendo la parola adatta tra quelle date di seguito.

> etto carattere aspetto tonnellata origine tastiera
> destinatario accezione fiorente abbreviazione avvento

1. Prima di prendere una decisione così importante bisogna considerare tutti gli .... del problema.
2. Mio nonno ha smesso di leggere il giornale perché i .... piccoli lo stancano.
3. L'Italia esporta ogni anno migliaia di .... di pasta in tutto il mondo.
4. Pochi hanno capito allora chi era il vero .... del discorso del ministro.
5. L'..................... del personal computer ha rivoluzionato tra l'altro anche il tempo libero.

........./10

12. TROVARE LAVORO È POSSIBILE
Completate le frasi con le parole adatte.

1. È vero che spesso mi tocca lavorare anche di sabato, però con questo s..................... non mi lamento.
2. Non potendo trovare un buon lavoro, Lucio ha deciso di mettersi in p.....................
3. L'ultimo s..................... dei tassisti è durato una settimana: troppo poco, secondo gli automobilisti...
4. Finalmente, dopo anni di ottimo lavoro, Angela è stata p..................... e ha ora un ufficio tutto suo.
5. Per trovare lavoro Lina p..................... sulle conoscenze di un conoscente di una sua amica...
6. Da qualche mese Piero è d..................... ma non è in cerca di lavoro: preferisce dedicarsi ai suoi hobby.
7. Ezio ha trovato lavoro come meccanico in un'o....................., anche se di macchine sa molto poco.
8. Gianna lavora presso una d..................... che importa articoli da regalo dalla Francia.
9. Nonostante abbia molti r....................., Dino non riesce a trovare lavoro a causa della crisi economica.
10. Stamattina ho litigato con la c..................... di un negozio perché, invece di aiutarmi, parlava al cellulare.

........./10

13. SPENDACCIONI NO, MALATI DI SHOPPING
1 Date i sinonimi (s) o i contrari (c) delle parole.

responsabile (c) ....   comprare (s) ....
cortese (c) ....   recuperare (s) ....
celare (s) ....

2 Completate le frasi con le espressioni adatte.

far parte   in balia   farne a meno   riprendere coscienza   essere al verde   quasi fosse   farsi gioco di

1. Non ha potuto prestarmi la somma che mi serviva perché all'epoca .... anche lui.
2. Era pallido e aveva dei cerchi neri sotto gli occhi, ... malato o esaurito.
3. Era così grande il suo shock che è svenuta e .... solo un'ora dopo.
4. A causa di un guasto ai motori la nave è stata per ore .... delle onde.
5. Dopo aver chiesto scusa a tutti, Nicola è tornato a .... della nostra compagnia.

......../10

14. COM'È INGIUSTA LA PARITÀ
1 Completate le espressioni, usando una o più parole.

1. Papà, la vita non può essere solo studio; perché non cerchi di metterti una volta nei ....?
2. Anche se la tua nuova macchina è di seconda mano, direi che l'hai comprata molto a ....
3. La signora Peretti sarà assente per un po' di tempo perché va ....
4. È stato suo padre a spianare ...., così lui non ha avuto molti problemi.
5. Diceva a tutti che il suo negozio andava a ...., invece un giorno l'ha chiuso per debiti.

2 Date i sinonimi delle parole.

uguaglianza ....   tutelare ....   ostacolare ....
rigido ....   allevare ....

......../10

15. L'EMIGRAZIONE
1 Completate le frasi con i derivati delle parole date.

soffrire   prevalere   partire   valutare   meridione
oriente   crescere   fuggire   errare   sottrarre

1. La sua è stata una vita difficile, piena di .... e di dolori.
2. Dal suo accento direi che è ...., forse calabrese o siciliano.
3. Negli ultimi anni sono in .... gli episodi di violenza nelle scuole.
4. Troppa pressione da parte dei genitori ha avuto come risultato la sua .... da casa.
5. In una prova orale la .... del candidato non è sempre facile.

2 Completate le frasi con le parole adatte.

vantaggio   agricolo   reddito   benessere   extracomunitario
residenti   costante   notevole   confine   emigrato

1. Sono in .... aumento gli sbarchi di immigrati clandestini sulle coste italiane.
2. È un grande .... per Fabio il fatto che suo padre sia il preside della scuola.
3. Negli anni '60 il .... nazionale dell'Italia cresceva a ritmi altissimi.
4. Alla periferia di Palermo è stata scoperta una statua di .... importanza archeologica.
5. L'Europa è piena di ...., provenienti dall'Europa dell'Est e dall'Africa.

......../10

TOTALE: ..../.........

137

IV TEST DI VERIFICA
Testi 16 - 20

16. LA SCIENZA DELLA BUONA NOTTE
1 Completate le frasi con le espressioni adatte.

| abbassare la guardia | farsi sentire | chi dorme non piglia pesci | perde il sonno |
| cascare dal sonno | dormire come un sasso | a letto con le galline | colpo di sonno |

1. Quando è molto stanco mio padre .... e non si sveglia nemmeno con dei colpi di cannone!
2. Non capisco perché si è offesa: semplicemente mentre mi parlava, mi è venuto un ....!
3. La vedi Sara com'è fresca ogni mattina? È che va ....
4. Scusa, papà, non posso discutere adesso dei miei voti, sono talmente stanco che ....
5. Mentre tu aspettavi il "momento giusto", Marco l'ha invitata a cena; dovevi sapere che ....

2 Completate le frasi con un derivato dei verbi dati di seguito.

| diffondere | reagire | dubitare | contribuire | esplodere | mancare | disturbare | naufragare |

1. Il .... del *Titanic* è sicuramente il più famoso della storia.
2. Pronto? Ah, signor direttore... no, no, nessun ....: stavo solo dorm... eh..., guardando la tv...
3. Il ladro aveva calcolato tutto, tranne la .... della commessa, campionessa di karatè...
4. Per .... di tempo non ho studiato affatto per il test, eppure questa parola me la ricordo...
5. L'unico .... di Dino all'organizzazione della festa è stata una lattina di Coca cola...

........./10

17. CHE FINE HA FATTO L'AMICIZIA?
Completate le frasi con le parole o le espressioni adatte.

| dare una mano | adolescenza | fondazione | tendere a | indispensabile | assistenza | farsi aiutare |
| complicato | intimo | settimanale | legame | annuale | biennale | trimestrale | generazione | ampliare |

1. Secondo me, dovresti .... i tuoi interessi; la vita va oltre la moda e la televisione.
2. I .... che si occupano di pettegolezzi superano di molto quelli che si occupano di cultura...
3. Purtroppo l'........................ non è affatto spensierata come forse dovrebbe essere, anzi.
4. Pietro non mi poteva .... perché si era fatto male ad un dito...
5. Gianna e Vera dicevano di essere amiche ...., eppure hanno litigato per un ragazzo.
6. Anche se i genitori sono sempre più vicini ai figli, il divario tra le .... ci sarà sempre.
7. Il ministro della Giustizia è stato accusato di .... nascosti con la Mafia.
8. Se non .... da tuo padre, credo che la casa dei tuoi sogni continuerai a sognarla...
9. Secondo la leggenda, la .... di Roma da parte di Romolo risale al 753 a.C.
10. Pensi di partecipare alla .... di Venezia?! E gli organizzatori della mostra cosa ne pensano...?

........./10

18. MA COSA FANNO I RAGAZZINI (quando escono di casa)?
1 Completate le frasi con un derivato delle parole date.

| Firenze bocciare proibire consumare conoscere sorprendere Palermo guadagnare spacciare rinunciare |

1. Mi scusi, signorina, non Le posso fare uno sconto, il nostro margine di .... è già molto basso.
2. La giovane attrice ha sfondato nel mondo dello spettacolo sfruttando le .... di sua madre.
3. I .... sono fieri della loro città, capoluogo della Sicilia.
4. Puoi immaginare la mia .... quando ho visto che avevo superato l'esame.
5. Tutti sono d'accordo che il .... eccessivo di carne non offre niente al nostro organismo.

2 Completate le frasi con le espressioni adatte, usando una o più parole.

1. Secondo me, tuo fratello ha alzato un po' ...., per non dire che è ubriaco fradicio.
2. Sabato scorso ho bevuto ....; meno male che gli altri ragazzi non mi hanno lasciato guidare.
3. Per ogni nuovo governo è quasi d'...................... l'imposta di nuove tasse per "uscire dalla crisi".
4. Ragazzi, io comincio a vederci ....; non credo sia colpa dei miei occhiali, deve essere il vino.
5. L'insegnante d'italiano se .... con me ogni volta che squilla il mio cellulare...

........./10

19. IL TEATRO NAPOLETANO

1 Completate le frasi con l'espressione adatta, coniugando opportunamente i verbi se necessario.

> mettersi in testa   fare le corna   mettere su   mettere in croce   mettere in ombra
> mettere in dubbio   dare vita   mettere la pulce nell'orecchio   mettere al mondo

1. Da quando .... di diventare ricco, Andrea ha smesso di frequentare i suoi vecchi amici.
2. Il fatto che lui venisse spesso al negozio, ma non comprava mai niente, mi ....
3. La collaborazione delle due imprese .... ad una nuova società leader nel settore.
4. Per favore non .... ciò che ti dico: me l'ha raccontato qualcuno che l'ha letto da qualche parte.
5. Solo con il sospetto che suo marito le ...., ha chiesto il divorzio.

2 Completate le frasi con le parole adatte.

1. Il solito Luigi: è arrivato a teatro in ritardo ed è entrato mentre si stava alzando il s......................
2. Eduardo de Filippo d...................... all'età di 9 anni e a 14 anni interpretava già ruoli importanti.
3. L'a...................... non è affatto contento delle modifiche che ha apportato il regista alla sua opera.
4. Dopo aver recitato per anni con diverse c...................... teatrali, ne ha messo su una sua.
5. Aldo dice che interpreta un ruolo importante, invece fa una breve apparizione nel primo a......................

........./10

20. COME ARRICCHIRSI SUL DOLORE ALTRUI

Completate le frasi con le parole o le espressioni adatte.

> esperimento   a caccia di   soccorso   sparire   proficuo   pretendere   defunto   verificare   altrui
> ciascuno   a occhi chiusi   abboccare all'amo   finire al fresco   lieto   le bugie hanno le gambe corte
> vendere fumo   credulità   miracoloso   qualsiasi   veggente   chiunque   parecchio   convincere

1. Molti giornalisti vanno ogni giorno .... scandali, indagando sulla vita privata dei vip.
2. Molto .... di conoscerLa, ingegnere: mio marito parla sempre bene di Lei.
3. Presto sapremo se abbiamo fatto bene a credergli; come sai, ...
4. Un aumento?! Lavori qui da appena 5 anni, non devi .... troppo; è già molto avere un lavoro...
5. Non voglio che gli altri discutano di me, però informarsi sulla vita .... è sempre interessante.
6. I deputati, oltre allo stipendio alto, godono di tanti privilegi: è sicuramente un'attività assai ....
7. Anni dopo la rapina il proprietario della gioielleria l'ha riconosciuto e così ....
8. Papà, ... cosa tu dica, non mi puoi far cambiare idea: parteciperò al concorso di Miss Italia.
9. Povero Guido: qualcuno ha sfruttato la sua .... e gli ha fregato 5.000 euro.
10. Questo, signore, è il miglior modello di occhiali da sole che abbiamo; io li comprerei ....

........./10

TOTALE: ..../.........

139

V TEST DI VERIFICA
Testi 21 - 25

21. RIVEDERSI E FARE GOAL
1 Come si chiamano questi sport?

1............................
2............................   4............................
3............................   5............................

2 Completate le frasi con le parole adatte.

1. È stata una grande delusione per mio padre scoprire che ero t...................... di un'altra squadra...
2. Pieno di entusiasmo Mario si è iscritto ad una p......................, ma ormai ci va una volta al mese.
3. Potrebbe diventare un grande giocatore, ma ha un difetto: è molto pigro e odia l'a......................
4. È proprio appassionato: pensa che poche ore prima di sposarsi è andato ad una p...................... di calcio.
5. Ma com'è possibile che sia tutta colpa dell'a......................, se avete perso con 30 punti di differenza?!

........../10

22. L'UNIONE FA I SINGLE
1 Completate le frasi con le parole e le espressioni adatte, usando una o più parole.

> temporaneo   instancabile   contrattacco   principale   difendere   andare a nozze   vedovo   esatto
> azzurro   spericolato   adottare   composito   scapolo   divorziato   permanente   in compenso

1. Gianluca ha cercato per anni la donna 'ideale', ma alla fine è rimasto ....
2. Nel passato, nelle piccole città, una donna .... veniva spesso trattata con disprezzo.
3. È una persona troppo controllata; per lui vita .... significa guidare senza cintura di sicurezza.
4. Ci sono molte organizzazioni che .... con successo i diritti dei consumatori.
5. Ha sentito le nostre accuse senza dire una parola e poi è passato al ....
6. Di solito le diete lampo, quelle che ti fanno perdere 20 chili in 20 giorni, hanno risultati ....
7. La .... dell'imprenditore ha sentito con grande stupore che lui lasciava tutto all'amante.
8. Ha accettato di sposarmi, ma .... ho accettato che sua madre venisse a vivere con noi.
9. Ciò che dici non è ....: sono stato io a lasciarla... Lei mi ha solo detto "lasciami in pace!"...
10. Mia madre vuole che io aspetti il principe ...., ma per me il colore non ha alcuna importanza...

........../10

23. LA PASTICCERIA GRAZIA
1 Completate le frasi con le espressioni adatte.

> in assoluto   in effetti   per quanto   occhio a   mettere in mostra
> in realtà   per certi aspetti   in comune   dare fastidio   in pubblico

1. Secondo il medico, era tutta colpa del fumo; .... appena ho smesso le emicranie sono passate.
2. Si è presentato come imprenditore; .... era ancora studente di economia e commercio.
3. Dopo il suo divorzio il grande divo si è visto spesso .... in compagnia di belle ragazze.
4. Dopo dieci anni di convivenza hanno capito che in realtà avevano poco ....
5. Non so per voi, ma a me .... le persone che gridano al cellulare, fregandosene degli altri.

2 Completate le frasi con le parole adatte.

sorso   estraneo   curioso   comodità   precedente
stretto   piacevole   banale   indispensabile   disagio

1. Per me il comportamento di Giovanni a volte è molto ....; sembra un'altra persona.
2. Il direttore ha un'aria troppo amichevole, il che spesso mi fa sentire a ....
3. Siccome ero in ritardo, ho inventato una scusa ....: che avevo perso l'autobus.
4. I ragazzi di oggi hanno tante .... che spesso non sanno apprezzare abbastanza.
5. Il governo .... era stato un disastro, ma molto meglio di quello attuale...

........./10

24. MA LA MEDICINA ALTERNATIVA FUNZIONA?
Completate le frasi con le parole adatte.

1. Veramente non ho la .... del medico, questo medicinale me l'ha consigliato una mia zia.
2. Prima dell'intervento ero terrorizzato, ma il .... mi ha calmato raccontandomi una barzelletta.
3. Bisogna sempre leggere il foglio .... dei medicinali, perfino se si tratta di un'aspirina.
4. Ci siamo preoccupati tutti del piccolo poiché aveva 40 di ....
5. Quella caduta con la moto mi è costata cinque .... al braccio destro e un giubbotto nuovo.
6. Mia madre a 15 anni mi considera ancora un bambino; pensa che mi vuole portare dal ....!
7. La gente, spaventata da un'epidemia, va a fare delle .... anche per un semplice raffreddore.
8. Sonia ama molto il suo gatto, ma se va così spesso dal .... è anche perché le piace lui.
9. Qualunque cosa tu dica, io dal .... non ci vado; il mal di denti comincia già a passare...
10. Per fortuna Marco è sbattuto contro un'........................, quindi è arrivato all'ospedale in cinque minuti!

........./10

25. POMPEI, LA CITTÀ SEPOLTA
1 Come si chiamano questi tipi di monumenti?

1. ....
2. ....
3. ....
4. ....
5. ....

2 Completate le frasi con le parole adatte.

terminare oblio florido effettuare assordante eruzione considerevole boato intraprendere insignificante

1. Sono stata svegliata da un rumore ....: mio marito stava guardando un film d'avventura...
2. La zona intorno al fiume Po, nell'Emilia Romagna, è la più .... di tutta Italia.
3. Dopo alcune forti scosse di terremoto, gli scienziati temono una grande .... dell'Etna.
4. Lo Stato italiano continua a spendere somme .... per lo sviluppo del Mezzogiorno.
5. Per l'esodo di Pasqua la polizia stradale ha deciso di .... controlli straordinari.

........./10

TOTALE: ..../.........

141

VI TEST DI VERIFICA
Testi 26 - 30

26. NOVECENTO
1 Date i sostantivi (s) o gli aggettivi (a) che derivano da queste parole.

respirare (s) ....   meravigliarsi (a) ....
spiare (s) ....   genio (a) ....
estate (a) ....

2 Completate le frasi con le parole e le espressioni adatte.

> immenso   per filo e per segno   matto   rubare   a un pelo
> scivolare   odore   addosso   andare alla ventura   tramonto

1. Senza che glielo chiedessi, mi ha raccontato .... tutte le sue storie d'amore precedenti.
2. Un semplice .... può portarci in mente ricordi di luoghi e di avvenimenti dimenticati.
3. Signori, forse non ve ne siete resi conto, ma siamo arrivati .... dal fallimento.
4. Senza preavviso mi è saltato .... perché mi ha scambiato per un altro.
5. Veramente a .... è stata Ilaria; io sono caduta dopo, dalle risate dopo averla vista...

........./10

27. LO ZODIACO NON SI TOCCA
Completate le frasi con gli aggettivi adatti. Quattro parole sono superflue.

> distratto   pessimista   modesto   testardo   ambizioso   coraggioso   ottimista
> sensibile   impaziente   affascinante   puntuale   calmo   amichevole   romantico

1. Laura è molto ....: vuole diventare prima ballerina del New York Ballet Theater.
2. Sei proprio ....; essere preparato a tutto non significa pensare sempre al peggio.
3. Mio marito è abbastanza ...., a meno che non veda un ragno in casa: allora lo devi vedere!
4. Scusami, amore, sai che sono sempre ...., però avevo dimenticato di mettere la sveglia.
5. Non è né bello, né ricco, né niente, eppure piace molto; a quanto pare lo trovano ....
6. Lo conosci quanto è ....: se ha detto che non viene, allora non viene, cascasse il mondo.
7. Mauro è una persona ...., basta che non si parli male della sua squadra.
8. Un tempo Domenico era .... e serio; adesso, dopo il successo, si è montato la testa.
9. Mi diceva che non ero .... perché mi stufavo di guardare le stelle per delle ore!
10. Uffa, sei sempre ....! Ti ho detto tre chili di patate! Ora chi li mangia tre chili di fragole?!

......./10

28. ITALIANI
1 Completate le frasi con i sostantivi che derivano dai verbi dati.

> progredire   traslocare   dirigere   evadere   possedere

1. La sua misteriosa .... dal carcere ha fatto di lui un mito tra i detenuti.
2. I .... della ditta multinazionale hanno annunciato una serie di licenziamenti.
3. Il .... dalla vecchia casa a quella nuova è durato un'intera settimana.
4. Nonostante il grande .... tecnologico, l'uomo moderno ha molti problemi da risolvere.
5. Non solo il traffico, ma anche il semplice .... di droga viene punito dalla legge.

2 Completate le frasi con la forma intera dei proverbi. Uno dei proverbi è superfluo.

finché c'è vita...   tra il dire e il fare...   non tutto il male...
patti chiari...   il buon giorno...   non c'è fumo...

1. Vedi che ....? Grazie a quello stupido incidente ho conosciuto Gianna.
2. Non è che non mi fido di te, Vittorio, però ....
3. Loro smentiscono tutto, ma se vuoi la mia opinione, ...
4. Mi ha promesso che mi aiuterà e ci credo, però sai, a volte ....
5. Forse sono passati dieci mesi, ma io aspetto che lei torni: ....

........./10

29. DAI DIALETTI ALL'ITALIANO
Completate le frasi con le parole adatte. Due parole sono superflue.

minoranza   crescente   consolidare   diffondere   rigido   esiguo
progressivo   estendere   efficace   innovazione   favorire   fondamentale

1. In tutto il mondo i Paesi che applicano la pena di morte sono solo una ....
2. Il .... successo mondiale della musica italiana contribuisce anche alla diffusione della lingua.
3. Il ministero degli Affari Esteri cerca di .... i legami con gli italiani residenti all'estero.
4. È stato lui stesso a .... la notizia, per evitare i commenti e le chiacchiere della gente.
5. In quel momento difficile il sostegno dei suoi familiari è stato ....
6. Il governo pensa di .... a tutti gli immigrati il diritto di voto alle elezioni politiche.
7. Le nuove misure per combattere la disoccupazione sono più .... di quelle precedenti.
8. Il regolamento di questa scuola privata è talmente .... che nessun alunno lo rispetta...
9. L'idea dell'orario libero è stata la prima, e purtroppo l'ultima, delle .... del nuovo direttore.
10. Io credo che l'arbitro abbia .... gli avversari, nonostante i nostri tre autogol...

........./10

30. IL DOTTOR NIÙ
Completate le frasi con alcune delle parole ed espressioni date, coniugando i verbi al tempo giusto.

mutare   dare a bere   esibire   obiettare   darsi per vinto   scuotere   ingoiare   dare alla testa
rimproverare   dare i numeri   l'indomani   dare nell'occhio   mutuo   darsi da fare   travolgere

1. Per poter pagare quel vecchio .... ha dovuto prenderne un secondo da un'altra banca.
2. Nonostante Elisa lo rifiuti ormai da due anni, Paolo .... e continua a corteggiarla.
3. Mio padre guardava la mia scheda di valutazione e .... la testa senza dire niente...
4. Anche quando arrivo a lezione con appena mezz'ora di ritardo, l'insegnante mi .... sempre.
5. Avevamo deciso di non .... dopo la rapina, ma quell'imbecille ha comprato una Ferrari.
6. Ad Antonio piace .... il suo nuovo cellulare, perciò fa finta di parlare continuamente.
7. Avevano poco tempo a disposizione ma .... e hanno finito entro il tempo previsto.
8. Gli ho detto "a presto", ma non immaginavo che .... si sarebbe già ripresentato.
9. Attraversava la strada del tutto distratto ed è stato .... da una bicicletta.
10. Prima di finire di dire che quello era l'ultimo pezzo rimasto, Dario lo aveva già ....

........./10

TOTALE: ..../.........

VII TEST DI VERIFICA
Testi 31 - 35

31. CONTRADAIOLI SI NASCE
Completate le frasi con le parole o le espressioni adatte.

> prendere una cotta rinomato corrompere prendere le distanze medievale prendere sul serio finto
> prendere con le mani nel sacco intatto prendere il toro per le corna gara origine rumoroso autentico

1. Quando ho visto le foto ho notato che il sorriso di Carmen non era vero, ma ....
2. "La Rosetta" è il nome di uno dei più .... - e cari - ristoranti di Roma.
3. Per risolvere definitivamente il problema Pasquale ha deciso di ....
4. Le numerose feste .... sono un'attrazione non solo per i turisti, ma anche per gli italiani stessi.
5. Quando ho visto che Elena era così pettegola, ho pensato che era meglio ....
6. Anche se molto breve quella del Palio di Siena è una .... vera che ti tiene col fiato sospeso.
7. Prima di quel terremoto, la Basilica di San Francesco d'Assisi era rimasta .... per molti secoli.
8. Dopo la sua vincita al lotto Filippo è diventato qualcuno, ma prima pochi lo ....
9. Pochi sanno che il calcio ha .... italiane: nel Medioevo un gioco simile era diffuso a Firenze.
10. Sa, ieri non sono riuscito a concentrarmi e studiare, perché la strada dove abito è molto ....

......../10

32. NO ALLA TV!
1 Completate le frasi con le parole adatte.

1. Se vostro marito ha la mania dello zapping, c'è una soluzione: 'perdere' ogni tanto il ....
2. A casa nostra prendiamo circa cento ...., di cui la maggior parte fa schifo.
3. Durante la pubblicità lei si mette a fare .... e poi non ricordiamo cosa stavamo guardando...
4. Se hai perso la .... di ieri, non importa: come in ogni soap opera, era identica a tutte le altre.
5. Io volevo vedere la finale e mia madre stava guardando un .... sulle zanzare peruviane!

2 Completate le frasi con le parole adatte.

> *inutilità senso di colpa manipolare oziare invenzione gestire sconsigliare nocivo strumento schiavo*

1. Devo ammettere che dopo tre o quattro ore davanti alla tv mi vengono i ....
2. Voleva comprare un televisore a 50 pollici ma il suo oculista gliel'ha ....
3. Enrico è una persona poco attiva; pensa che il suo passatempo preferito è ....
4. Sei sempre di corsa, pieno di stress: se vuoi il mio consiglio, devi .... meglio il tuo tempo.
3. Questo scrittore partecipa spessissimo a trasmissioni televisive per dire che la tv è ....

......../10

33. NON APPROFONDIRE
Completate le frasi con le parole e le espressioni adatte.

> fulmine a ciel sereno poiché parodia a patto che per via di viziare incompatibilità lamentoso
> al settimo cielo eppure eccezionale esigente benché piantare in asso a malapena a meno che

1. Il nuovo film di Roberto Benigni è una .... della società moderna, italiana e non.
2. Ti dirò tutto quello che so, ... tu non dica niente a nessuno, va bene?
3. È stata soprattutto sua madre che lo ha ...., poiché è figlio unico.
4. La sua decisione di piantare Giulia così all'improvviso è stata per tutti un ....

5. Enzo era talmente arrabbiato che .... è riuscito a trattenersi e a non rispondere all'offesa.
6. .... non fosse stata invitata alla festa, Irene ci è andata lo stesso, facendo finta di niente.
7. Dopo la nascita del loro primo figlio, i Bianchi, com'è naturale, sono ....
8. Tutti parlano molto bene di Claudio, ... il mio istinto mi dice che qualcosa non va bene.
9. Il gruppo ha cancellato il concerto di domani .... un problema di salute del batterista.
10. Due sono i casi: o l'insegnante è molto ...., oppure noi non studiamo abbastanza.

........../10

34. LO SCHELETRO NELL'ARMADIO
1 Completate le frasi con le parole adatte.

1. Anche se non è particolarmente noto all'estero, è molto p........................ nel suo paese.
2. La diva ha fatto causa alla rivista sostenendo che i suoi giornalisti v........................ la sua privacy.
3. In una sua i........................ ha annunciato ufficialmente la sua separazione, ponendo fine alle chiacchiere.
4. La c........................ del pubblico non ha proprio fine: vuole sapere tutto delle star, perfino cosa mangiano...
5. Secondo la stampa, la cantante sarebbe in compagnia di un noto p........................ dello spettacolo.

2 Completate le frasi con le parole o le espressioni adatte.

paparazzo   spiare   scandalo   dare retta   vip   pettegolezzo   hostess   dirigente   famoso   da primato   pettegolezzo   leader   ficcare il naso   tagliato fuori

1. Con mia moglie non ho nessun problema, è sua madre che cerca di .... nelle nostre faccende.
2. Beppe ha bevuto dieci bicchieri d'acqua, non perché aveva sete, ma perché gli piaceva la ....
3. I due .... politici hanno rinviato il loro incontro a causa dello sciopero dei giornalisti...
4. Me lo diceva mia madre 40 anni fa che non eri l'uomo giusto per me, ma io non le ho ....!
5. Il sogno di ogni ....? Un albero proprio davanti alla camera da letto di una grande diva...

........../10

35. LA QUALITÀ È SERVITA
1 Come si chiamano?

....

2 Completate le frasi con le parole adatte.

1. La qualità dei formaggi e dei salumi dipende in buona parte dalla durata della s........................
2. L'avvocato Neri è sicuramente un b........................: mangia solo il meglio e in quantità abbondanti.
3. Molto probabilmente il Parmigiano-Reggiano è il più n........................ di tutti i formaggi.
4. Quella del maiale è la più g........................ delle carni e va consumata con misura.
5. Caro, stavolta vado io a fare la spesa: le mele che hai comprato l'altra volta erano a........................

........../10

TOTALE: ..../..........

VIII TEST DI VERIFICA
TESTI 36 - 40

36. QUELLI DEL TELEFONINO
1 Completate le frasi con le parole mancanti, usandone una o due dove necessario.

1. Mio figlio si è dimenticato di pagare la b.................... e per due giorni siamo rimasti senza telefono.
2. Se vuoi, puoi utilizzare il mio telefono, basta che non si tratti di una chiamata i....................
3. Un tempo c'era solo un tipo di s....................; ora ci sono tutte queste musichette e melodie fastidiose.
4. Al ritorno dalle vacanze non ho trovato neppure un messaggio poiché non avevo acceso la s....................
5. Mi ero dimenticato di c.................... il mio telefonino e tutti si sono preoccupati, non potendomi trovare.

2 Date i sinonimi (s) o i contrari (c) delle parole.

sussurrare (c) ....   costume (s) ....
risparmiare (c) ....   battere (s) ....
oscuro (c) ....

........./10

37. I GESTI ITALIANI
1 Date, con una o più parole, il significato di questi gesti.

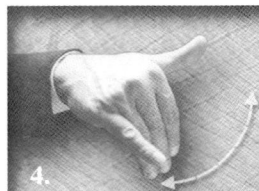

....

2 Completate le frasi con le parole adatte.

| sollecitare | innocuo | pregiato | interrogare | diffidenza | delicato |
| accelerare | medio | mignolo | insulto | richiesta | pollice |

1. È stato Mario che mi .... a parlare a Sonia, altrimenti forse non avrei mai osato...
2. Si tratta di una faccenda molto .... che va trattata con la massima discrezione.
3. Ti prometto di considerare la tua ...., ma ti posso dire già da adesso che è quasi impossibile.
4. Paolino, chiudi il naso con il .... e l'indice e tuffati nell'acqua, dai!
5. La polizia ha .... a lungo il marito, ma alla fine lo ha lasciato libero in mancanza di prove.

........./10

38. QUALCOSA ERA SUCCESSO
1 Completate le frasi con le parole mancanti.

1. Nel mio s.................... c'erano due bambini che urlavano, così sono rimasto per tre ore nel corridoio.
2. In Italia esistono molti s....................... per anziani, turisti e gruppi che viaggiano in treno.
3. Il mio treno era appena partito ed io, tranquillo, stavo c....................... il mio biglietto.

4. Ho perso il treno a causa della lunghissima fila che c'era alla b.........................

5. L'altro ieri il controllore ha litigato con un p......................... che insisteva a sedersi in prima classe.

2 Completate le frasi con le parole adatte.

> osare   medesimo   bensì   viavai   presumere   badare   inconsueto   sguardo   eppure   esitare

1. Se allora avessi ...., ora Marta non sarebbe sposata con quell'antipatico multimilionario...

2. Aveva un'aria ...., un comportamento un po' strano che mi ha insospettito.

3. Il mio .... è caduto sul suo orologio, che era identico a quello che mi era stato rubato.

4. Non ha portato regali a tutti come aveva promesso, ... una piccola scatola di dolci...

5. Sì, agente, ho visto che il semaforo era rosso, ma quando ho fretta non .... a queste cose.

........./10

39. CHE SCHERZI FA LA MEMORIA
Completate le frasi con le parole o le espressioni adatte.

> il via   ignaro   per scontato   compiere   carta bianca   sospeso   sulla punta della lingua
> contesto   impensierire   innocuo   termine   ansioso   retta   concetto   processo   giornalaio

1. Ciò che mi .... è che non solo non mi ha chiamato, ma tiene anche il cellulare spento.

2. Eravamo tutti molto preoccupati e lui stava dormendo, ... di quello che era accaduto.

3. Stai attento, non dare .... che tutti siano buoni e onesti come te.

4. - Ma come fai a sapere tutto su tutti i vicini? - Semplice: il .... è un mio caro amico!

5. Per favore, non mi stancare con tutti questi particolari, fai come credi, ti do ....

6. Forse la mia partecipazione al quiz è stata una tragedia, eppure avevo tutte le risposte ....

7. Non devi aver paura di lui: gli piace gridare, ma ti assicuro che in realtà è del tutto ....

8. Laura dice che vuole stare un po' da sola; ...in altri .... non ti vuole vedere mai più!

9. Non essere così ....; forse tuo padre crederà alla tua versione e non a quella del preside. Forse...

10. Detto tra noi, mia sorella ieri ha .... 32 anni, nonostante le candeline fossero solo 27...

........./10

40. LA MAFIA
Completate le frasi con le parole adatte.

1. Quello che per tutti era una persona tranquilla, si è dimostrato un d........................ di prima categoria.

2. Il g........................ sembrava credere all'imputato, ma alla fine gli ha dato 30 anni di carcere.

3. Per decenni le forze dell'ordine dovettero combattere contro l'o........................ e la paura della gente.

4. Mancava un mese alla sua scarcerazione, quando la polizia ha scoperto che in realtà era i........................

5. La prostituzione e il t........................ di droga sono le attività più proficue della criminalità organizzata.

6. La stampa parlava di un d........................ di mafia; in realtà il colpevole era un marito geloso.

7. Le pene per i piccoli r........................ non sono grandi, ma lui ne aveva commessi centinaia...

8. Il boss p........................ è entrato in un programma di protezione, così avrà una pensione garantita...

9. Il p........................ è durato un anno intero, durante il quale l'accusata si è innamorata del giudice!

10. Durante i mondiali di calcio i d........................ si sono ribellati chiedendo televisori in tutte le celle...

........./10

TOTALE: ..../.........

Esercizi

1. POSSESSIVI

1 Completate con i possessivi utilizzando dove necessario l'articolo o la preposizione adatti.

1. Qualcuno sa dirmi dove sono andate a finire .... chiavi?
2. Ragazzi, cercate di nuovo tra .... documenti.
3. Questa sera ho invitato a cena i genitori .... fidanzata.
4. Vedo che non c'è nessuna differenza tra .... e .... posizione.
5. Io e .... fratello abbiamo venduto .... casa di campagna.
6. Non ci credevo, ma Marco ed .... amici sono veramente dei ragazzi in gamba.
7. Non ti conviene; secondo me, quello che dici va contro .... interessi.
8. Devi difendere ad ogni costo .... idee.

2 Completate i mini dialoghi.

1. - Quando arriveranno i tuoi cugini?
   - Non lo so, ma da quello che dice .... zia Angelina, ... cugino Sergio dovrebbe arrivare fra due settimane; verrà senza .... moglie, perché .... bambini hanno l'influenza.

2. - Ciao, Piero, ti vedo strano, vuoi dirmi cosa ti succede?
   - Niente di eccezionale, sono un po' preoccupato; ultimamente .... figlio Roberto rientra tardi, non cura .... immagine come una volta, ... amici telefonano e lui non gli vuole parlare, non mi piacciono tanto certe .... idee, dice di essere stufo .... lavoro, considera .... vita un fallimento e cose del genere. Se tu fossi .... posto, cosa faresti?

3. Il direttore alla sua segretaria: - "Signorina, ci sono novità?"
   - "Ha telefonato .... socio di Francoforte e ha detto che .... incontro deve essere rimandato di una settimana, poiché arriva .... amico americano che non vede da tempo, ed è molto interessato ad investire nelle .... aziende. Inoltre, si sposa la figlia del capo del personale con .... dipendente; i ragazzi sarebbero felici se Lei e la .... signora partecipaste .... matrimonio."

3 Completate la lettera.

Caro Vittorio,
dopo mesi mi faccio vivo. Spero che questa mia trovi te e .... famiglia in ottima salute, come posso dirti della ...., che in questo momento si trova al paese ospite .... sorella maggiore, la quale mi ha pregato di invitare per .... compleanno tutti i vecchi amici del liceo, preside e professori compresi. Fra tutti mi piacerebbe incontrare .... professore di filosofia. Ricordi? Non poteva trovare casa ed alla fine ha preso in affitto la casa .... nonni, dove ha conosciuto .... sorella; rido ancora pensando .... stupida gelosia.
Come sai io e .... moglie non abbiamo figli .... matrimonio, ma abbiamo adottato due bellissime bambine senegalesi; .... presenza ha animato molto .... casa e siamo molto felici.
Per il momento non ho altro da dirti, spero tanto di rivederti,
ti abbraccio,
Nicola.

2. CONDIZIONALE

1 Sostituite agli infiniti il condizionale.

1. - Che cosa (fare Lei) .... in una mattina così bella?
   - (andarmene) .... a spasso per le vie della città.
   - Perché non lo fa?
   - (farlo) .... volentieri, ma devo finire un lavoro.

2. - Ha già risposto alle lettere che abbiamo ricevuto la settimana scorsa?
   - Non ancora.
   - Quando risponderà? Erano molto urgenti.
   - (rispondere) .... subito, ma sono stata tutta la mattinata dal direttore generale.

3. Ieri con Gianni ci siamo fermati davanti ad un salone automobilistico dove era esposta una *Lamborghini* rossa e gli ho detto: "(comprarla) ...., ma il suo prezzo è veramente eccessivo".

4. Paolo ha un appuntamento con Luisa alle sei. Sono le sei e mezzo e di Luisa nemmeno l'ombra. Nervoso fuma una sigaretta dietro l'altra. Ad un tratto la vede spuntare; le va incontro sorridendo e le dice:
   - "(fumare) .... ancora un'altra sigaretta e poi (andarmene) ...."
   Luisa: - "(telefonarti) .... per informarti che (arrivare) .... in ritardo, ma ho dimenticato il mio cellulare".

5. Carlo mi ha chiesto dei cd in prestito: (prestarglieli) ...., ma ho paura di non rivederli più.
6. Ho tanta sete: (bere) .... con piacere una birra gelata, ma nel frigorifero non c'è niente!
7. - Perché non mi hai creduto? - Ti (credere) ...., ma di solito tu dici bugie.
8. - Come mai Rita non mangia? - (mangiare) ...., ma ha paura di ingrassare.

2 Come il precedente.

1. La moglie di Gianni aveva preparato una cena fantastica: (io mangiare) .... tutto quello che c'era, ma non avevo fame.
2. - Perché non mi hai detto che partivi? - Te l'(dire) ...., ma non ne ero sicuro.
3. - Perché non chiedi altro denaro a tuo padre? - (Chiederglielo) ...., ma non ne ho il coraggio.
4. Spediamo una cartolina ad Angela? (Spedirgliela) ...., ma ho perso il suo indirizzo.
5. Signorina, (potere) .... farmi vedere quella borsa?
6. Non ho sentito bene: (dispiacerti) .... ripetere?
7. - Volete venire a cena a casa di Mariella? - Sì, (piacerci) .... tanto conoscere quella che tutti definiscono fantastica.
8. Il meccanico mi aveva promesso che (riparare) .... la macchina entro la mattinata.

3 Come il precedente.

1. - Alba, per favore, puoi aprire la finestra? - (aprirla) ...., ma tira vento.
2. Nel contratto era previsto che (voi spedirci) .... la merce ordinata entro 30 giorni.
3. Il medico era certo che la cura (fare) .... effetto entro 24 ore.
4. Conoscendo il carattere di Piero c'era da scommettere che (tentare) .... in ogni modo di far valere le proprie ragioni.
5. Sono tanto felice che (mettermi) .... a ballare in mezzo alla strada.

6. Non pensavo che (arrenderti) .... così facilmente!!

7. Il tempo a nostra disposizione era veramente poco, altrimenti (fermarci) .... ancora un po' e (conoscere) .... meglio la zona.

8. So bene di non aver tenuto un atteggiamento imparziale: ma tu come (comportarti) ....?

4 Come il precedente.

1. Penso che (farti) .... piacere partecipare alla nostra iniziativa.

2. Per fortuna non c'era tanto traffico, altrimenti (noi perdere) .... il treno e (essere costretti) .... a passare la notte alla stazione.

3. Chiedetegli come sono andate le cose: (potere) .... avere torto noi.

4. È inutile fare supposizioni: io (dire) .... di fargli una telefonata.

5. Questa casa è troppo fredda: io (non viverci) .... nemmeno un'ora.

6. Signora, (sapere) .... indicarmi la strada per il Museo Nazionale?

7. Ho paura di rimanere chiuso dentro, altrimenti (scendere) .... con l'ascensore.

8. Adesso non posso fare assolutamente niente: (tu dovere) .... avvisarmi in anticipo.

3. PRONOMI DIRETTI, INDIRETTI E COMBINATI

1 Completate utilizzando i pronomi diretti, indiretti e combinati.

1. Questa mattina ho visto Carla e .... ho invitat.......... a cena.
2. - Mi hai portato i libri? - Certo che .... ho portat..........
3. - Hai presentato la tua ragazza ai tuoi genitori? - Certo che .... ho presentat..........
4. - Vi è piaciuta la cena? - Non .... è piaciut.......... per niente.
5. - Quanti chilometri ci rimangono da fare per arrivare? - .... rimangono ancora tanti.
6. - Ho saputo che hai venduto la tua moto? - Sì .... ho vendut.......... per quattro soldi.
7. Non amo Antonio e non so come far.......... capire.
8. Signor Rossi, quando .... posso telefonare?
9. Giulia dice di saper tante cose sul conto di Anna, ma aspetta il momento opportuno per dir..........
10. Se mi permette, vorrei invitar.......... a cena.

2 Come il precedente.

1. Giacomo possiede una bella villa a Sorrento: sarei felice di posseder.......... una così anch'io!!
2. Signora Tina, incontrar.......... è stato un vero piacere!!
3. Mi piacerebbe mostrar.......... la mia collezione di farfalle.
4. Sono costretto a far compagnia con Luigi; se potessi .... farei a meno.
5. È stata colpa mia: non .... posso perdonare!!
6. Il prestito che mi hai fatto .... restituirò non appena potrò.
7. Sono senza macchina, altrimenti sarei passato a prender..........
8. Quello che hai da dirmi potrai dir.......... un'altra volta.
9. Professore, ... dispiacerebbe ripetere ancora una volta!?
10. Ho cercato in tutti i modi di spiegar.......... come erano andate le cose.

3 Rispondete alle domande.

1. - Hai trovato quello che cercavi?
   - No, non .... ho trovato.
2. - Mi puoi raccontare solo la fine della storia?
   - Ma certo che .... posso raccontare.
3. - Avete deciso dove ci volete portare?
   - Certo, ... porteremo in un posto che .... piacerà di certo.
4. - Quanta legna consumate durante l'inverno?
   - .... consumiamo abbastanza.
5. - Signorina, potrebbe portarmi l'ultimo preventivo?
   - .... porto subito.
6. - Quanti giorni ti occorrono per ultimare questo lavoro?
   - .... occorrono almeno dieci.
7. - Hai visto passare Carlo e Gina?
   - No, non .... ho visti, ma avevamo detto di incontrar.......... più tardi al bar.
8. - Dove ci hanno lasciato la posta?
   - Penso che .... abbiano lasciata dal portiere.

4 Come il precedente.

1. - Per favore, puoi portarmi gli occhiali che ho lasciato sulla scrivania?
   - Certo, ... vado a prendere subito.
2. - Quante lettere ci sono rimaste da spedire?
   - .... sono rimaste circa trenta.
3. - Perché non mi hai parlato mai dei tuoi problemi?
   - Perché pensavo che non .... saresti preoccupato.
4. - Come mai hai rifiutato il posto di vicedirettore?
   - Pensavo di non aver.......... le capacità.
5. - Avete saputo dell'incidente sull'autostrada?
   - Sì, ... ha parlato Franco.
6. - Quando mi regalerai una pelliccia come quella di Dora?
   - Se le cose andranno bene .... regalerò una ancora più bella.
7. - Come combatti l'influenza?
   - .... combatto stando a letto e prendendo antibiotici.
8. - Hai potuto parlare col tuo capoufficio?
   - Non ho potuto parlar.......... e nemmeno far.......... avere un messaggio.

5 Eliminate il pronome che vi sembra essere in più.

1. Mi pare che a te ti abbiano abituato male.
2. Mi ha fatto vedere anche a me il video del suo matrimonio almeno 10 volte.
3. Siamo abituati a vivere in centro ed i rumori non ci danno fastidio a noi.
4. Gli ho regalato anche a lui una cravatta rossa e gialla.
5. Gli ho fatto capire anche a lui che non avevo nessun motivo di non venire al mare.
6. Passerò a mostrarti a te i nuovi cataloghi verso sabato.

6 Correggete, dove necessario, i pronomi usati in modo errato.

1. Come tu anch'io frequento un corso di ginnastica ritmica.
   ....
2. È per il tuo caratteraccio che Lisa ha preferito io a tu.
   ....
3. Signor Brentoli, quando La posso telefonare?
   ....
4. Sono andato al mercato e ne ho preso due chili di banane.
   ....
5. Ci vieni anche te al cinema con noi?
   ....
6. Signorina Cernetti, quando ti hanno inviato questo materiale?
   ....

4. COMPARATIVI

1 Formate i comparativi utilizzando gli elementi dati.

1. Giacomo – intelligente – Piero
   Giacomo è ....
   Giacomo è ....
   Giacomo è ....
2. La tua macchina – vecchia – mia
   La tua macchina è ....
   La tua macchina è ....
   La tua macchina è ....
3. Le città – inquinate – paesi
   Le città sono ....
   I paesi sono ....
   Le città sono ....
4. Le ragazze – mature – ragazzi
   Le ragazze sono ....
   Le ragazze sono ....
   Le ragazze sono ....
5. La montagna – rilassante – mare
   La montagna è ....
   La montagna è ....
   La montagna è ....
6. Marina – bella – dolce
   Marina è ....
   Marina è ....
   Marina è ....
7. Sergio – simpatico – sincero
   Sergio è ....
   Sergio è ....
   Sergio è ....
8. Il treno – comodo – autobus
   Il treno è ....
   Il treno è ....
   Il treno è ....

2 Comparate logicamente le parole rispettandone l'ordine.

1. in autunno – fa – caldo – in estate
   ....
2. treno – è – veloce – aereo
   ....
3. limone – è – amaro – arancia
   ....
4. in una sedia – si sta – comodi – in una poltrona
   ....

5. oro – è – caro – argento

....

6. Milano – è – grande – Bologna

....

3 Completate gli spazi con i superlativi relativi e assoluti.

1. Livia è .... bella .... compagnia: è ....
2. Dicono che sia .... noto attore .... televisione italiana: è ....
3. Credimi, Roberto è .... ricco .... paese: è ....
4. Questo esame è .... difficile .... semestre: è ....
5. Stimo Valeria perché è .... generosa ragazza .... corso: è ....
6. Questa parte è .... interessante .... storia: è ....
7. Il cane è .... fedele .... animali: è ....
8. È stato .... pericoloso viaggio .... mia vita: è stato ....

4 Inserite negli spazi il comparativo o superlativo adatto.

migliore - ottimo - peggiore - pessimo - maggiore - massimo - minore - minimo

1. Secondo me, questo vino è il .... che ci sia in circolazione.
2. Le macchine sono il .... nemico delle grandi città.
3. Complimenti, hai fatto .... scelta, non te ne pentirai!
4. Sono deluso: dopo tanto studio ho preso il .... dei voti.
5. - Dicono che abbia un caratteraccio. - Sì, è vero, ha proprio un .... carattere.
6. Ti consiglio di dare ascolto a tuo fratello ....: lui è più grande e saprà come dovrai comportarti.
7. Niente grazie, questo è il .... che posso fare per te. Se avessi potuto, avrei fatto di più, credimi.
8. Io sono troppo grande, parla con mio fratello ....: lui ti saprà dire dove andare a divertirti.

5 Come il precedente.

1. Non c'è che dire: Antonio è il .... di tutti, ha sempre una buona parola per gli amici.
2. Non riesco mai a leggere i tuoi appunti, hai proprio una .... scrittura!
3. Vergognati! Dopo tutto quello che ha fatto per te il .... che potevi fare era regalargli almeno una rosa.
4. Ci hanno dato la .... delle camere rimaste libere ad un prezzo sinceramente interessante.
5. Secondo me, questa stagione è la .... degli ultimi dieci anni.
6. Ha fatto una .... figura presentandosi senza essere invitato.
7. La .... delle mie sorelle si è già laureata, le altre due sono ancora studentesse.
8. Per prenotare la macchina devi dare almeno un .... di anticipo.

5. RELATIVI – RELATIVI POSSESSIVI

1 Completate con i relativi.

1. L'ultimo viaggio .... ho fatto mi ha stancato molto.
2. La ragazza .... vedi seduta vicino a Renato è cilena.
3. Perché non bevi la camomilla .... ti ho preparato?
4. Sono dei ragazzi con .... mi trovo bene.
5. Sergio è l'ultima persona a .... mi rivolgerei se avessi bisogno di aiuto.
6. La situazione in .... vi trovate non è tanto difficile come credete.
7. Lavoro in una fabbrica .... produce scarpe.
8. Le persone .... parlano troppo spesso dicono cose inutili.

2 Inserite negli spazi i relativi adatti e se necessario usate la preposizione richiesta.

1. Ieri abbiamo conosciuto due ragazze .... purtroppo non parlano italiano.
2. La domanda .... doveva rispondere il concorrente era veramente difficile.
3. Il treno .... partirò arriverà a Siena alle 8.
4. La cercava un signore .... parlava con un forte accento straniero.
5. Il professore .... ti parlo è un caro amico di Elena.
6. L'amico .... andremo a cena abita dalle tue parti.
7. Giulio è una persona .... è facile andare d'accordo.
8. Se lo vuoi sapere, questo è il vero motivo .... non ti parlo.

3 Come il precedente.

1. La strada .... hai fatto è più lunga di quella .... ti avevo consigliato di fare.
2. La borsetta .... hai comprato non va con le scarpe .... ti avevo regalato.
3. La segretaria .... ho assunto è molto preparata e bella ed è una ragazza .... si fida anche mia moglie.
4. È una persona .... non stimo e .... non voglio nemmeno sentir parlare.
5. Il ristorante .... hanno aperto sarà bello e arredato con gusto, ma quello .... mangio bene è "da Salvatore".
6. Ascoltami! È l'unica persona .... conosce bene la zona ed è la stessa .... si è rivolta Chiara quando cercava casa.
7. Posso capire Rosa .... era impegnata con gli esami, ma tu .... non avevi niente da fare, potevi venire alla mia festa.
8. Il vestito .... indossi ti sta veramente bene; puoi darmi l'indirizzo della boutique .... l'hai comprato?

4 Come il precedente.

1. Il posto .... mi diverto di più è la discoteca.
2. La solitudine è una compagna .... difficilmente si convive.
3. Quello .... ti interessi lo trovo stupidissimo.
4. Il dietologo .... vado mi ha consigliato di perdere i chili in più, ma piano piano.
5. L'amore è un sentimento .... mi abbandono sempre completamente.
6. Il mio segno zodiacale è l'ariete .... è un segno di fuoco.

5 Unite le proposizioni tramite il relativo adatto; utilizzate se necessario la congiunzione.

1. Il personal computer è uno strumento – del personal computer non possiamo fare a meno – il personal computer ci facilita la vita.
   ....

2. Ho mangiato una pizza – la pizza era uno schifo.
   ....

3. Sono ritornato con l'aereo – l'aereo era di una compagnia – non avevo mai viaggiato con questa compagnia.
   ....

4. Lidia vive con Mario – ha conosciuto Mario a Firenze – con Mario dice di trovarsi molto bene.
   ....

5. Ti ho prestato il libro – il libro non è mio ma di Francesco – Francesco lo rivuole per domani.
   ....

6. Vivo in un meraviglioso paesino – il paesino si trova in Calabria – passavo le vacanze in questo paesino.
   ....

7. Giocavo a tennis con un ragazzo – il ragazzo frequentava il mio stesso corso e – adesso ho perso le tracce del ragazzo.
   ....

8. Gino mi ha raccontato una barzelletta – conoscevo la barzelletta.
   ....

6 Completate con i relativi possessivi.

1. Sono deluso, mi aspettavo di più da uno scrittore .... libri sono esposti nelle migliori librerie d'Italia!
2. Il signor Rossi, ... moglie è in vacanza, si sente solo e perciò gli faccio compagnia.
3. Franco, ... figlia si è sposata con un tedesco, non ha deciso se trasferirsi in Germania o rimanere in Italia.
4. La signora Marina deve essere quella vecchietta .... amore per gli animali è davvero grande.
5. La torre di Pisa, la pendenza .... ci affascina, è uno dei monumenti italiani più famosi nel mondo.
6. La Ferrari, il fascino .... è indiscutibile, rappresenta il sogno di chi ama lo sport automobilistico.
7. Ho cenato in un famoso ristorante .... specialità non mi sono piaciute tanto!
8. Diego, la mamma .... lavora al ministero, ci potrebbe dare una mano.

7 Come il precedente.

1. Roberto, la passione .... per i viaggi è risaputa, è partito per le Barbados.
2. Se ci avete fatto caso, ci sono delle persone .... sola presenza ci disturba.
3. Michela e Carlo, il rapporto .... sembrava stesse per finire, stanno ancora insieme.
4. Ho conosciuto una ragazza gli occhi .... sono due stelle!
5. Mi sono iscritto ad un scuola .... diploma mi permetterà di trovare lavoro più facilmente.
6. Lavoro in una fabbrica .... prodotti sono utilizzati da diverse industrie chimiche.
7. Giorgio, ... casa di campagna è stata visitata dai ladri, pensa di venderla.
8. È una terapia .... risultati non sono immediati, ma ti farà molto bene.

6. PASSATO REMOTO

1 Completate le frasi con i verbi dati.

1. Il corso che .... i miei figli era abbastanza interessante.
2. Carlo .. .. la carta di identità in treno.
3. Mio padre .... a studiare Medicina.
4. .... di mia moglie appena ....
5. Sara .... senza avvisare nessuno.
6. Ragazzi, è vero che .... con una società americana?
7. Me ne .... perché .... che non
   c'era niente da fare.
8. .... il desiderio di parlargli.

frequentare
perdere
costringermi
innamorarsi - vederla
partire
collaborare
andare - capire

sentire

2 Mettete al passato remoto le seguenti frasi.

1. Ho conosciuto Roberto quando avevo sedici anni.
   ....
2. Francesco e Paolo sono andati a prendere Giovanna all'aeroporto.
   ....
3. Non abbiamo mangiato perché non avevamo fame.
   ....
4. Siete scesi a piedi perché l'ascensore non funzionava?
   ....
5. Ho bevuto tanto e sono tornato a casa in taxi.
   ....
6. Tutti gli invitati sono rimasti colpiti dalla sua eleganza.
   ....
7. Quando eravate all'università avete incontrato molte difficoltà?
   ....
8. Ho cercato di fare del mio meglio, ma non ci sono riuscito.
   ....

3 Coniugate opportunamente i verbi tra parentesi.

1. (io smettere) .... di fumare quando mia moglie (rimanere) .... incinta.
2. Nella mia vita solo una volta (fare) .... una dieta, ma con scarsi risultati.
3. Appena lo (guardare) .... mi (rendere) .... conto che era una persona molto intelligente.
4. I ragazzi (avere) .... la fortuna di trovare un biglietto e (continuare) ....
   il viaggio senza di noi.
5. Gli ospiti (bere) .... e (mangiare) .... quasi tutto quello che c'era.
6. Anche se con qualche difficoltà, (io riuscire) .... a terminare gli studi.
7. Anche se avevamo messo la sveglia, ci (svegliare) .... tardi, e non (potere) ....
   .... dare l'esame.
8. Quando l'orchestra (suonare) .... l'inno nazionale, tutti ci (alzare) ....
   in piedi.

7. PREPOSIZIONI

1 Inserite la preposizione fra le sottostanti coppie di parole.

campo .... tennis – statua .... marmo – barca .... vela – vestito .... sera – studente .... medicina – camicia .... misura – albergo .... piscina – camera .... letto – oggetto .... metallo – passeggiata .... piedi – laureato .... medicina.

2 Velocemente collocate negli spazi le preposizioni date.

a   tra   da   in   con   per   di   su

1. Mi sono fatto un vestito .... misura.
2. Ti raggiungo .... casa.
3. Lavoro .... soddisfazione.
4. Sia detto .... noi, Anna è antipatica!

5. Non c'è niente .... nuovo.
6. Ho aspettato .... più di un'ora.
7. Ho ricevuto .... regalo un anello.
8. Lasciami stare, ho .... fare.

3 Come il precedente.

1. Penso che quella macchina fotografica costi .... trecento euro.
2. Non sapevo che avevi passato la serata .... stessa pensione di mio figlio.
3. Ho appreso la notizia .... mie figlie.
4. Ci siamo incontrati .... otto.
5. Sono stato in giro .... tutta la città.
6. I genitori di Aldo mi hanno accolto .... tanta simpatia.
7. Sono venuti a trovarmi .... amici italiani.
8. È inutile cercare .... tutte queste vecchie carte.

alle
con
dalle
sui
fra
degli
nella
per

4 Nelle sottostanti frasi alcune preposizioni sono usate in maniera errata; individuatele e correggetele.

1. Ho lasciato l'invito al cassetto della mia scrivania al mio ufficio.
   ....

2. Tutti sanno che Maria è innamorata con Francesco, un simpatico ragazzo della Napoli.
   ....

3. Ho passato le vacanze nella Sicilia, alla Palermo.
   ....

4. Appena finisco a mangiare vengo a te.
   ....

5. La mia casa si trova proprio davanti dalla stazione ferroviaria.
   ....

6. Roberto è uno studente della Medicina.
   ....

7. Lo sai che puoi contare sempre a me.
   ....

8. I ragazzi hanno affittato un monolocale vicino dalla scuola.
   ....

5 Inserite negli spazi le preposizioni opportune.

1. Mi sono messo .... studiare l'inglese .... necessità.
2. Puoi andare .... camera mia .... prendere i miei occhiali?
3. Quel poveretto è cieco .... nascita.
4. Soffre spesso .... mal .... testa, ma non fa niente .... curarsi.
5. Hanno preso .... affitto un appartamento .... quinto piano.
6. Ha parcheggiato la macchina davanti .... ingresso .... scuola.
7. Siccome non riesce .... trovare un appartamento abita .... me.
8. Non posso mangiare tutti i giorni .... ristorante.

6 Come il precedente.

1. Gabriella ha una bellissima villa .... isola .... Capri.
2. Quei due ragazzi se non parlano .... calcio, parlano .... Formula uno!
3. Sono nato .... mese .... dicembre.
4. Non vorrei essere indiscreto, ma .... che età sei andato .... pensione?
5. Non fare così, cerca .... guardare .... futuro .... ottimismo!
6. Secondo l'associazione .... consumatori, ... un anno il prezzo .... alcuni prodotti è aumentato .... dieci .... cento.
7. Siccome siamo arrivati .... anticipo, abbiamo qualche minuto .... andare al bar e bere un caffè.
8. Cerchiamo un appartamento .... centro, ma senza i problemi .... centro.

7 Inserite negli spazi le preposizioni.

1. Non mi sembri la persona più adatta .... parlare .... Mario .... questo modo.
2. Ho comprato i biglietti .... una agenzia .... viaggi.
3. Daniela è stata ricoverata .... ospedale perché si è fatta male scivolando .... scale.
4. Accettiamo volentieri il tuo invito e .... una settimana saremo .... te, ma tu quando verrai .... noi?
5. È risaputo che .... Italia si vive bene anche .... una piccola città.
6. Napoleone morì .... Sant'Elena .... 1821.
7. I bambini vanno .... scuola .... sei anni.
8. Il viaggio .... autobus .... Milano .... Roma è molto stancante.

8 Rispondete alle seguenti domande.

1. - Come sei venuto?
   - Sono venuto .... treno ed ho fatto tutto il viaggio .... piedi perché non ho fatto .... tempo .... prenotare un posto .... prima classe.
2. - Anche oggi hai lezione?
   - Purtroppo ho lezione tutti i giorni .... nove .... due; sai, mi manca solo quest'esame .... laurea.
3. - Dove vai così di fretta?
   - Vado .... banca a fare un versamento .... conto .... mio figlio, che è rimasto .... nuovo senza una lira, scusami, un euro.
4. - Ti vedo strana, cos'hai?
   - Hai ragione, ho un tremendo mal .... testa; .... favore vai .... camera mia, ... comodino ci dovrebbero essere .... aspirine.
5. - Cosa ti posso offrire?
   - Lo so che .... quest'ora sarebbe meglio bere una camomilla, ma berrei volentieri una tazza .... caffè.

6. - Hai fatto un programmino per la serata?
   - Sì, prima passo .... Luisa e poi .... una sua amica .... Modena; andremo .... pranzo .... mia sorella.

7. - Dove sei, non sei ancora partito?
   - Sono ancora .... mio paese, ma partirò domani .... Genova, mi fermerò lì .... due o tre giorni e poi andrò .... una settimana .... Montecarlo.

8. - Hai saputo cosa è successo a Marcello?
   - Certo, e mi sono fatto un sacco .... risate; pensava .... aver comprato un Rolex .... oro ed .... fine ha scoperto che era falso; ma dico io, cosa vuoi comprare .... duecento euro?

9 Completate con le preposizioni.

1. Non ti arrabbiare, cerco solo .... farti capire come sono andate le cose; lo sai bene che io sto e starò sempre .... tua parte.

2. La mia ragazza si chiama Carmen: è straniera, ma vive .... Firenze .... 9 anni.

3. Sono un appassionato .... volo e frequenterei .... piacere un corso .... pilotaggio.

4. Il museo .... Capodimonte è famoso .... tutto il mondo .... sue ceramiche.

5. Lo dicono tutti che c'è una differenza enorme .... leggere e studiare.

6. Ho lasciato gli appunti .... storia .... arte .... mia scrivania.

7. Mi sembra .... aver visto .... ospiti anche la figlia .... mio direttore.

8. Ho accompagnato Alberto .... stazione .... autobus, e poi sono tornato .... nuovo .... ufficio.

10 Come il precedente.

1. Ho seguito .... attenzione la vostra discussione; mi dispiace ma non sono .... niente d'accordo, non c'è nulla .... vero .... quello che avete detto .... Tonino, che è un ragazzo molto serio, non fa uso .... nessuna sostanza sospetta, ... contrario è impegnato .... volontariato ed aiuta tanti ragazzi che si trovano .... questa situazione.

2. Prima .... motivi .... studio, poi .... motivi .... lavoro, ho vissuto .... molte nazioni, ... volte anche .... lunghi periodi, ma la città .... Roma è .... più belle .... mondo; infatti, quando andrò .... pensione comprerò una casetta .... parti di Monte Mario e vivrò il resto .... mia vita .... le sue bellezze.

3. Quando abbiamo telefonato non volevano venire con noi a cenare fuori perché Caterina era a dieta; alla fine forse ci hanno ripensato e ci hanno raggiunto .... ristorante dove andiamo .... solito; io e Franca abbiamo ordinato qualcosa .... leggero, una bistecca .... ferri, un'insalata .... pomodoro una birra ed una fetta .... torta. Caterina, che .... fortuna era a dieta, un antipasto .... italiana, una carbonara, una bistecca .... fiorentina, una fetta .... tiramisù, un caffè e .... digerire, un bicchierino .... limoncello.

4. L'altra sera non ho potuto chiudere occhio .... tutta la notte: i vicini .... casa hanno dato una festa .... onore .... figlia che si era laureata .... Medicina; dovevi vedere, c'erano tutte le persone importanti .... paese; .... sindaco .... vescovo, tutti i dirigenti .... ditta .... suo padre, i suoi compagni .... liceo; aveva invitato anche me, ma siccome .... gli invitati c'era anche la mia ex, Sandra mi ha proibito .... andare.

5. Giorgio è veramente uno sportivo, gli piace giocare .... tennis, andare .... barca, e tutti i sabato sera gioca .... calcetto .... una squadra .... suo quartiere.

6. Non sempre i rapporti .... fratelli sono dei migliori; secondo un'indagine condotta .... una società specializzata, ... un campione .... 1500 persone .... età compresa .... i 13 ed i 50 anni è risultato che i motivi .... contrasto .... gli adolescenti sono principalmente dovuti .... condivisione .... camera o .... giocattoli, mentre .... gli adulti il contrasto più frequente è la suddivisione .... eredità.

11 Aiutate Marcello a compilare la seguente e-mail.

Cara Mirella,

ho appena acceso il mio computer, e non puoi immaginare la gioia che ho provato .... leggere la tua e-mail. Sono felice .... te e Stefano che avete finalmente deciso .... trasferirvi qui .... paese.

Come ti ho detto tante volte, il nostro non è più il paesino che lasciammo .... andare .... Università. Tante cose sono cambiate; .... esempio adesso non c'è bisogno .... andare .... città .... fare shopping. Grazie .... interesse .... popolazione e .... nuovo sindaco, il vecchio centro storico, che è stato chiuso .... traffico, è ritornato .... vivere ed è pieno .... tanti negozi dove puoi trovare quello che vuoi; .... recente, dopo anni, è stato riaperto .... pubblico il vecchio teatro comunale, la pinacoteca e la biblioteca. Sarà molto bello fermarsi .... vecchio Bar Centrale e bere l'aperitivo come .... vecchi tempi o cenare .... Antica Trattoria. Non sono sicuro, ma ho sentito dire .... mia cognata Francesca che .... qualche mese entrerà .... funzione anche un centro polisportivo .... piscina, campo .... tennis e, ... la gioia .... tuo marito, due campi .... calcetto. Come vedi non manca proprio niente .... nostro paesino. Certo ti mancherà un poco .... vita culturale di Roma, ma sicuramente tu, tuo marito ed i bambini vivrete più .... contatto .... la natura e .... persone che vi amano.

Se vuoi, appena lo decidi, posso andare .... parlare .... lo zio .... mia moglie il quale sarà felicissimo .... affittarvi o vendervi un suo appartamento che penso dovrebbe andare bene .... una famiglia come la vostra.

Sono sicuro che anche mia moglie sarà molto contenta .... questa vostra decisione; non vedo l'ora .... ricevere notizie più dettagliate .... tue intenzioni; non dimenticare che qui hai una persona .... quale puoi contare in qualsiasi momento; in fin .... conti sono sempre il tuo unico fratello!

Ti abbraccio,
Marcello

12 E adesso aiutate Mirella nel compilare la sua risposta a Marcello.

Caro Marcello,

scusami se non ho risposto subito .... tua e-mail, ma sono stata molto occupata .... preparativi .... trasferimento. Ormai anche Gino si è convinto che per un po' .... attività culturali non vale la pena vivere .... una città come Roma, diventata carissima e difficilissima .... tutti i punti .... vista.

Come già ti avevo scritto, era .... tempo che pensavamo .... cambiare radicalmente la nostra vita; Gino tornava sempre più stanco .... suo lavoro, la scuola .... bambini era lontana da casa, molti .... nostri amici hanno comprato casa .... zone lontane .... noi, e poi, ciliegina .... torta, mia suocera che .... tanto .... tanto ci dava una mano, si è sposata con un tipo .... Torino ed andrà .... vivere lì. Quindi non c'è veramente niente che ci trattiene .... Roma.

Mi dicevi che lo zio .... tua moglie affitta o vende un appartamento; bene, puoi andare .... parlargli. Se si tratta .... quello che aveva comprato .... sua figlia, penso che dovrebbe fare .... nostro caso, poiché, se non ricordo male, dovrebbe essere .... due passi .... centro, avere due ingressi e oltre .... salone, tre camere .... letto; dovrebbe avere anche un'altra camera che mio marito potrebbe usare come studio. Noi, più che .... affittarlo, saremmo intenzionati .... comprarlo; dipende naturalmente .... prezzo e .... condizioni .... cui si trova, dopo tanti anni che non è stato abitato.

Nel caso non dovessimo trovare un accordo .... lo zio di tua moglie, ti prego .... cercare un appartamento .... le stesse caratteristiche; la cosa essenziale e che non sia lontano .... centro.

Ormai è fatta, ... qualche mese saremo .... nuovo una famiglia unita.

Ti abbraccio,
Mirella

8. PRONOMI INTERROGATIVI, DIMOSTRATIVI E INDEFINITI

1 Formulate le domande alle risposte.

1. - Con .... hai passato la serata? - L'ho passata con Donato.
2. - .... persone hai invitato? - Una ventina.
3. - .... farai questa sera? - Niente, resterò a casa.
4. - .... vestito devo mettere, il grigio o il nero? - Metti il nero che è più elegante.
5. - .... ti preoccupa? - Mi preoccupa la salute di mia madre.
6. - Per .... motivo non siete venuti alla mia festa? - Eravamo all'estero.
7. - Di .... è questa bella macchina? - Se non sbaglio, deve essere di Olga.
8. - .... anni avete vissuto in Italia? - Compresi gli anni dell'università, 12.

2 Completate le domande, usando una o due parole.

1. .... è andato ad aprire la porta?
2. .... hai fatto prima di rientrare a casa?
3. .... appartiene questa *Ferrari*?
4. .... hai pagato di condominio questo mese?
5. .... cravatta metterai sotto il vestito grigio?
6. .... avrà combinato la mia squadra?
7. .... sono le bugie che ti fanno più male?
8. .... hai ricevuto notizie tanto riservate?

3 Completate le frasi.

1. Tutto .... che dovevo dire, l'ho detto personalmente a Renato.
2. Sono stanco dei soliti locali, cosa ne pensi se uno di .... giorni andiamo a teatro?
3. Temo che con .... tempo sia difficile che si possa partire.
4. .... offerta mi sembra molto più conveniente dell'altra.
5. Non mi sono trovato bene né in .... né in .... altro corso.
6. Stai per comprare .... appartamento o .... villetta sulla collina?
7. Sono d'accordo con .... che dici e fai bene ad insistere.
8. Fra pochi giorni devo sposarmi e .... mi rende un po' nervoso.

4 Collocate negli spazi i pronomi dati.

1. Non fa .... che pensare alla sua ragazza.
2. Sembra che .... la pensi come te!
3. Perché non assaggi .... di questi cioccolatini?
4. .... ha diritto ad una vita migliore.
5. Non c'è .... di cui non mi abbia parlato.
6. Ha telefonato un .... che sostiene di essere suo amico.
7. Mi sembra che .... di voi abbia voglia di scherzare!
8. .... può trovarsi in una situazione come questa.

ognuno
tale
niente
qualcuno
nessuno
chiunque
uno
altro

5 Sottolineate gli errori presenti nelle frasi e trascrivete la forma esatta negli spazi.

1. È tardi e non si vedono ancora nessuno.   ....
2. Non fa altri che guardare la televisione.   ....
3. È un lavoro molto facile, qualsiasi riuscirebbe a farlo.   ....
4. Ragazzi, calma! Ciascuni potrà dire come la pensa.   ....
5. Sono venuti a trovarci qualche amici.   ....
6. Non conosco altro più cattivo di Nicola.   ....
7. Ognuna persona è libera di fare quello che vuole.   ....
8. C'è un qualcuno che desidera parlarti.   ....

9. CONGIUNTIVO

1 Mettete al congiuntivo presente i verbi fra parentesi.

1. Mio marito non vuole che io (parlare) .... troppo al telefono.
2. - Perché non parti? - Aspetto che la mia ditta (pagarmi) ....
3. Signora, credo che (essere) .... inutile aspettare.
4. Io non ci credo, ma dicono che voi (sposarsi) .... di nascosto.
5. Nonostante non (essere) .... più tanto giovane, Marco ha un bel fisico.
6. Bisogna che qualcuno di noi (restare) .... ad aspettare l'idraulico.
7. È bene che voi (invitare) .... anche Paola, è una brava ragazza.
8. Devo preparare la camera prima che (arrivare) .... gli ospiti.

2 Completate le seguenti frasi utilizzando i verbi dati al congiuntivo presente.

1. Nonostante io .... tanto per piacerle, Mara esce con un altro.
2. Spero tanto che ti .... il regalo dei nonni.
3. Signorina, ... con calma quello che più Le piace.
4. Credo che Gianni non .... birra, la trova troppo amara.
5. Devo rinunciare al viaggio nonostante ci .... tanto.
6. Si dice che Donato e Piera .... sempre più spesso insieme.
7. È giusto che voi .... tutta la verità.
8. Non so cosa lui .... fare dopo la laurea.

fare
piacere
scegliere
bere
tenere
uscire
sapere
volere

3 Come il precedente.

1. È meglio che tu .... via, è tardi.
2. Credo che voi non .... la verità.
3. Sembra che voi non .... tanta importanza a questo esame.
4. Temo che Carlo e Marina non .... tanto bene insieme.
5. È probabile che Marco .... ripartire per l'Africa.
6. È meglio che Lei .... con l'ascensore.
7. È difficile che loro .... aver detto questo di me.
8. Non sono sicuro che lui .... qualcosa.

andare
dire
dare
stare
dovere
salire
potere
sapere

4 Coniugate al congiuntivo passato i verbi fra parentesi.

1. Mi pare che tu non (capire) .... quello che voleva dire Giorgio.
2. Dicono che ieri (piovere) .... su tutta la regione.
3. È molto probabile che Anna (telefonarci) .... quando eravamo al cinema.
4. Credo che a quest'ora (andarsene) .... anche gli ultimi invitati.
5. È difficile che i tuoi amici (dimenticarsi) .... del tuo compleanno.
6. Mi sembra che tu non (calcolare) .... bene le spese.
7. È facile che Silvia (capire) .... male.
8. Credo che (essere) .... un errore comprare questa macchina.

5 Coniugate il verbo fra parentesi al congiuntivo presente o passato.

1. Ti vedo stanco; immagino che tu (andare) .... subito a letto.
2. Desidero sinceramente che questa storia (finire) .... al più presto.
3. Suppongo che i ragazzi (avere) .... da fare per tardare tanto.
4. Dubito che a quest'ora loro (arrivare) ....
5. Lo vedo allegro: credo che (ottenere) .... il prestito dalla banca.
6. Siccome lo diceva, è possibile che (fermarsi) .... per qualche giorno a Capri.
7. Temiamo che Olga (dimenticarsi) .... che domani arriva sua sorella.
8. Trovo molto normale che un bel ragazzo (avere) .... successo con le donne.

6 Come il precedente.

1. Non sono certo che lui (essere) .... la persona adatta per questo incarico.
2. Sono due anni che frequentate questa scuola: spero che voi (imparare) .... qualcosa.
3. Sono appena le due; è impossibile che loro (tornare) .... così presto.
4. È entrato senza che nessuno (accorgersene) ....
5. Credo che Carlo non (avere) .... il telefonino acceso.
6. Inutile telefonargli, penso che loro (vedere) .... questo film.
7. Credo che lui (potere) .... fare questo ed altro!
8. Abbiamo fatto tardi e temo che il film (iniziare) .... già!

7 Coniugate il verbo fra parentesi al congiuntivo imperfetto.

1. Era giusto che noi dopo un inverno di duro lavoro (prendersi) .... un mese di ferie.
2. Ho prenotato questi posti perché pensavo che da qui (vederci) .... meglio.
3. Non ero sicuro che tua moglie (lavorare) .... in questa fabbrica.
4. Mio padre era convinto che io non (studiare) .... come dovevo.
5. Non mi è sembrato che Maria (essere) .... tanto innamorata di Gianni.
6. Le ho ritelefonato perché credevo che (avere) .... voglia di fare pace.
7. Immaginavo che nei piccoli centri (essere) .... difficile trovare tante belle cose.
8. Vorrei che voi (lasciarmi) .... un po' libero di pensare.

8 Completate le seguenti frasi utilizzando i verbi dati al congiuntivo imperfetto.

1. Non immaginavo che Lucia .... come una spugna.
2. Credevamo che loro .... tutto ai nostri fidanzati.
3. Era possibile che Paola .... troppa importanza ai pettegolezzi.
4. Non credevo che Marco .... tanto bene di salute.
5. Credevamo che loro .... di tutto per risultare antipatici.
6. Credo che .... solo in parte quello che aveva visto.
7. Era difficile che Domenico .... più di un caffè al giorno.
8. Non ero sicuro che voi .... attenzione a quello che diceva.

bere
dire
dare
stare
fare
dire
bere
fare

9 Come il precedente.

1. Speravo che tu (passare) .... da Angelo e poi da me.
2. Vorrei tanto che voi (raccontarmi) .... come sono andate veramente le cose.

3. Non era necessario che tu (parlarne) .... a mio fratello.
4. Non immaginavo che i tuoi amici (avere) .... tanti soldi.
5. Era facile che Arianna e Nicola (sposarsi) .... dopo anni di convivenza.
6. Ti avrei raccontato tutto prima che tu (venire) .... a saperlo da altri.
7. Sembrava che Sergio (essere) .... del tutto indifferente.
8. Ero preoccupato e temevo che i ragazzi (lasciare) .... gli studi.

10 Coniugate i verbi fra parentesi al congiuntivo trapassato.

1. Parlava ancora male, nonostante (vivere) .... dieci anni in Italia.
2. Non potevo immaginare che voi (finire) .... già.
3. Pensavo che almeno voi (capire) .... come risolvere questo problema.
4. Nonostante Livio (rientrare) .... molto tardi, si è alzato lo stesso alle sette.
5. Non sapevo che tu (essere) .... per anni l'aiutante di mio padre.
6. Era molto probabile che loro (decidere) .... di partire senza di noi.
7. Sebbene (darmi) .... la tua parola, ancora una volta sei arrivata in ritardo.
8. Tutti credevamo che tu e Marcello (andare) .... in vacanza in Sicilia.

11 Completate opportunamente le frasi.

1. È probabile che io (smettere) .... di lavorare; infatti, sia i miei figli che mia moglie non vogliono che io (lavorare) .... tanto.
2. Non credevo che tu (essere) .... tanto arrabbiato con me; bastava che tu (dirmelo) .... e ti avrei riportato la macchina prima di sera.
3. La ringrazio, posso ritornare da sola, senza che Lei (disturbarsi) ....
4. Valeria, desideri che (prendere) .... un biglietto anche per te?
5. Affinché noi (risolvere) .... il vostro problema, è necessario che voi (raccontarci) .... come sono andate le cose.
6. Nonostante non (parlarlo) .... bene, mi sforzerò di parlavi in inglese affinché tutti (potere) .... capire meglio.
7. Qualsiasi cosa voi (dire) .... sul conto di Bruno, non cambierò idea in quanto lo conosco da anni ed è difficile che una persona seria come lui (potere) .... fare tutto quello che mi raccontate.
8. Non credevo che Alberto (tagliare) .... ogni rapporto con la sua famiglia e che ora (vivere) .... da solo.

12 Come il precedente.

1. Ho paura che (stare) .... per nevicare e che il tempo non (promettere) .... niente di buono.
2. Sebbene non (conoscerti) .... molto bene, qualcosa mi dice che sei buono.
3. Mi auguro che non (accadere) .... nulla di grave.
4. Mi meraviglio che Carlo non (parlare) .... bene il tedesco, nonostante (vivere) .... in Germania per anni ed (sposare) .... una berlinese.
5. Non era mia intenzione offendere nessuno: mi dispiace che loro (interpretare) .... male le mie parole.
6. Siamo veramente contente che (ricordarvi) .... di noi e (invitarci) .... al battesimo di vostro figlio.

7. Fa una vita da signore, benché non (guadagnare) .... tanto; alcuni sostengono che (essere) .... coinvolto in un brutto giro.
8. Mi sembra giusto che tu (seguire) .... quanto ti ha detto il medico, e se non vuole che tu (fumare) .... più di tre sigarette al giorno, penso che lo (dire) .... per il tuo bene.

13 Come il precedente.

1. Non esagero: sarebbe bene che (venire) .... anche una persona che conosce la zona; infatti, l'ultima volta nonostante (prendere) .... tutte le precauzioni, ci siamo persi.
2. Anche se hai qualche motivo, è male che tu (vedere) .... tutto nero!
3. Decidere di comprare una casa così cara non è facile, e quindi trovo giusto che voi (pensarci) .... a lungo prima che (decidere) ....
4. La cosa non va; bisogna che voi (dirglielo) ....; non è giusto che voi (lavorare) .... tanto e loro (riposarsi) ....
5. Paolo è una persona intelligente: è facile che lui (capire) .... come stavano le cose, ma temo anche che (offendersi) ....
6. Non ho ancora parlato con lui, ma sarà difficile che Nicola (rifiutare) .... quel posto di lavoro.
7. Benché (essere) .... tardi, ho provato lo stesso a telefonarti in ufficio.
8. Ma come! Ho speso un sacco di soldi! Speravo tanto che (piacerti) .... e mi dici che non porti orecchini!

14 Come il precedente.

1. Cara, scusami, bisogna che io (uscire) .... subito: un mio paziente è stato ricoverato ed è necessario che io (essere) .... presente all'intervento.
2. È difficile che lui (potere) .... finire entro domani.
3. Sono le undici passate ed è facile che loro (mettersi) .... a dormire.
4. Sembrava che (essere) .... felici ed invece si sono lasciati.
5. Perché non vi siete rivolti direttamente a lui? Era molto probabile che (rispondervi) .... di sì o che (darvi) .... almeno una parte dei soldi di cui avevate bisogno.
6. Quando sono entrato nel ristorante temevo che i soldi non (bastarmi) ....; infatti, ho pagato con la carta di credito.
7. Alla fine della serata gli amici hanno voluto che io (suonare) .... il piano.
8. Io mi sono offerto, ma Carlo nonostante (essere) .... in difficoltà non ha voluto che io (aiutarlo) ....

15 Come il precedente.

1. Questi giovani! Pensa che i miei figli sono appena tornati da un viaggio e benché (viaggiare) .... per più di otto ore in aereo, hanno fatto una doccia e sono usciti.
2. Sono felice che tu (ottenere) .... quello che volevi; anche se all'inizio temevo che Aldo non (potere) .... aiutarti.
3. Volevo che tu (spiegarmi) .... tutto.
4. Dottore, mi scusi, ma prima che io (telefonarLe) .... a casa, ho telefonato in ufficio pensando che Lei (trovarsi) .... ancora lì.
5. Quando se n'è andato ho pensato che non (tornare) .... mai più.

6. - Che bello quest'abito da sera! - Vuole che Glielo (fare) .... misurare?

7. Ormai è troppo tardi, bisognava che lei (pensarci) .... bene prima di decidere!

8. È difficile che una donna (cambiare) .... idea; infatti, Lucia ha comprato quel vestito sebbene (costare) .... un occhio della testa, e sebbene (comprarne) .... un altro qualche settimana prima.

16 Come il precedente.

1. Sono stato sorpreso di rivedere Lucia; non sapevo che (ritornare) .... a vivere in questa città.

2. Ho fatto la strada a piedi perché credevo che a quell'ora gli autobus non (passare) .... e che (essere) .... difficile trovare un tassì.

3. Sebbene (essere) .... ricco, faceva una vita da misero!

4. Avrei preferito che tu (raccontarmi) .... tutto, prima che (venire) .... a sapere da altri le difficoltà in cui ti trovavi.

5. Roberto dovette partire benché (tornare) .... da uno stancante viaggio di lavoro e (stare) .. .. leggermente male.

6. Non so a te, ma a me pare che Marco (essere) .... contento del suo lavoro.

7. Vorrei che (venire) .... un attimo nel mio ufficio: la direzione pensa che Lei (avere) .... tutte le carte in regola per un avanzamento di carriera.

8. Ho l'impressione che tu non (capire) .... che se entro domani non pagheremo la bolletta è molto probabile che (tagliarci) .... il telefono!

10. CONGIUNZIONI

1 Collocate negli spazi la congiunzione adatta.

> *sebbene   affinché   neppure   come   se   benché   che   perché*

1. Ti presto la macchina .... me la riporterai prima di sera.
2. Il professore parlava in inglese .... tutti lo capissero.
3. Luca non è poi tanto ricco .... dice.
4. Federica non è venuta .... si sentiva poco bene.
5. Era stanco a tal punto .... non si reggeva in piedi.
6. Faceva freddo........................ fossimo in giugno.
7. Viveva da povero .... fosse ricco.
8. Non posso fare questo lavoro .... se mi pagano il doppio.

2 Completate gli spazi con le congiunzioni adatte.

1. È stato difficile, ... alla fine la mia squadra ha vinto .... le difficoltà.
2. Ti prego, non fare .... al solito, ti aspetterò .... ti sbrighi.
3. Sono disposto a fare qualsiasi cosa .... rimanere a casa.
4. Per domani pensiamo di fare una gita .... non piova.
5. Non vedevo Piero da molto tempo e l'ho incontrato .... scendevo dall'autobus.
6. Mi sembra veramente impossibile .... possa essere accaduto un fatto del genere.
7. È un vestito non tanto di moda, ... l'ho comprato .... piaceva alla mia ragazza.
8. Avevo sete .... non sapevo se bere una birra .... un'aranciata.

3 Unite le sottostanti espressioni.

1. Mi domando - ha fatto a ritornare a casa - non conoscesse la città.
   ....
2. Il viaggio è stato lungo - faticoso - ciò faccio una doccia - vengo subito da te.
   ....
3. Aveva bevuto - l'hanno dovuto ricoverare in ospedale.
   ....
4. Ero - sicuro di vincere il concorso - non ho pensato di telefonarti - mi raccomandassi.
   ....
5. Rispettalo - fosse tuo padre.
   ....
6. Valerio è sempre insoddisfatto - scontento - dovrebbe essere felice.
   ....
7. Mio figlio ha dieci anni - naturalmente - tutti i bambini non pensa ad altro - a giocare.
   ....
8. A quest'ora dovrebbe essere ritornato - non risponde.
   ....

4 Collocate negli spazi le congiunzioni date.

> *pertanto   ossia   ma   infatti   cioè   anche   dunque*

1. .... d'estate, per paura degli insetti, dorme con la finestra chiusa.
2. Oggi è mercoledì, sono in ferie da due giorni, ... da lunedì.
3. Arrivammo in anticipo: .... non c'era nessuno.
4. Inutile pensarci tanto; sai come stanno le cose, ... deciditi!
5. È un'auto vecchia, ... funziona ancora.
6. È una persona con tanti soldi, ... un ricco.
7. Non condivido la tua opinione: ha sbagliato, ... è giusto che paghi.
8. Mi hanno detto che questa strada è più breve, ... è più scomoda.

11. IMPERATIVO

1 Completate con le forme convenienti dell'imperativo.

1. Lucia, ti prego, (parlare) .... tu al telefono con Gianna!
2. Antonio, (sentire) .... quello che ha da dire, e poi decidi!
3. Dottore, (prendere) .... l'aereo: spenderà di più, ma farà prima!
4. Franco, (raccontare) .... come hai fatto a superare questo difficilissimo esame!
5. Signora Carla, (aspettare) ...., scendo subito!
6. Ragazze, prima di uscire, (chiudere) .... tutte le finestre!
7. Ragazzi, (tornare) .... prima che rientri vostro padre!
8. Signorina, (finire) .... prima, almeno una volta!

2 Rispondete alle seguenti domande.

1. - La nostra macchina non va bene, possiamo venire con voi?
   - Sì, ... pure!
2. - Com'è bella questa cravatta, quasi quasi la compro!
   - Sì, è veramente bella, ...!
3. - A che ora ti devo chiamare?
   - .... alle 11; penso di essere a casa per quell'ora!
4. - Quando avremo finito gli esercizi potremo giocare con la Playstation?
   - Prima .... gli esercizi, e poi se ne parla.
6. - Caro, sono pronta, devo scendere?
   - Certo, ... subito, ti sto aspettando da mezz'ora!
7. - Giovanna, devo mettere il vestito nero o quello grigio?
   - .... quello nero, è più indicato per una serata come questa!

3 Coniugate i verbi dati all'imperativo.

1. *farci - abbassare*	Ragazzi, ... la cortesia, ... il volume della radio!
2. *dirmi*	Ti prego, ... tutta la verità!
3. *starmi*	Adesso basta! Caro signore, ... bene a sentire!
4. *farmi - prenotare*	Signorina, ... il piacere, ... un tavolo al ristorante "Le tre sorelle"!
5. *sbrigarsi*	Teresa, Anna, ..., altrimenti perdiamo l'aereo!
6. *portarci*	Cameriere, ... il conto per favore!

4 Mettete all'imperativo i verbi fra parentesi.

1. Ragazzi, per favore basta: (fare) .... silenzio!
2. Ragazzi, è tardi, (smetterla) ...., devo studiare!
3. Giorgio, ti prego, (dirmi) .... la verità!
4. Signora (farmi) .... questo favore!
5. Avvocato, (accomodarsi) ...., il dottore L'aspetta!
6. Io non me ne vado, se vuoi (andarsene) .... tu!
7. Appena arrivate, (telefonarci) ....!
8. Io non posso, (parlargli) .... tu che lo conosci meglio.

5 Completate con le forme dell'imperativo.

1. Adesso non posso, e se non vuoi aspettare, (andarci) .... pure da solo!
2. Franco, è tuo quel libro? (darmelo) .... un momento, (farmelo) .... vedere!

3. Nicola, (darmi) .... un bicchiere d'acqua, per piacere!
4. Luca, (starmi) .... a sentire: devo dirti una cosa che ti interessa!
5. Ieri sono andata io a prendere i bambini, oggi (andarci) .... tu!
6. Anna, (dirmi) .... che cosa hai! Per favore, (dirmelo) ....!
7. Antonio, il bimbo ha la febbre, (dargli) .... l'antibiotico!
8. Giorgio, è vero che hai una cugina molto bella; per favore, (farcela) .... conoscere!

6 Trasformate le frasi sottostanti utilizzando l'imperativo.

1. Piero, mi dai una mano?
   Piero, ... una mano!
2. Non posso aspettare più, me lo devi dire adesso.
   Non posso aspettare più, ... adesso.
3. Almeno per una volta mi fai la cortesia di parlare seriamente!
   Almeno per una volta .... la cortesia e .... seriamente!
4. Marina, mi vai a prendere una bottiglia d'acqua minerale?
   Marina, ... a prendere una bottiglia d'acqua minerale!
5. Francesco, mi dai le chiavi del tuo appartamento?
   Francesco, ... le chiavi del tuo appartamento.
6. È tardi, ti devi fare accompagnare!
   È tardi, ... accompagnare!

7 Trasformate in negative le sottostanti frasi.

1. Metti queste scarpe, vanno bene con la borsetta!
   Non .... queste scarpe, non vanno bene con la borsetta!
2. Prendi il treno delle 11, fa poche fermate!
   Non .... il treno delle 12, fa molte fermate!
3. Prestagli pure la tua macchina!
   Non .... la tua macchina, guida male!
4. Fumo un'altra sigaretta e vado a letto!
   Non .... prima di andare a letto!
5. Me ne vado appena arriva il tassì!
   Non ...., ti accompagno io!
6. Vai con la macchina!
   Non .... con la macchina!
7. Lei beve troppo, dovrebbe controllarsi!
   Non ....tanto, Le fa male.
8. Perché dici queste cose, Carmen è una brava ragazza!
   Non .... queste cose, Carmen è una brava ragazza!

8 Completate usando l'imperativo.

1. Giovanni, telefonare alle tue amiche e invitarle! ....
2. Arrivederci, ragazzi, e divertirsi! ....
3. Signorina, scrivere questa lettera e poi spedirla! ....
4. Carla, non interrompermi quando parlo! ....
5. Dottore, dirci, siamo molto malati? ....
6. Non bere molti caffè: vi fanno male! ....
7. Cameriere, farmi il conto per favore! ....
8. Andrea, svegliarsi, è tardi! ....
9. Francesca, darmi un bacino! ....
10. Tu stare attento: il semaforo è rosso! ....

12. PERIODO IPOTETICO

1 Dalle seguenti frasi deducete i periodi ipotetici.

1. Bevo molti caffè perciò sono tanto nervoso.
   Se ....

2. Carlo si è lamentato con Anna perché dice che l'ho visto e non l'ho salutato.
   Se ....

3. Abbiamo perso l'inizio del film perché, come al solito, Gian Luca è arrivato in ritardo.
   Se ....

4. Molto probabilmente non avete considerato il problema in ogni suo aspetto e così non siete riusciti a trovare una soluzione.
   Se ....

5. Hanno rubato il motorino a Simona, in quanto non disponendo di molto spazio in cantina, era costretta a lasciarlo fuori.
   Se ....

6. Silvio, nonostante i consigli del medico, anche in inverno quando esce non si copre bene ed è spesso raffreddato.
   Se ....

7. Marco e Valeria non si sono ricordati di noi; non ci hanno spedito nemmeno una cartolina.
   Se ....

8. Non hai nessun motivo di allarmarti; ti senti male perché non hai riposato abbastanza.
   Se ....

9. Non avevamo molto tempo a nostra disposizione e non abbiamo potuto avvisarvi della nostra decisione.
   Se ....

10. Sono veramente stanco perché ultimamente c'è molto lavoro in ufficio.
    Se ....

2 Coniugate opportunamente i verbi tra parentesi.

1. Se (venire) .... anche tu, (io esserne) .... felice.

2. Se il vento non (soffiare) .... tanto forte, (noi andare) .... a fare un giro in bicicletta.

3. Se il treno (partire) .... in orario, a quest'ora (arrivare) .... già.

4. Se non (cadere) .... tanta neve, la strada ora (essere) .... percorribile.

5. Se Antonio (avvisarci) .... del suo arrivo, (andare) .... prenderlo noi.

6. Se tutti (rispettare) .... il codice della strada, (non succedere) .... tanti incidenti.

7. Se le forze dell'ordine (prendere) .... sul serio la denuncia presentata dai genitori, a quest'ora lo spacciatore (trovarsi) .... in prigione.

8. Se tu (essere) .... presente alla conferenza sulla disoccupazione, (capire) .... quanto grave sia il problema.

9. Gli operatori turistici continuano a sostenere che se lo Stato (prestare) .... maggiore attenzione alle loro richieste, (potere) .... affrontare meglio la concorrenza di altri Paesi.

10. Se avessimo (dare retta) .... a chi ci consigliava di rivolgerci ad un'agenzia specializzata, a quest'ora (risolvere) .... il problema dell'alloggio.

13. CI E NE

1 Inserite i pronomi dati negli appositi spazi.

1. Ho sbagliato, hai ragione; scusami, ma non .... avevo pensato.
2. Trovo il tuo atteggiamento scorretto, non .... sono scuse per quello che hai fatto!
3. Alla festa di Romina .... era anche il suo ex marito.
4. Il prezzo del vestito era abbastanza buono; invece di uno, infatti, ... ho comprati due.
5. .... sono volute due settimane prima di arrivare ad un accordo.
6. È una persona strana: dice una cosa e .... fa un'altra.
7. Mi avanzano dei biglietti per il concerto, ... vuoi uno per tuo figlio?
8. Cosa .... dici di rimandare la partenza di qualche giorno?

ci
ne
ne
ci
ci
ne
ne
ci

2 Completate le frasi con i pronomi adatti.

1. Domani parto per un lungo viaggio in Sicilia; non .... sono mai stato, ma .... ho sentito parlare.
2. Prima di prendere una decisione vorrei che tu .... riflettessi!
3. Di fatti strani .... capitano, ma questa mi sembra una bugia.
4. Questa torta è talmente buona che .... prendo volentieri un altro pezzo.
5. Prendi anche le carte di credito, ... potresti avere bisogno.
6. Con i bambini .... vuole tanta pazienza ed amore.
7. Al matrimonio di Sonia sono certo che .... saranno tutti i vecchi compagni di liceo.
8. Queste arance sembrano proprio buone, ... prendo tre chili.

3 Rispondete alle domande.

1. - Marco, pensi di partire o rimanere?
   - Ancora non .... ho pensato, forse parto.
2. - Pensi di utilizzare tutte le stanze dell'appartamento?
   - No, penso che .... utilizzerò solo alcune.
3. - Da dove ti trovi vedi tutto?
   - No, da dove mi trovo non .... vedo molto bene.
4. - Hai discusso con i tuoi della tua intenzione di ritornare a vivere con loro?
   - Non ancora, ma penso che .... saranno entusiasti.
5. - Alice ti ha restituito la cassetta?
   - Ancora no perché .... vuole fare una copia per sua cugina.
6. - Nella tua classe ci sono molti stranieri?
   - Non direi, ... sono solo due spagnoli e tre canadesi.
7. - Come mai tanto traffico?
   - Dicono che .... sia stato un incidente.
8. - Sei sicuro di volerti sposare?
   - Certo, ... sono più che sicuro, ... sono sicurissimo.

4 Completate le frasi con i pronomi adeguati.

1. Ma pensi veramente che .... siano ancora possibilità di comprare quella villa?
2. Personalmente non .... so niente, ma siccome .... parlano quasi tutti i giornali, deve trattarsi di una cosa grave.
3. Tu sei libero di creder............. o non creder............., personalmente non .... trovo niente di vero; .... conosco tanti di tipi come lui che raccontano balle.
4. Non gli ho telefonato perché non .... vedo la necessità.
5. Una delle città in cui non sono mai stato è Bari; penso che .... andrò questo fine settimana.
6. Scusatemi, ragazzi, ma io non .... trovo niente di ridicolo in quello che dite!
7. Dovremo spendere qualche cosa in più, ma per una casa come questa .... vale la pena!
8. Per fare un viaggio del genere .... occorre sicuramente una guida, e sarà meglio se .... prenotiamo una prima di partire.

14. FORMA PASSIVA - SI PASSIVANTE

1 Coniugate i verbi tra parentesi.

1. Rita e Maria (accompagnare) .... dai loro fidanzati.
2. Il discorso del sindaco (ascoltare) .... da tutti con la dovuta attenzione.
3. Sara non lo abbandonò e questo (interpretare) .... da Michele come un atto di stima.
4. Il lavoro dei pompieri (ostacolare) .... da molti curiosi.
5. I ragazzi (sgridare) .... dalla loro mamma.
6. L'invito (accettare) .... da Roberto con piacere.

2 Trasformate le frasi da attive in passive.

1. La pioggia caduta in abbondanza ha distrutto quasi tutti i raccolti.
   ....
2. Finalmente il governo ha varato una legge convincente per combattere la disoccupazione.
   ....
3. È stato un successone! Più di 12 milioni di persone hanno seguito la partita tra il Milan e la Roma.
   ....
4. I sindacati hanno indetto uno sciopero per la prossima settimana.
   ....
5. Spero di aver sentito male, ma pare che, anche oggi, i ladri abbiano rapinato due banche.
   ....
6. Non so se fino a questa sera il meccanico avrà aggiustato la macchina.
   ....
7. Un fulmine ha abbattuto diversi alberi.
   ....
8. Giorgio ci ha dato una lezione.
   ....

3 Come il precedente.

1. Pochi conoscono le virtù delle piante.
   ....
2. I suoceri invitano a pranzo Lucia quasi tutte le domeniche.
   ....
3. - Perché tanti giovani comprano questo modello? - Perché è di moda e non costa molto!
   ....
4. Tutti apprezzano la buona musica.
   ....
5. Siccome non si trovano biglietti, penso che molti seguiranno la partita in televisione.
   ....
6. Per fortuna il meccanico ha riparato in tempo la macchina.
   ....
7. Credo che non hanno preso in considerazione i nostri consigli.
   ....
8. Il presidente in persona ha dato la notizia in televisione.
   ....

4 Come il precedente: ricordatevi della particolarità dei verbi *potere* e *dovere*.

1. Prima un temporale e poi un incendio hanno completamente distrutto la nostra casa in montagna.
....

2. Lo so che ti chiedo molto, ma solo tu puoi fare questo lavoro.
....

3. In futuro non dobbiamo commettere questo errore!
....

4. Uno di noi può accompagnare Grazia alla stazione centrale?
....

5. Gli studenti dovranno consegnare in segreteria la scheda con tutti i dati personali.
....

6. Chiunque potrà seguire il corso: è gratuito.
....

7. Con qualche difficoltà, ma tutti hanno capito quello che diceva il ministro.
....

8. Solo tecnici specializzati potranno valutare i danni.
....

5 Completate facendo attenzione al tempo e al modo.

1. Il lavoro dei soccorritori (ostacolare) .... dalle cattive condizioni del tempo.
2. Gli organizzatori sostenevano che il concerto (seguire) .... da 80 mila persone.
3. Credo che i documenti non (spedirci) .... da Giulio, perché se ne è dimenticato.
4. Il nuovo aumento delle tasse (annunciare) .... dal nuovo ministro.
5. In futuro le nuove tecnologie (usare) .... da un numero sempre maggiore di persone.
6. Ci sono persone che sembra (perseguitare) .... dalla sfortuna!
7. Mi sembra che il rubinetto non (riparare) .... dall'idraulico: infatti continua a perdere.
8. Vorrei che il mio invito (interpretato) .... da Roberta come un gesto d'amicizia!

6 Completate utilizzando i verbi dati. Dove possibile utilizzate oltre ad *essere* anche *venire*.

1. *accogliere*	La notizia .... con entusiasmo dagli interessati.
2. *acquistare*	Il nostro palazzo .... da una grande società immobiliare.
3. *vedere*	Le ragazze .... uscire da una discoteca malfamata.
4. *esaminare*	Le nostre richieste .... con attenzione dalla commissione.
5. *accettare*	Temevo che la nostra proposta non .... dagli altri soci.
6. *abbandonare*	In estate molti animali .... dai padroni sull'autostrada.
7. *dire*	Sul conto di Stefano .... un sacco di cattiverie.
8. *vendere*	La villa .... senza che noi ne sapessimo niente.

7 Rendete passive le sottostanti frasi utilizzando la particella pronominale *si*.

1. In Italia viene bevuto molto vino.
....

2. Ho saputo che sono state dette molte cattiverie sul mio conto.

....

3. A volte vengono commessi gravi errori senza volerlo.

....

4. Comprerò la casa se la vecchia sarà venduta a un buon prezzo.

....

5. Le statistiche dicono che vengono letti più giornali che libri.

....

6. Specialmente in estate molti incendi vengono provocati di proposito.

....

7. Nella produzione delle moderne automobili sono utilizzati materiali riciclabili.

....

8. A causa del terrorismo in tutti gli aeroporti sono adottate misure di sicurezza molto rigide.

....

8 Come il precedente.

1. Queste lettere devono essere spedite al più presto.

....

2. In quel ristorante puoi mangiare un'ottima pizza.

....

3. Le cose che non servono le possiamo buttare via.

....

4. Nei musei sono conservate opere d'arte antiche e moderne.

....

5. In biblioteca possiamo prendere in prestito dei libri, ma solo per consultarli.

....

6. Hanno detto tante falsità sul conto di Lucilla.

....

7. Non dobbiamo lasciare rifiuti sulle spiagge.

....

8. In questo ristorante accettiamo tutte le carte di credito.

....

15. RIEPILOGO PRONOMI

1 Inserite i pronomi dati negli spazi.

1. Allora posso stare tranquillo: .... occupi tu dei ragazzi!
2. Alla fine il motorino .... ha prestato per l'intero fine settimana.
3. Signorina, non .... prenda, troveremo il modo di farLa viaggiare.
4. Appena avrò stampato le foto .... farò vedere.
5. Gino e Valerio .... ha presentati mia cognata.
6. Non si preoccupi, i documenti sono pronti, ... spedisco in giornata.
7. Questa storia, se non sbaglio, ... hai già raccontata un sacco di volte!
8. Secondo me, questi mobili .... hanno venduti per antichi, ma non lo sono.

me l'
Glieli
ce li
me l'
te ne
ve li
te le
se la

2 Completate usando i pronomi opportuni.

1. Ti presto la macchina a patto che .... riporti prima delle otto.
2. Di tipi intelligenti come Francesco .... sono pochi.
3. Ti prego, non .... andare, resta ancora qualche ora!
4. Gianni è stato di parola, il libro che gli avevo prestato .... ha riportato dopo una settimana.
5. La colpa è nostra e .... assumiamo la responsabilità.
6. Siete stati dei veri amici e questo .... ricorderemo per tutta la vita.
7. Se non ti dispiace, ... vorremmo andare prima che si metta a piovere.
8. Non ho capito quello che mi hai detto; .... puoi ripetere?

3 Completate le domande inserendo i pronomi negli spazi.

1. - Ti occupi tu del rinnovo del passaporto?
   - Sì, se vuoi posso occupar .... io, altrimenti .... puoi dire a Gianni che lavora in un'agenzia di viaggi.
2. - Sei andato al cinema?
   - No, e .... sono pentito perché il film che volevo vedere .... davano per l'ultima sera.
3. - Hai voglia di uscire?
   - La voglia .... sarebbe, ma sono talmente stanco che dopo il TG .... andrò a dormire.
4. - Hai messo il vestito nell'armadio?
   - Non .... ho messo perché nell'armadio non .... entra più niente, e penso che .... dobbiamo comprare uno più grande.
5. - Hai comprato il pane?
   - Non .... ho comprato, perché la panetteria sotto casa era chiusa, ma adesso che .... penso .... dovrebbe essere una aperta in via Mazzini; se vuoi vado a prender............
6. - Sei ancora arrabbiato per le cose che ti ho detto?
   - Sì, perché non .... trovo giuste e penso che .... potevi dire in un momento migliore.
7. - Avete chiesto alla signora Bianca se ha una camera libera?
   - Sì, ... abbiamo chiesto e .... ha risposto che non .... sarà una libera prima della fine del mese.
8. - Signorina, ha capito quello che Le ho detto?
   - No, ero distratta, ... può ripetere?

4 Come il precedente.

1. Se sei rimasto senza soldi, non fa niente, ... presto io.
2. Signorina, non si preoccupi, se i vestiti sono un po' lunghi, ... possiamo accorciare noi!
3. Ho la febbre e devo rimanere tre giorni a letto, ... ha ordinato mio fratello che è medico.
4. Avvocato, se .... piace questa borsa, ... posso regalare.
5. Bella tua sorella! Quando .... farai conoscere?
6. Ma che bella camicia! Chi .... regalata?
7. Che splendida casa! L'hai arredata tu o .... ha arredata un architetto?
8. Luigi non sa che oggi deve presentare la domanda; .... presentiamo noi.

5 Completate con i pronomi opportuni.

1. Se il direttore .... permette, potremo vedere la partita in ufficio.
2. Ragazzi, quante volte .... devo dire che non mi va di uscire.
3. Anna fa una vita da ricca anche se non .... può permettere.
4. Questa dieta .... ha consigliata una mia amica.
5. Scusami se non ti ho telefonato, ma .... sono completamente dimenticato.
6. Il pacco che hanno portato per me .... puoi lasciare in ufficio.
7. Angela e Chiara .... sono andate arrabbiatissime.
8. Personalmente penso che i dischi .... abbiano rubati.

6 Completate le battute con i pronomi adatti.

1. - Signorina, ieri ho comprato questo registratore, ma non funziona, ... potrebbe cambiare?
   - Mi dispiace signore, non .... posso cambiare se non ha con sé la garanzia.
2. - Carlo, mi puoi dare il numero di telefono di Lucia, non .... ricordo.
   - Senti, scrivi............ da qualche parte, questa e la terza volta che .... dico.
3. - Oggi è il compleanno di Marco, io dico che almeno una telefonata .... dobbiamo fare.
   - Io dico che non .... dobbiamo fare perché lui non telefona mai per farti gli auguri.
4. - Se permettete, ... dico io come sono andate veramente le cose!
   - Se sapevi come sono andate le cose perché non .... hai parlato prima?
5. - Che bello questo quadro, chi .... ha regalato?
   - Non ci crederai, ma .... ha regalato il mio ex fidanzato.
6. - Scusa, sono senza sigarette, ... vai a comprare?
   - Io .... andrei a comprare, ma se per un po' non fumi penso che ti farà bene.
7. - Se ti piacciono tanto le arance siciliane, ... faccio spedire una cassa da mio fratello.
   - Forse ti sembrerò scortese, ma potresti dirgli di spedir............ due?
8. - Dottore, la ricetta .... posso portare domani?
   - Sì, ma non .... dimentichi.

16. DISCORSO DIRETTO E INDIRETTO

1 Trasformate le frasi dal discorso diretto a quello indiretto.

1. L'insegnante disse all'allievo: *"Dovresti studiare di più per superare quest'esame che non è per niente facile"*.

   ....
   ....

2. Irma ha chiesto a Paolo: *"Mi fai fare un giro in motoscafo? Non mi è mai capitato di andare in giro per mare di notte"*.

   ....
   ....

3. Il primo ministro parlando in televisione ammise: *"Il mio governo è costretto a prendere questi provvedimenti, che molti giudicano antipopolari, poiché riteniamo che questo sia l'unico mezzo per uscire dalla crisi che attanaglia il paese"*.

   ....
   ....

4. Dopo la visita alla mostra Paolo ha detto: *"Questo pittore non vale un gran che. I suoi quadri non sono dei capolavori e con un po' di buona volontà potrei anch'io ottenere gli stessi risultati"*.

   ....
   ....

5. Da Los Angeles Marco inviò un telegramma alla sua famiglia in cui diceva: *"Partirò subito dopo il congresso. Prevedo di essere a Roma venerdì alle 14. Penso che dopo tutto questo periodo di lontananza abbiamo bisogno di stare tutti un po' assieme, e che una vacanza di qualche settimana sarebbe proprio quello di cui abbiamo bisogno"*.

   ....
   ....
   ....

6. Lucia ha domandato ad Anna: *"Come stai? Ho saputo che stavi poco bene. Più di una volta ti ho telefonato, ma mi rispondeva sempre la segreteria telefonica. Ciò mi ha messo in pensiero. Ieri ho incontrato Piero che mi ha detto che ti trovavi all'estero per conto della tua ditta"*.

   ....
   ....
   ....

7. Alla polizia la giovane turista denunciò: *"Il furto è avvenuto in piazzale Michelangelo. I ladri avranno approfittato del fatto che in quel momento il piazzale era pieno di turisti ed hanno potuto agire in completa libertà. Fortunatamente avevo preso con me la borsa contenente i miei documenti e i soldi"*.

   ....
   ....
   ....

8. Simona si è difesa dicendo: *"Sono le solite chiacchiere. Francesco è una persona molto simpatica, ci vediamo ed usciamo spesso insieme, ma per carità non parliamo di amore"*.

   ....
   ....

2 Come il precedente.

1. Mario ha chiesto a Paolo: "*Dov'è finita la mia bicicletta? Spero non te l'abbiano rubata l'ultima volta che l'hai presa*".
....
....

2. Dopo ripetuti inviti Antonio si è scusato dicendo: "*Domani sarei uscito volentieri con voi, ma devo finire un lavoro importante commissionatomi dall'ufficio tecnico col quale collaboro. E siccome la mia aiutante ha dato alla luce un bambino e sono solo, prevedo di non poter essere dei vostri nemmeno per il prossimo fine settimana*".
....
....
....

3. La signora Berti era molto arrabbiata coi figli e gli ha detto: "*Mi sembra che non vogliate raccontarmi nulla di quanto è accaduto. Fate come volete ma sappiate che in un modo o nell'altro lo verrò a sapere, ed allora vi assicuro che non accetterò scuse di alcun tipo*".
....
....

4. Giulio ha ammesso: "*Sono passati due anni da quando mi hai prestato la tua tenda; sono d'accordo che sono molti, ma ti posso assicurare che non avevo alcuna intenzione di appropriarmene e che te l'avrei restituita al massimo domani*".
....
....

5. Carlo ha giustificato la sua impazienza nell'andarsene dicendo: "*Fra due giorni arriverà mia sorella, la sua camera non è stata ancora preparata ed entro domani devo trovare una donna che la metta in ordine*".
....
....

6. Il capufficio, infuriato, ci ha convocato nel suo ufficio e ci ha detto letteralmente: "*Questo dovete intenderlo come ultimo avviso. Pretendo che ognuno di voi arrivi sul posto di lavoro in orario. Chi non lo farà si espone al rischio di un licenziamento. Spero di essere stato chiaro!!*"
....
....

7. Al TG1 delle 9 l'inviato ha detto: "*Dopo la forte scossa di terremoto registrata ieri alle 21, che ha avuto come epicentro il canale di Sicilia, oggi l'osservatorio geofisico dell'Università di Napoli ne ha registrate altre di minore intensità*".
....
....
....

8. Al telefono Danilo spiegò a sua moglie: "*Non posso lasciar tutto e andarmene. Dopo tanti anni di sacrifici vale la pena aspettare ancora qualche mese prima di vender tutto e ritornarmene a casa.*"
....
....

3 Come il precedente.

1. Francesco era un tantino agitato quando ci disse: *"Cercate di capirmi!! Mancano solo pochi giorni all'esame; lo sapete benissimo che quando studio, non voglio essere disturbato per nessun motivo. Prendete la vostra roba e non entrate in continuazione nella mia camera".*

   ....
   ....
   ....

2. Valeria si lamentava: *"Ho perso tutta la mattinata. Non puoi immaginare cosa significa avere a che fare con la burocrazia. Ti mandano da un ufficio all'altro e non ti fanno capire mai quello che vogliono".*

   ....
   ....

3. Mara mi ha detto: *"Oggi non so cosa mi stia succedendo; sono tanto distratta che mi sono dimenticata di prendere il latte; fammi un favore, vai al supermercato qui vicino e compramene un litro".*

   ....
   ....

4. Bruno mi confessò: *"Sono stato uno stupido! Credevo di cavarmela da solo; se davo retta ai tuoi consigli oggi non mi troverei in questa brutta situazione".*

   ....
   ....

5. Mio fratello è arrivato dicendoci: *"Aprite bene le orecchie e fate attenzione a quanto vi dirò".*

   ....

6. Elsa ci ha detto raggiante: *"Mi hanno comunicato che ho vinto il concorso a cui avevo partecipato tre mesi fa e che presto inizierò a lavorare".*

   ....
   ....

7. Silvia ha detto: *"Ho 18 anni. Dopo la maturità mi piacerebbe fare la hostess; mi occorrono informazioni su scuole, corsi, titoli di studio e indirizzi a cui rivolgermi".*

   ....
   ....

8. Il medico insisteva nel dire che: *"I malati spesso cercano il medico famoso senza aver prima consultato il medico di base per capire se quello specialista è veramente la persona di cui hanno bisogno".*

   ....
   ....

17. FORMAZIONE DI PAROLE

1 Completate con il prefisso adatto, facendo attenzione all'ortografia.

in-   inter-   ri-   ir-   stra-   pre-

1. Per il lavoro fatto non è stato semplicemente pagato, ma ....pagato.
2. Non siamo stati colti di sorpresa perché avevamo ricevuto un ....avviso.
3. Le relazioni tra i diversi Paesi sono regolate dal diritto ....nazionale.
4. Ci siamo resi conto che i danni riportati nell'incidente erano ....reparabili.
5. Nonostante i suoi 45 anni Sergio è una persona ....matura.
6. Il ladro si è pentito ed ha ....portato il quadro in chiesa.

2 Come il precedente. Due dei prefissi vengono usati due volte.

pre-   sotto-   ipo-   in-

1. Per perdere i chili in più il medico mi ha consigliato una dieta ....calorica.
2. La caverna era la casa degli uomini della ....istoria.
3. A volte i diabetici hanno delle crisi di ....glicemia, che superano mangiando qualcosa di dolce.
4. È stato espulso dal collegio per la sua condotta ....morale.
5. La corte lo ha condannato all'ergastolo per omicidio ....meditato.
6. Per andare da una parte all'altra dell'autostrada bisogna utilizzare un ....passaggio.

3 Completate con i prefissi adatti. Uno dei prefissi è superfluo.

pre-   con-   s-   bi-   stra-   dis-

1. - Sai chi è il ....lingue? - Certo, una persona che parla due lingue.
2. È stata un'impresa veramente ....ordinaria!!!
3. Siamo in pochi a conoscere gli effetti ....laterali dei farmaci che prendiamo.
4. Non immaginavo potesse essere una persona tanto ....corretta.
5. Non mi sento a mio agio nei locali ....colmi di persone.
6. Non mi sono fatto sentire perché in questi ultimi giorni sono stato ....occupato.

4 Completate con i prefissi adatti. Due dei prefissi sono superflui.

inter-   anti-   in-   pre-   pre-   vice-   s-   iper-

1. Quello che mi chiedi di fare è veramente ....responsabile!!!
2. Non sempre i meteorologi riescono a ....vedere il tempo con esattezza.
3. I genitori nella quasi totalità sono ....protettivi, e questo, a volte, dà fastidio ai loro figli.
4. Tra il popolo è sempre più crescente la ....fiducia nei politici.
5. I problemi da affrontare sono tanti e questo rende i rapporti ....personali sempre più difficili.
6. Si hanno sempre dei ....giudizi nei confronti di chi non è come noi.

5 Completate con i prefissi adatti. Tre prefissi sono superflui.

sopra-   post-   oltre-   semi-   super-   intro-   con-   extra-

1. La *Divina Commedia* è un immaginario viaggio di Dante nel regno dell'............tomba.

2. Sandra è una pettegola che si ....mette in tutte le discussioni.

3. Preferisco vivere da solo: la ....abitazione mi dà fastidio.

4. I cittadini ....comunitari devono mostrare il loro passaporto alla polizia di frontiera.

5. I passeggeri in ....numero sono stati fatti scendere dalla nave.

6. La ....operazione a quel progetto mi ha aiutato molto nella mia carriera.

6 Completate con i suffissi adatti.

inter-   sotto-   dis-   de-   in-   s-   ri-   pre-

1. In Africa la maggior parte dei Paesi è in uno stato di ....sviluppo impressionante.

2. Data la grave crisi occupazionale è molto diffusa la ....occupazione.

3. Non sopporto le persone ....cortesi!!

4. L'amore della mia ragazza mi ha aiutato a ....trovare la mia identità.

5. Con tanta pazienza e molta fisioterapia ha potuto ....acquistare l'uso della gamba.

6. La pizza era veramente uno schifo, direi quasi ....mangiabile.

7 Usando i prefissi date i contrari di queste parole.

legale	successo	sociale ....
onore	proporzionato	conformista ....
logico	attenzione	capace ....
ubbidire	responsabile	possibile ....
sperare	comporre	fare ....

8 Date un senso di piccolezza alle parole sottostanti, utilizzando i suffissi -ino, -ina, -etto, -etta.

pane	bambola ....
stanza	ragazzo ....
treno	scarpa ....
barca	piede ....

9 Utilizzando i suffissi dati trasformate i sottostanti nomi in altrettanti nomi.

-aio   -ista   -ata

giornale	fiore	macello ....
dente	arte	gomito ....

10 Come il precedente.

orologio	bar	piano ....
benzina	sera	giorno ....

11 Come il precedente.

-ario   -iere   -ano

vocabolo	giardino	visione ....
camera	cavallo	isola ....

12 Come il precedente.

-eria   -ificio   -ile

profumc ....

pasta ....

cane ....

pizza ....

orefice ....

birra ....

13 Trasformate i seguenti aggettivi in nomi utilizzando i suffissi dati.

-ezza   -ia   -izia   -ile

lungo ....

allegro ....…

misero ....

bello ....

giovane ....

giusto ....

14 Trasformate i seguenti nomi in aggettivi utilizzando i suffissi dati.

-ato   -are   -ale   -ile

fortuna ....

popolo ....

commercic ....

primavera ....

argento ....

industria ....

signore ....

servo ....

15 Trasformate i seguenti aggettivi in verbi utilizzando i suffissi dati.

-are   -ire   -izzare   -eggiare   -ificare

migliore ....

certo ....

attivo ....

curioso ....

primo ....

fraterno ....

bianco ....

chiaro ....

16 Utilizzando i suffissi dati verbalizzare i sottostanti nomi.

-are   -ire   -izzare   -eggiare   -ificare

analisi ....

veste ....

schiaffo ....

forma ....

gara ....

macchia ....

17 Come il precedente.

canto ....…

scandalo ....

marcia ....

persona ....

parcheggio ....

colpo ....

18. FORMA IMPLICITA ED ESPLICITA

1 Trasformate le seguenti frasi da implicite in esplicite.

1. Mi pare **di parlare** ad un sordo.
   Mi pare .... ad un sordo.
2. Dice **di non sopportare** Marcella.
   Dice .... Marcella.
3. Ti chiedo **di farmi** un favore.
   Ti chiedo .... un favore.
4. Non farmi stare in pensiero, ti prego; dopo **essere arrivato,** telefonami.
   Non farmi stare in pensiero, ti prego; dopo ...., telefonami.
5. Devi cercare di cambiare; non finirai bene **a comportarti** così.
   Devi cercare di cambiare; non finirai bene .... così.
6. In questo periodo non esco e studio tanto **per superare** questo esame.
   In questo periodo non esco e studio tanto .... questo esame.

2 Come sopra.

1. Bruno è veramente tanto bello **da morire.**
   Bruno è veramente tanto bello ....
2. Non verrò alla sua festa perché **al vedermi** scapperà.
   Non verrò alla sua festa perché .... scapperà.
3. Farò tutto quello che mi chiedi, eccetto **che telefonarle.**
   Farò tutto quello che mi chiedi, eccetto ....
4. Te ne stai per ore davanti alla TV, invece **di studiare.**
   Te ne stai per ore davanti alla TV, mentre ....
5. È stato tutto il giorno **senza mangiare.**
   È stato tutto il giorno ....
6. Luca è una persona **da non frequentare.**
   Luca è una persona ....

3 Trasformate le seguenti frasi da esplicite in implicite.

1. Angelo è sempre così chiuso in se stesso che non sorride mai.
   ....
2. Mi ha invitato a casa sua affinché vedessimo la partita.
   ....
3. Non dire nulla se prima non avrai parlato con Gino.
   ....
4. Sosteneva che era pronto, invece l'ho aspettato due ore.
   ....
5. Ti chiamerò sul cellulare prima che io entri in ufficio.
   ....
6. Era talmente arrabbiato che non disse una parola per tutta la serata.
   ....
7. Queste non sono parole che si dicono in presenza delle signore.
   ....

8. Non sono stati informati che hanno vinto un bel premio.

....

4 Come il precedente.

1. Tutti si congratulavano con Gianni perché aveva fatto il suo dovere.

....

2. Pensa bene prima che tu prenda una decisione.

....

3. Se tutto filerà liscio, penso che finisco prima delle otto.

....

4. Secondo me, questa situazione deve essere chiarita al più presto.

....

5. Poiché ho vissuto a lungo in Inghilterra mi permette di parlare un ottimo inglese.

....

6. Si scusò sostenendo che non mi aveva visto.

....

7. Non è consigliabile che uno stia davanti ad un computer per molte ore.

....

8. Te ne vai in giro dalla mattina alla sera mentre dovresti studiare.

....

19. CONCORDANZA DEI TEMPI E DEI MODI

1 Completate utilizzando i verbi fra parentesi al tempo e modo opportuni.

1. Non sono andato da Lucio, perché (pensare) .... che a quell'ora (io non trovarlo) ....
   .... ·a casa.
2. Ieri (io rivedere) .... con vero piacere un film che (io vedere) .... due
   anni fa.
3. Non sono passato da te, perché (io sapere) .... che (tu non essere) ....
   a casa.
4. Non capisco perché voi (pensare) .... male di lui.
5. Credevo che loro (essere) .... contenti del loro lavoro.
6. Non sapevo che Roberta (decidere) .... di cambiare città.
7. È già tardi: quando (voi arrivare) ...., loro (andarsene) ....
8. Non sapevo che Carla (stare) .... male da diversi giorni.

2 Come il precedente.

1. Hanno telefonato dalla libreria e (dire) .... che il libro che tu (cercare) ....
   .... (arrivare) .... oggi.
2. Mi avevano promesso che (venire) .... da noi l'estate prossima e che poi insieme (andare) .... a fare quella gita.
3. Speravo tanto che tu (guarire) .... prima di Natale per poter finire quel lavoro che (noi dovere) .... già consegnare.
4. A quest'ora (essere) .... già a casa, se (prendere) .... l'autobus.
5. Non ho la macchina, altrimenti (accompagnarti) .... io.
6. Dicono che Carla (essere) .... una cuoca molto brava, ma io non (crederci) ....
   ....
7. Non credevo che Carlo (ritornare) .... così presto da Verona.
8. Sembrava che Aldo e Luisa (andare) .... d'accordo e invece (lasciarci) ....

3 Come il precedente.

1. Mio fratello è andato a Perugia. Se (lui tornare) .... più presto, (noi venire) ....
   .... sicuramente alla tua festa.
2. Il professore (volere) .... che (io essere) .... presente alla lezione.
3. Mi sembra che il compito non (essere) .... tanto facile come (dire lui) ....
4. Non credevo che il suo lavoro gli (prendere) .... tanto tempo.
5. Mi auguravo che Mario (venire) .... prima dello spettacolo.
6. Io, se (avere) .... denaro, (fare) .... il giro del mondo.
7. Io (andare) .... volentieri con lui al cinema ieri, ma (avere) .... mal
   di denti.
8. Ho preso gli occhiali che (lasciare) .... sul tavolo.

4 Come il precedente.

1. Dice che sua sorella (partire) .... domani.
2. Abbiamo fatto quello che (credere) .... giusto in quel momento.
3. Credeva che loro (arrivare) .... con il treno delle nove il mattino dopo.
4. Uscirete quando (finire) .... di studiare.
5. Il nonno diceva che da giovane (soffrire) .... molto.
6. Mi avevano scritto che a Londra (fare) .... molto freddo in quel periodo.

7. Sapete che la settimana scorsa lei (riuscire) .... a prendere la patente?
8. Ci avevi promesso che (rimanere) .... in casa a studiare.

5 Come il precedente.

1. Non immaginavo che Lia (amare) .... tanto il mare.
2. Vedo con piacere che (finire) .... il lavoro che (assegnarvi) ....
3. Ha telefonato Paola: dice che stasera (venire) .... di sicuro; anche domenica scorsa (promettere) .... che (venire) ...., ma non (venire) ....
4. Quando rivedrai Gilda (dirle) .... di telefonarmi.
5. Ho paura che le domande (inviare) .... in ritardo e che non (accettare) .... dalla commissione.
6. Bravi, ragazzi! Sono contento che voi (riuscire) .... a trovare una buona sistemazione.
7. Dopo moltissimo tempo (io sapere) .... cosa (succedere) .... e di cosa (loro parlare) .... in quella riunione.
8. Credevo che (accettare) .... dai genitori della mia ragazza, invece (sbagliarmi) ....

6 Come il precedente.

1. Ragazzi, (aspettare) ....: non (essere) .... sicuri che il mal tempo (finire) ....
2. Ieri sera al bar perché (tu dire) .... quelle parole? - (io dire) .... solo quello che (pensare) ....
3. Mi pare che i signori Sassoli (decidere) .... di vendere la villa in montagna per comprarne una al mare.
4. La settimana scorsa (io dare) .... una festa, ma non (venire) .... tutte le persone che (invitare) .... perché non (ricevere) .... in tempo l'invito.
5. Ieri per tutta la giornata (sentirmi) .... male in quanto la notte precedente non (chiudere) .... occhio.
6. Poco fa (io prendere) .... un'aspirina, ma il mal di testa non (passarmi) ....
7. Non immaginavo che Carlo (raccontare) .... a tutti questo fatto e che voi (essere) .... i soli a non saperlo.
8. Mio figlio ha la testa tra le nuvole: (promettermi) .... che appena (arrivare) .... (telefonarmi) .... ed invece, come al solito, non (mantenere) .... la promessa.

7 Come il precedente.

1. Non è una questione di principio, ma avrei voluto che (essere) .... tu a portarmi la bella notizia.
2. Ragazzi, per favore, (potere) .... dirmi a che ora (esserci) .... il gran premio?
3. Donato mangia come se (essere) .... digiuno da una settimana.
4. Secondo le stime dei vigili del fuoco, più della metà del bosco (distruggere) .... dall' incendio.
5. Ieri sera al bar le mie parole non (capire) ...., altrimenti non (voi avere) .... quella reazione.
6. Questa mattina (io andare) .... a cercare Luigi, ma (uscire) .... già.
7. Temo che Gianna (innamorarsi) .... di Marcello e non (lei sapere) ....

che fra due mesi (lui sposarsi) .... con un'altra!

8. - Perché ieri sera non (voi venire) ....? - Perché (essere) .... stanchi e perché nessuno (invitarci) ....

8 Come il precedente.

1. Silvio è stato di parola: (promettere) .... che (aiutarci) .... e (farlo) .... davvero!
2. Carmela, (andarmi) .... a prendere il giornale!
3. La casa che vedi là in fondo (vendere) .... per un pezzo di pane ed adesso (valere) .... il doppio di quanto i compratori (acquistarla) ....
4. Ieri sera (noi tornare) .... tardi: quando (entrare) .... in casa tutto (essere) .... buio ed i miei genitori (andare) .... a dormire.
5. Signora Elvira, sono contento che il raffreddore (passare) .... e che ora Lei (sentirsi) .... meglio.
6. I miei figli (frequentare) .... per due anni quella scuola, ma non mi pare che (imparare) .... un gran che.
7. Scusami se ieri sera non (presentarti) .... la signora Daniela: (io credere) .... che tu (conoscerla) ....
8. Ieri sera (io vedere) .... lo spettacolo di cui (loro parlarmi) .... tanto, ma (dovere) .... confessarti che non (piacermi) .... per niente: (essere) .... meglio se (rimanermene) .... a casa!

9 Come il precedente.

Gianni a suo fratello.

In questo momento (io essere) .... troppo stanco e non (avere) .... alcuna intenzione di discutere di un problema che non (riguardarci) .... e che in passato (procurare) .... abbastanza danni alla nostra famiglia, ma se (tu volere) .... e (interessarti) .... sapere come (andare) .... le cose, (poterne) .... discutere domani sera quando (tornare) .... anche Elio che (conoscere) .... meglio di me tutti i particolari.

10 Come il precedente.

I pensieri di Marianna sulla suocera.

Devo fare qualcosa, non (essere) .... possibile che anche quest'anno (passare) .... le vacanze con lei. Se (essere) .... una suocera normale (farmi) .... anche piacere: (potere) .... preparare da mangiare mentre noi (starcene) .... al mare, la sera invece di uscire con le sue amiche (potere) .... stare attenta ai bambini così io e mio marito (essere) .... liberi di andare a divertirci, invece (starsene) .... dalla mattina alla sera in balcone. (avere) .... la brutta abitudine di dare consigli su tutto e a tutti: cosa (io dovere) .... dare da mangiare ai bambini, quando (noi dovere) .... andare in spiaggia, quando (noi dovere) .... ritornare. Crede che suo figlio (potere) .... sposare una migliore di me. Insomma, se non (essere) .... per il fatto che (pagare) .... lei le vacanze e ultimamente (comprare) .... due appartamenti per i bambini, (lasciarla) .... a casa con i suoi gatti!

11 Completate opportunamente il dialogo.

Marcello ha perso il lavoro e ne discute con suo padre.

- Eccomi qua senza lavoro!
- Non ti disperare, (essere) .... giovane, (avere) .... un titolo di studio, (vedere) .... che prima o poi (trovare) .... qualcosa.
- Tu (parlare) .... così perché non (sapere) .... quant'è deludente dopo anni di studio ritrovarsi disoccupato; magari (avere io) .... la tua fortuna di entrare subito in banca!
- Ti comprendo, figlio mio, ma (credere) .... che tu non (agire) .... bene accettando subito quel posto di lavoro; (io informare) .... da amici che l'azienda per la quale (lavorare) .... (trovarsi) .... in grosse difficoltà economiche e che (esserci) .... dei licenziamenti.
- Che la situazione (essere) .... difficile, (capirlo) .... dal primo momento, ma (sperare) .... che l'amministratore generale, uomo di grande esperienza, (avere) .... un piano per salvarla.
- Anch'io, che (conoscerlo) .... da anni, (sperarci) ...., ma (essere) .... a conoscenza che la banca a cui (rivolgersi) .... per un grosso prestito alla fine non (concederglielo) ...., e così (dovere) .... licenziare.
- D'accordo, ma io non (potere) .... capire perché (mandare) .... via me, che (avere) .... oltre al titolo di studio, anche l'esperienza per aiutare.
- Figlio mio, non ti mangiare il fegato, è abbastanza semplice: tu (essere) .... meno raccomandato di altri!

12 Come il precedente.

Angelo ha un problema!

- Non vedo Carlo da tempo, e siccome (avere) .... bisogno di un suo parere su un'assicurazione, (sapere) .... dove (potere) .... trovarlo?
- Di preciso non (saperlo) ...., ma da quanto (sentire) .... dire al circolo, credo che Carlo (trasferire) .... dalla sua agenzia in un'altra città e che non (occuparsi) .... più di assicurazioni, ma di finanziamenti.
- Proprio adesso (dovere) .... trasferirlo! Siccome la cosa (essere) .... urgente, (dirmi) ...., (conoscere) .... qualche assicuratore?
- Personalmente no, ma mia cognata (conoscere) .... un tale che (dirigere) .... un'agenzia di assicurazioni, e secondo lei (dovere) .... essere una persona seria.
- Se (trattarsi) .... di quel ragazzo con cui (uscire) .... non (meravigliarmi) .... che (parlarne) .... bene.
- No, (essere) .... un signore sulla cinquantina che, se non (ricordare) .... male, per un periodo di tempo (frequentare) .... la nostra stessa palestra; (essere) .... tifoso della Roma, e (parermi) .... che (portare) .... gli occhiali; ma la cosa che (colpirmi) .... di più (essere) .... un bellissimo, quanto strano tatuaggio sul braccio destro: (ricordartelo) ....?
- Come no, un tipo come Franco il romano, non (dimenticarsi) .... facilmente. Adesso (telefonare) .... a tua sorella, (farmi) .... dare il suo numero di telefono e così il mio problema (essere) .... risolto. Cosa (fare) .... senza di te!
- Niente, (tu cercare) .... un'altra persona da angosciare!

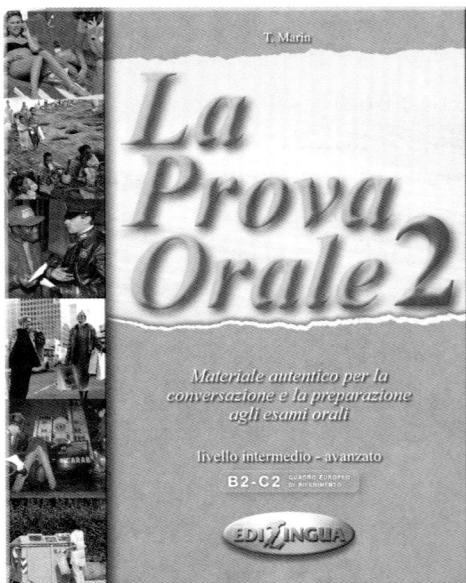

La Prova Orale 2

Materiale autentico
per la conversazione e
la preparazione agli esami orali
Livello intermedio - avanzato
(B2 - C2)

La Prova Orale 2 mira a fornire quelle opportunità e quegli spunti idonei ad esprimersi in modo spontaneo e corretto, e, nello stesso tempo, a preparare gli studenti ad affrontare con successo la prova orale delle certificazioni delle Università di Perugia (Celi 3, 4 e 5) e Siena (Cils DUE-B2, TRE-C1 e QUATTRO-C2), Plida (B2, C1 e C2) o altri diplomi.

Il libro è diviso in quattro parti:

A. Le **unità tematiche**, argomenti tratti dall'attualità e che toccano vari settori della vita moderna.
B. I **compiti comunicativi**, da svolgere in coppia.
C. **Espressioni e massime**, da commentare.
D. Un **glossario** che aiuta lo studente a prepararsi per la discussione.

La conversazione trae continuamente spunto da materiale autentico (fotografie-stimolo da descrivere o da mettere a confronto, grafici e tabelle da descrivere, articoli di giornale, testi letterari e saggistici da riassumere, massime da commentare, compiti comunicativi da svolgere) corredato da una grande quantità di domande che motivano e stimolano gli studenti, dando loro la possibilità di intervenire più volte.

La Prova Orale 2 si può adottare in classi che hanno completato circa 160-180 ore di lezione e usare fino ai livelli più avanzati; il libro è stato studiato in modo da poter essere inserito in curricoli didattici diversi.

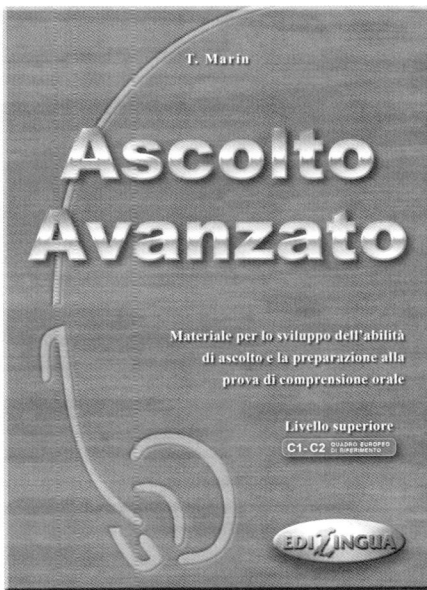

Ascolto Avanzato

Materiale autentico
per lo sviluppo dell'abilità di ascolto e
la preparazione alla prova di comprensione orale
Livello superiore
(C1 - C2)

Ascolto Avanzato mira allo sviluppo dell'abilità di ascolto e, nello stesso tempo, alla preparazione della prova di comprensione orale degli esami delle certificazioni delle Università di Perugia (Celi 4 e 5) e Siena (Cils TRE-C1 e QUATTRO-C2), Plida (C1 e C2) o altri simili.

Ognuno dei 30 testi è corredato da esercitazioni di tipo:

- scelta multipla
- completamento con le parole mancanti
- individuazione di informazioni esistenti o meno

Tutti i brani sono stati accuratamente selezionati da programmi televisivi e radiofonici trasmessi da emittenti italiane. Essi coprono un'ampia gamma di argomenti: dialoghi telefonici, ricette, favole, interventi, fatti di cronaca, interviste, servizi sulla cultura e così via. Così lo studente ha la possibilità di entrare in contatto non solo con la lingua viva, ma anche con la realtà italiana. Inoltre, le numerose e differenti voci dei brani orali gli consentono di migliorare l'accento, la pronuncia e l'intonazione.

Ascolto Avanzato si rivolge a studenti che hanno completato circa 160-180 ore di lezione. È completato da un'audiocassetta o da un CD audio (60 minuti) e dal *Libro del professore* con le trascrizioni dei testi e le chiavi delle esercitazioni.

La collana è completata da *Primo Ascolto* e *Ascolto Medio*.

edizioni EdiLingua

Nuovo Progetto italiano 1 T. Marin - S. Magnelli
Corso multimediale di lingua e civiltà italiana. Livello elementare

Nuovo Progetto italiano 2 T. Marin - S. Magnelli
Corso multimediale di lingua e civiltà italiana. Livello intermedio

Progetto italiano 3 T. Marin - S. Magnelli
Corso di lingua e civiltà italiana. Livello medio - avanzato

Allegro 1 L. Toffolo - N. Nuti
Corso multimediale d'italiano. Livello elementare

That's Allegro 1 L. Toffolo - N. Nuti
An Italian course for English speakers. Elementary level

Allegro 1 A. Mandelli - N. Nuti
Esercizi supplementari e test di autocontrollo. Livello elementare

Allegro 2 L. Toffolo - M. G. Tommasini
Corso multimediale d'italiano. Livello preintermedio

Allegro 3 L. Toffolo - R. Merklinghaus
Corso multimediale d'italiano. Livello intermedio

La Prova orale 1 T. Marin
Manuale di conversazione. Livello elementare

La Prova orale 2 T. Marin
Manuale di conversazione. Livello intermedio - avanzato

Video italiano 1 A. Cepollaro
Videocorso italiano per stranieri. Livello elementare - preintermedio

Video italiano 2 A. Cepollaro
Videocorso italiano per stranieri. Livello medio

Video italiano 3 A. Cepollaro
Videocorso italiano per stranieri. Livello superiore

Vocabolario Visuale T. Marin
Livello elementare - preintermedio

Vocabolario Visuale - Quaderno degli esercizi T. Marin
Attività sul lessico. Livello elementare - preintermedio

Al circo! B. Beutelspacher
Italiano per bambini. Livello elementare

Sapore d'Italia M. Zurula
Antologia di testi. Livello medio

Scriviamo! A. Moni
Attività per lo sviluppo dell'abilità di scrittura. Livello elementare - intermedio

Diploma di lingua italiana A. Moni - M. A. Rapacciuolo
Preparazione alle prove d'esame

Primo Ascolto T. Marin
Materiale per lo sviluppo della comprensione orale. Livello elementare

Ascolto Medio T. Marin
Materiale per lo sviluppo della comprensione orale. Livello medio

Ascolto Avanzato T. Marin
Materiale per lo sviluppo della comprensione orale. Livello superiore

l'Intermedio in tasca T. Marin
Antologia di testi. Livello preintermedio

Una grammatica italiana per tutti 1 A. Latino - M. Muscolino
Livello elementare

Una grammatica italiana per tutti 2 A. Latino - M. Muscolino
Livello intermedio

Raccontare il Novecento P. Brogini - A. Filippone - A. Muzzi
Percorsi didattici nella letteratura italiana. Livello intermedio - avanzato

Invito a teatro L. Alessio - A. Sgaglione
Testi teatrali per l'insegnamento dell'italiano a stranieri. Livello intermedio - avanzato

Mosaico Italia M. De Biasio - P. Garofalo
Percorsi nella cultura e nella civiltà italiana. Livello intermedio - avanzato

Collana Raccontimmagini S. Servetti
Prime letture in italiano. Livello elementare

Collana Primiracconti M. Dominici
Letture graduate per stranieri. Livello elementare

Forte! 1 L. Maddii - M. C. Borgogni
Corso di lingua italiana per bambini (7-12 anni). Livello elementare

Collana Formazione

italiano a stranieri (ILSA)
Rivista quadrimestrale per l'insegnamento dell'italiano come lingua straniera/seconda

www.edilingua.it

Errata Corrige

pag. 42 (attività 7 - prima riga)	**III edizione**	**IV edizione**
pag. 69 (Ascoltiamo)	dall'inglese *to comput*	dall'inglese *to compute*
pag. 99 (att. 5 - testo - ultima riga)	a p. 13	a p. 30
pag. 143 (esercizio 2 - frase 1)	il signor Niù, ci ...	il signor Niù, non ci ...
	a quel stupido	a quello stupido

	II edizione	**III edizione**
pag. 11 (attività 3 - esercizio 1)	a. è un servizio cattivo	a. è un cattivo servizio
pag. 11 (attività 4 - esercizio 1)	mettersi	mettere
pag. 14 (attività 4 - dicitura eser. 1)	mentre tre si possono	mentre alcune si possono
pag. 29 (att. 2 - eser. 1 - informaz. 8)	ha preso la parte del figlio.	ha preso le parti del figlio.
pag. 31 (att. 1 - testo: 4° paragrafo)	dalla mattina a sera	dalla mattina alla sera
pag. 31 (att. 2 - eser. 1 - affermaz. 2)	mie comodità solo per	mie comodità soltanto per
pag. 38 (attività 3 - dicitura eser. 3)	nel testo (righe 25 e 31),	nel testo (righe 21 e 29),
pag. 39 (att. 5 - testo: 4° paragrafo)	salirà tra 15 ed i 95 cm.	salirà tra i 15 ed i 95 cm.
pag. 39 (att. 5 - testo: 5° paragrafo)	l'aumento delle piogge e	dall'aumento delle piogge e
pag. 40 (attività 1 - dicitura eser. 2)	riassunto orale del	riassunto orale del-
pag. 43 (att. 1 - testo: 1° paragrafo)	non è lo steso da Enna a ...	non è lo stesso da Enna a ...
pag. 44 (attività 2 - affermazione 5)	di crearsi da soli il ...	di crearsi da sole il ...
pag. 52 (attività 1 - dicitura eser. 2)	il testo (con mezzo minuto a ...	il testo (mezzo minuto a ...
pag. 52 (attività 1 - dicitura eser. 2)	chi è stato più vicino alla realtà.	chi si è avvicinato di più alla realtà.
pag. 52 (attività 2 - affermazione1b)	tra 100 mila e 500 mila	tra i 100 mila e i 500 mila
pag. 57 (attività 7)	forse è distratto o annoiato.	ha sonno (forse è distratto o annoiato).
pag. 66 (att. 5 - eser. 1 - frase 2)	un negozio di giocatoli!	un negozio di giocattoli!
pag. 68 (attività 2 - esercizio 1)	vi darà volentieri una mano	darvi volentieri una mano
pag. 75 (attività 5 - esercizio 1)	cominci ... a lavorare?	cominci ... lavorare?
pag. 75 (attività 7)	per un motivo o un altro,	per un motivo o per un altro,
pag. 79 (attività 1 - testo A: riga 12)	in preda di un attacco di ...	in preda ad un attacco di ...
pag. 84 (attività 7 - testo: riga 3)	erano rimasti a bocca ...	rimasero a bocca ...
pag. 85 (attività 1 - testo: riga 10)	non era una palla, era ...	non era una balla, era ...
pag. 95 (attività 4 - dicitura eser. 1)	i suffissi -zione e	i suffissi -ione, -zione e
pag. 96 (attività 5 - esercizio 1)	di Elvis Pristley	di Elvis Presley
pag. 101 (testo: 4° paragrafo)	A partecipare di questo ...	A partecipare a questo ...
pag. 105 (att. 4 - dicitura eser. 3)	oralmente anche cosa significano	oralmente cosa significano
pag. 115 (att. 1 - testo: riga 12)	soprattutto,	soprattutto,
pag. 115 (att. 1 - testo: riga 27)	una fase lucida.	una fase ludica.
pag. 116 (att. 3 - dicitura eser. 1)	andrebbero riformulare le	andrebbero riformulate le
pag. 132 (esercizio 1 - frase 4)	più alta di Everest;	più alta dell'Everest;
pag. 138 (esercizio 17 - frase 7)	è stato accusato per ...	è stato accusato di ...
pag. 138 (esercizio 17 - frase 9)	di Roma da Romolo	di Roma da parte di Romolo
pag. 144 (titolo)	Testi 30 - 35	Testi 31 - 35
pag. 144 (esercizio 33 - frase 2)	... che tu non dica niente	... tu non dica niente
pag. 147 (esercizio 38 - frase 5)	sedersi nella prima classe.	sedersi in prima classe.
pag. 150 (esercizio 3)	bambine senegali;	bambine senegalesi;
pag. 151 (esercizio 1 - frase 7)	- Ti ..., ma	- Ti (credere) ..., ma
pag. 151 (esercizio 3 - frase 2)	che (spedirci) ... la	che (voi spedirci) ... la
pag. 154 (esercizio 4 - frase 8)	... e nemmeno a far ...	... e nemmeno far ...
pag. 154 (esercizio 5 - frase 5)	nessun motivo a non venire	nessun motivo di non venire
pag. 154 (esercizio 6 - frase 1)	Come tu anche io frequento	Come tu anch'io frequento
pag. 154 (esercizio 6 - frase 2)	il tuo carateraccio	il tuo caratteraccio
pag. 157 (esercizio 1 - frase 3)	la camomilla ... che ti ho	la camomilla ... ti ho
pag. 157 (esercizio 4 - frase 4)	in più piano piano.	in più, ma piano piano.
pag. 158 (esercizio 6 - frase 3)	o rimanere.	o rimanere in Italia.
pag. 163 (esercizio 11)	ho appena aperto il mio	ho appena acceso il mio
pag. 171 (esercizio 3 - riquadro)	6. portaci	6. portarci
pag. 176 (esercizio 4 - frase 1)	e poi un'incendio	e poi un incendio
pag. 182 (esercizio 3 - frase 1)	non entrate una continuazione	non entrate in continuazione
pag. 182 (esercizio 3 - frase 3)	cosa mi sta succedendo	cosa mi stia succedendo
pag. 184 (esercizio 6 - frase 4)	ha aiutato ha ... trovare	ha aiutato a ... trovare
pag. 190 (esercizio 10)	consigli su tutto e tutti	consigli su tutto e a tutti